Knaur
MensSana

Von Richard Carlson und Benjamin Shield
ist außerdem erschienen:

Das kleine Buch des Herzens

Über die Autoren:

Dr. Richard Carlson, Psychologe, bekannter Stress-Management-Berater und Dozent auf dem Gebiet der Persönlichkeitsentwicklung. Er schrieb zahlreiche Bücher und bringt regelmäßig das Mitteilungsblatt »The Soul Times« heraus.

Dr. Benjamin Shield, Psychologe und Seminarleiter. Der Schwerpunkt seiner Arbeit liegt auf der Integration von Körper, Geist und Seele. Dr. Shield ist Autor zahlreicher Artikel, Bücher und Hörkassetten über Psychologie, Heilung und Spiritualität.

Richard Carlson und
Benjamin Shield (Hrsg.)

Das kleine Buch
für die Seele

Stellen Sie eine Frage,
schlagen Sie eine Geschichte auf,
und lesen Sie die Antwort

Mit einem Vorwort
von Marianne Williamson

Aus dem Amerikanischen
von Christine Bendner

Knaur
MensSana

Die amerikanische Originalausgabe
erschien unter dem Titel »Handbook for the Soul«
bei Little, Brown and Company, Boston

Besuchen Sie uns im Internet:
www.droemer-weltbild.de

Vollständige Taschenbuchausgabe 2000
Droemersche Verlagsanstalt Th. Knaur Nachf., München
Copyright © 1995 Richard Carlson und Benjamin Shield
Dem eigenen Gewissen folgen: Copyright © 1995 Stephen Covey
Copyright © 1998 der deutschsprachigen Ausgabe
Droemersche Verlagsanstalt Th. Knaur Nachf., München
Umschlaggestaltung: ZERO Werbeagentur, München
Satz und Herstellung: Barbara Rabus, Sonthofen
Druck und Bindung: Ebner Ulm
Printed in Germany
ISBN 3-426-87048-7

2 4 5 3 1

Für Pamela DuMond Shield, Richard Carlson und all jene Seelen, die der meinen auf meinem Weg begegneten: Ihr sollt wissen, dass eure Geschenke in meinem Herzen bleiben.

Benjamin Shield

Für Sathya Sai Baba und Jesus Christus, die mich ununterbrochen daran erinnern, was auf dieser Welt beseelt ist. Und für meine Frau, Kristine Carlson, sowie meinen lieben Freund, Benjamin Shield, jene zwei Menschen, die so oft liebevoll mit mir umgehen, wenn ich alles andere als »seelenvoll« bin.

Richard Carlson

Inhalt

————————•◆•————————

3. TEIL
Die Seelenreise

4. TEIL
Die Wiedererweckung der Seele

5. TEIL
Lektionen der Seele

6. TEIL
Seelenverbindung

7. TEIL
Rückkehr zur Seele

Vorwort

von Marianne Williamson

Ich glaube, es war niemals wichtiger als heute, sich um die Bedürfnisse der menschlichen Seele zu kümmern. Das zwanzigste Jahrhundert wurde von einem Weltbild beherrscht, das eine mechanistische, rationale Sichtweise verherrlicht und die inneren Prozesse völlig vernachlässigt.

Die Verwüstungen, die wir auf Grund dieser Entfremdung vom wahren Selbst auf diesem Planeten angerichtet haben, haben inzwischen das Ausmaß einer globalen Krise erreicht. Doch so wie das individuelle Unbewusste weiß, wenn das Leben eines Menschen in Gefahr ist, so spürt auch das kollektive Unbewusste – davon bin ich überzeugt –, wenn das Überleben der ganzen Spezies bedroht ist. Jenseits der Ebene des rationalen Verstandes wissen wir, dass wir ohne Seele unsere Kraft verlieren und dass wir ohne unsere Kraft nicht überleben können.

C. G. Jung sagte einst, die Psyche unterliege stets dem unausweichlichen Drang, in irgendeiner Form ein Gleichgewicht herzustellen. Ich glaube, dass der moderne Mensch jetzt anfängt, nach seiner Seele zu suchen – nicht, weil das gerade »modern« ist, sondern, weil es buchstäblich seine einzige Überlebenschance ist. Dieses Buch spricht die Sehnsucht nach Ausgewogenheit an, die Bereitschaft vieler Menschen, die Seele wieder zu entdecken.

Wir machen gegenwärtig möglicherweise die bedeutsamste historische Entwicklung der Menschheitsgeschichte durch.

11

Alle großen Religionen und philosophischen Schulen sind Wege zu diesem Bewusstsein – unterschiedliche und doch gleichwertige Wege. Wie alle anderen Ideen werden auch spirituelle Ideen verstärkt, wenn man sie mit anderen teilt. Wir hoffen, dass diejenigen unter Ihnen, für die solche Gedanken neu sind, sich davon inspirieren lassen, denn diejenigen, die diese Dinge niederschrieben, waren ganz gewiss davon inspiriert. Andere, die mit dieser zeitlosen Weisheit – zumindest intellektuell – bereits vertraut sind, können sie mit ihren Reisegefährten auf dieser Pilgerfahrt teilen, können sie noch tiefer in sich einsinken lassen, sie zu einem Teil ihrer täglichen spirituellen Praxis machen und versuchen, sie Tag für Tag in ihrem Reden und Handeln umzusetzen.

Unsere Seele ist unser Leben. Alles andere ist eine Illusion, eine Gedankenspielerei – ist unecht. Wenn wir unsere Seele nicht nähren, können wir auch die Welt nicht nähren, denn wir können nicht geben, was wir nicht haben. Geben wir aber der Seele, was sie braucht, strahlen wir unsichtbar und unwillkürlich das Licht aus, das wir empfangen haben.

Dieses Buch soll also helfen, das spirituelle Bewusstsein im Leben eines jeden Lesers zu erhöhen, damit das, was als individuelle Entwicklung beginnt, zur Nahrung für unsere Gemeinden, unsere Länder, unsere ganze Welt werden kann. In einer uralten mystischen Weisheitslehre, der Kabbala, heißt es: Wir empfangen das Licht und geben es dann weiter ... so erneuern wir die Welt.

Danksagung

Wenn das Unmögliche möglich würde und wir unsere Gefühle über die Entstehung dieses Buches in einem Wort ausdrücken könnten, würde dieses Wort *Dankbarkeit* lauten – Dankbarkeit für die liebevolle Unterstützung, Intelligenz und Begabung folgender Menschen.

Wir danken: Jennifer Josephy, unserer Verlegerin, deren Vision bezüglich der höchstmöglichen Qualität dieses Buches unsere eigene Hingabe an das Projekt widerspiegelte, und ihrer Assistentin Abigail Wilentz, für ihre Professionalität und Freundlichkeit. Mark Lipsman, unserem Lektor, dessen Vision weit über die auf den Buchseiten gedruckten Worte hinausreichte. Barry Fox, Janet Bailey, Gay Edelman, Judy Carroll, Dr. Pamela DuMond-Shield, Penny Popkin, Steve Hasenberg und Bernie Asbell, die in Worte fassten, was sich jeglicher Definition entzieht, und uns halfen, unsere Vision mit anderen zu teilen. Sheree Bykofsky, unserer Agentin, die uns durch ihre Freundschaft und Professionalität zeigte, dass man den Pfad der Seele nie verlassen muss. Linda Michaels, unserer Agentin für Ausländerrechte, die es Menschen überall in der Welt ermöglichte, in den Genuss dieses Buches zu kommen. Janet Rosen, für ihre Unterstützung bei der ersten Präsentation dieses Buches.

Unseren Dank und unsere Hochachtung möchten wir auch allen Autoren aussprechen, die in ihren Beiträgen ihr Innerstes offenbaren und so großzügig ihre Zeit zur Verfügung stellten. Sie erinnerten uns daran, dass die beste Art zu lehren darin besteht, ein Beispiel zu geben. Wir danken von ganzem Herzen allen Menschen, die an der Verwirklichung dieses Projektes beteiligt waren.

Einleitung

— • ◆ • —

> »Wenn du alt und grau und voller Mü-
> digkeit, nickend vor dem Kaminfeuer
> sitzt, nimm dieses Buch zur Hand; lies
> langsam und träume von dem wei-
> chen Glanz, den deine Augen einst
> hatten, von ihren tiefen Schatten ...«
>
> *William Butler Yeats*

Dieses Buch ist ein Gemeinschaftsprojekt einiger der ent-
wickeltsten Personen unserer Zeit. Es entstand aus ihrem
Wunsch, den Raum der Seele und unsere Verbindung zu
ihr zu erforschen und zu verstehen. Zusammen ergeben
ihre Beiträge ein wunderschönes Muster – gewoben aus
ihrer menschlichen Wärme und Weisheit und ihren Einsichten über die wichtigste Beziehung in unserem Leben.
Seit der Veröffentlichung unserer ersten beiden Antholo-
gien »Was ist heilen?« und »Das kleine Buch des Herzens«
erhielten wir unzählige Briefe von Lesern und Leserinnen
aus aller Welt. Diese Briefe haben uns gezeigt, dass in den
bunten Teppich unserer Welt auch die Sehnsucht eingewoben ist, zu verstehen, was Seele im individuellen Leben
bedeutet – die Seele zu entdecken und sich mit ihr zu verbinden. Das Hauptanliegen der vorliegenden Anthologie
besteht darin, einen Raum zu schaffen, in dem dieses Verstehen aufkeimen kann, einen Raum, in dem wir gemeinsam dieses geheimnisvolle Universum erforschen können.
Auch wenn die Menschen unterschiedliche Vorstellungen

mit dem Wort »Seele« verbinden, stimmen doch die meisten darin überein, dass es auf eine unsichtbare Erfahrungsebene hinweist. Seele hat viel mit Liebe, Tiefe und Besinnung zu tun. Um uns auf eine tiefe, essentielle Weise genährt zu fühlen, müssen wir immer wieder über unsere physische Bedürfnisse und weltlichen Bestrebungen hinausgehen und uns mit den erneuernden, lebenserhaltenden Kräften der Seele verbinden. Und indem wir das tun, bringen wir etwas Heiliges in jeden Augenblick unseres Tages hinein.

Wir alle sind auf der Suche nach der Seele. Doch obwohl sie immer existiert, ist sie nicht automatisch in unserem Leben präsent. Um uns mit der Seele verbinden zu können, müssen wir uns auf sie besinnen und ihr Aufmerksamkeit schenken. Indem wir sie achten und schätzen, geben wir ihr Nahrung, Liebe und Fürsorge.

Eingedenk dieser Tatsache schuf jede Autorin, jeder Autor mit ihrem oder seinem Beitrag zu dieser Sammlung eine persönliche Vision über Seelennahrung – die, welche wir der Seele zuführen, und die, welche wir von ihr erhalten.

Die verschiedenen Sichtweisen spiegeln eine große Spannbreite der Erfahrung wider, nicht zuletzt deshalb, weil jede(r) einzelne das Thema praktisch neu »erfinden« musste. Phil Cousineau gibt in einem seiner Bücher vielleicht den deutlichsten Hinweis auf das Mysterium der Seele, indem er ein Wort des britischen Autors Somerset Maugham frei wiedergibt. »Beim Schreiben über die Seele gibt es drei Regeln. Leider kennt sie niemand.« Und doch war es uns unmöglich, dieses Buch *nicht* zu machen. Auf unserer eigenen Reise begegneten wir so vielen Menschen, die wie wir, wie Sie, versuchen, in ihrem tiefsten Inneren zu ergründen, wer sie sind und, mehr noch, wer sie sein könnten. Wir hoffen, dass dieses Buch all diesen Menschen helfen kann, diese Sehnsucht zu stillen.

Wir sind den Autoren, die zu diesem Werk beitrugen, zutiefst dankbar. Fast alle nahmen unsere Einladung, über dieses Thema zu schreiben, mit großer Begeisterung an. Sie versicherten uns wiederholt, dass dieses Buch eines der wichtigsten Themen der Gegenwart aufgreift, und sie alle machten sich voller Demut und Liebe an diese Aufgabe. Hin und wieder erhielten wir einen Anruf vom anderen Ende der Welt, weil einer der Autoren eine neue Erkenntnis mit uns teilen wollte. Wir hoffen, dass diese meditativen Gedanken von Menschen, die es sich zur Aufgabe gemacht haben, die Seele zu erforschen, Ihnen helfen, Ihr Leben mit neuen Augen zu betrachten.

Wir gehen dieses Thema als Schüler an, nicht als Experten, wir kommen mit »unserer leeren Trinkschale«. Wir schufen dieses Buch nicht, um eine bestimmte Sichtweise zu verbreiten, sondern, um mehr Verständnis und Dankbarkeit für die Möglichkeiten zu wecken, die jedem von uns offen stehen. Wir wollten den Menschen ein Geschenk machen, und es zeigte sich, dass dieses Projekt auch für uns ein Geschenk war, denn die Arbeit daran bot uns vielfältige Möglichkeiten, zu teilen, zu reflektieren, zu wachsen. Wir wünschen uns, dass es auch für andere ein Geschenk sein kann und viele Menschen auf einer tiefen Ebene berührt. Die Einnahmen aus diesem Projekt fließen internationalen Hilfsprojekten zu.

Geben Sie gut auf sich Acht

Benjamin Shield
Richard Carlson

1. TEIL

Seele im täglichen Leben

————•◆•————

»Lange Zeit schien es mir, als würde das Leben erst noch beginnen – das richtige Leben. Doch immer war irgendein Hindernis im Weg, etwas, das erst noch erledigt werden musste, irgendeine unabgeschlossene Angelegenheit, irgendwo war noch Zeit abzuarbeiten, irgendwo eine Schuld zu begleichen. Dann würde das Leben beginnen. Schließlich dämmerte mir, dass diese Hindernisse mein Leben waren.«

Fr. Alfred D'Souza

Fenster der Seele

von Jean Shinoda Bolen

»Während eine seelenvolle Erfahrung für jeden Menschen etwas anderes ist, setzen diese Erfahrungen doch bei allen Menschen eine ähnliche Ausgangslage voraus. Es geht zunächst einmal darum, sich überhaupt zu erlauben, seelenvoll zu sein, diesen Aspekt des eigenen Wesens – unsere Seele und ihre Bedürfnisse – ernst zu nehmen.«

Immer, wenn ich etwas wirklich Schönes sehe, spüre ich Seele. Dieser Augenblick des Innehaltens und Wahrnehmens ist ein Gebet, ein Moment der Dankbarkeit, in dem ich Schönheit erblicke und eins mit ihr bin. Ich habe schätzen gelernt, dass mein ästhetisches Empfinden mich mühelos mit der Seelenebene verbindet.

Die Schönheit des Ortes, an dem ich lebe, erinnert mich an das Gefühl, das ich habe, wenn ich in einer Kathedrale stehe, durch deren bunte Glasfenster das Sonnenlicht fällt. Wenn ich morgens aufwache, ist mein erster Eindruck gewöhnlich »wie schön das ist«. Von meinem an einem Berghang gelegenen Haus habe ich einen Panoramablick über die Bucht von San Francisco und sehe oft die Sonne über den Hügeln im Osten aufgehen. Manchmal legt der Nebel einen Schleier vor dieses Panorama und verleiht diesem Ort eine geheimnisvolle, intime Stimmung. Es ist immer anders, immer besonders und immer wunderschön.

Aus meinem Fenster zu schauen und beim Anblick dessen, was ich sehe, so zu empfinden ist für mich eine mühelose spirituelle Praxis. Ich beginne meine Tage in einer Atmosphäre der Zeitlosigkeit und heiteren Gelassenheit, denn es gibt keinen Grund zur Eile. Fast jeden Morgen sitze ich mit einer Tasse Kaffee da, schaue hinaus und verweile in einem Zustand der Empfänglichkeit. Ideen, Gedanken und Gefühle steigen auf. Sie kommen an die Oberfläche, wo ich sie betrachten oder weitere intuitive Verbindungen herstellen kann. Es ist, als wäre ich ein stiller Teich im Wald und säße gleichzeitig am Ufer des Teiches und beobachtete, was aus seinen Tiefen aufsteigt. Genauso fühle ich mich, wenn ich beim Schreiben (was ich ebenfalls morgens tue) in Hochform bin oder, genauer gesagt, wenn ich beim Schreiben völlig darin aufgehe, das in Worte zu fassen, was mühelos aus meinen inneren Tiefen aufsteigt. In der Zeitlosigkeit dieser kreativen Augenblicke erfahre ich ebenfalls die Fülle der Seele.

Ein weiterer Raum, in dem ich Seele finde – einer der stärksten –, ist die Gegenwart anderer Menschen, denen ich auf der Seelenebene begegnen kann. Das geschieht während einer Unterhaltung, bei der beide Gesprächspartner wirklich präsent sind, sich im gegenwärtigen Moment aufeinander einschwingen, einander wirklich zuhören und sich gegenseitig spiegeln. Es ist ein gegenseitiges Entdecken, wie wenn Musiker zusammenkommen und improvisieren, einen musikalischen Dialog beginnen, der ein Loslassen des Egos und der inneren Widerstände voraussetzt. Gefühle auszudrücken und gemeinsam mit einem anderen Menschen, der absolut präsent ist, Beobachtungen in Worte zu fassen ist ein kreativer Akt, bei dem Seele und Liebe ins Spiel kommen.

Wenn ein Klient zu einer Therapiesitzung kommt, ist Seele da. Wenn er mir von Erfahrungen berichtet, die ihn zutiefst berührt haben, wenn er mir in all seiner Verletzlichkeit vertraut oder mir Träume voller symbolischer Bedeutungen erzählt, weiß ich, dass wir uns auf der Seelenebene begegnen, dass wir nicht einfach in einer Praxis sitzen, sondern in einem »Tempel«, und dass eine unsichtbare transpersonale Heilenergie in unseren Raum einströmt. Diese Menschen sprechen mit einer natürlichen Eloquenz und emotionalen Ausdruckskraft, mit einem Vertrauen, das mein Herz berührt. Oft nehme ich sogar die Schönheit der Form in ihren Sätzen wahr.

Ich glaube, immer wenn die Seelenschwingung präsent ist, ist sie deshalb da, weil das, was man gerade tut, derjenige, mit dem man gerade zusammen ist, oder der Ort, an dem man sich gerade befindet, das Gefühl der Liebe in einem wachruft, ohne dass man darüber nachdenkt. Man ist von der Person, dem Ort oder Ereignis völlig absorbiert – ohne Ego und ohne Wertung, man befindet sich in jenem Zustand, den die Griechen *kairos* nennen. Wenn Sie in die *kairos*-Zeit eintauchen, gehen Sie in dem, was Sie tun, völlig auf; Sie verlieren Ihr Zeitgefühl. Es macht keinen Unterschied, ob Sie diese Liebe für eine Person oder ein Projekt empfinden; es ist die gleiche Qualität. Manchmal scheint sich die Zeit auszudehnen – Sie haben das Gefühl, diese Erfahrung habe Stunden gedauert, obwohl es in Wirklichkeit nur eine Dreiviertelstunde war. Oder sie hielt stundenlang an, und es scheint, als sei nur eine Dreiviertelstunde vergangen. In diesem Raum wird keine Zeit gemessen. Sie nehmen an der Zeit teil, während Sie durch die tieferen, kreativen Wesensanteile Ihres Selbst eine Verbindung herstellen. Und diese Verbindung nährt die Seele – immer.

22

Welche Erfahrungen nähren Ihre Seele ganz besonders? Das kann Ihnen niemand sagen, das können nur Sie selbst wissen und erfahren. Was dem einen Menschen ein Gefühl tiefer Zufriedenheit schenkt, bedeutet für einen anderen vielleicht genau das Gegenteil. Ich fühle mich beispielsweise auf der Seelenebene genährt, wenn ich draußen in der Natur bin, am Strand oder in den Bergen spazieren gehe. Die Kommunikation mit der Natur transportiert mich in die »Seelenzeit«. Für andere mag der Aufenthalt in freier Natur etwas Unangenehmes sein, vielleicht sogar eine Quälerei oder etwas, das sie nur ertragen, weil die Familie unbedingt zelten möchte. Für manche ist vielleicht das Musikhören oder Spielen eines Instruments eine seelenvolle Erfahrung, während andere vielleicht nur Musik hören, um die Zeit totzuschlagen, bis sie wieder etwas Produktives tun können.

Während eine seelenvolle Erfahrung für jeden etwas anderes ist, setzen diese Erfahrungen doch bei allen Menschen eine ähnliche Ausgangslage voraus. Es geht zunächst einmal darum, sich überhaupt zu erlauben, seelenvoll zu sein, diesen Aspekt des eigenen Wesens – unsere Seele und ihre Bedürfnisse – ernst zu nehmen. Sie haben das Bedürfnis und das Recht, sich genügend Zeit zu nehmen, um sich um Ihre Seele zu kümmern. Das ist nicht leicht, denn es gibt viele Hindernisse. Sie müssen den Forderungen des leistungsorientierten, oft ablehnenden Teils Ihrer Psyche widerstehen, für den vor allem Produktivität zählt und nicht die Qualität Ihrer Lebenserfahrungen. Wir leben in einer materialistischen Gesellschaft, in der Leistung oder Produktivität absoluten Vorrang haben. Wir erhalten Botschaften, die uns das Gefühl geben, dass es irgendwie nicht in Ordnung ist, uns für unsere seelischen Bedürfnisse

Zeit zu nehmen. Ein seelenvoller Mensch zu sein heißt, die allgegenwärtigen äußeren Werte unserer auf Egobestätigung ausgerichteten Kultur zu ignorieren und stattdessen das zu schätzen, was an Ihnen einzigartig und wertvoll ist, Ihre inneren Werte und Ihre persönliche Entwicklung.

Traurigerweise warten manche Leute, bis sie einen Herzinfarkt oder ein Magengeschwür bekommen oder ihr pubertierendes Kind in Schwierigkeiten gerät oder ihr Partner sie verlässt, bevor sie sich endlich nach innen wenden und sich um ihre seelischen Bedürfnisse kümmern. Aber es ist nicht notwendig, auf eine Katastrophe zu warten. Sie können sich jederzeit für die Möglichkeit entscheiden, Ihre Seele zu nähren, und Sie können das zu einer Ihrer höchsten Prioritäten machen. Machen Sie einmal eine sorgfältige Bestandsaufnahme, schauen Sie, auf welche Weise Sie Ihre Lebensenergien mit weniger nährenden Aktivitäten verschwenden. Besonders in der Lebensmitte stellen viele Menschen fest, dass sie ausschließlich leistungsorientiert lebten, auf eine Weise, die ihre Seele ausklammerte. Die täglichen Pflichten – die Kinder zur Schule bringen, die Rechnungen zahlen, einkaufen, all das, was von einem reifen Erwachsenen erwartet wird – nehmen immer mehr Raum ein, bis sie das ganze Leben ausfüllen und beherrschen. Wenn Sie derart von Ihren Alltagspflichten aufgefressen werden, bleiben Ihnen nur wenige Augenblicke, in denen Sie sich mit der Seele verbinden, Sie Seele erfahren können.

Kennen Sie die Sage über Prokrustes aus der griechischen Mythologie? Auf der Straße nach Athen mussten alle Reisenden an ihm und seinem Bett vorbei. Er legte sie auf sein Bett, und denjenigen, die zu groß waren, hackte er die Füße ab. Diejenigen aber, die zu kurz für das Bett waren, streckte er wie auf einem mittelalterlichen Rad, bis sie genau hineinpassten. Dieser Mythos ist eine Metapher für die Art und Weise, auf die wir geformt werden, bis wir die Erwartungen unserer Familie oder unseres Kulturkreises erfüllen. Alle Eigenschaften, die zum Erfolg führen, werden »gestreckt«: wir konzentrieren uns darauf, sie zu entwickeln. Um in die vorgegebenen Normen »hineinzupassen«, schneiden wir uns von Dingen ab, die von anderen nicht geschätzt werden, und verlieren dabei einen Teil unserer Seele. Alles, was wir an uns selbst ablehnen, begraben wir lebendig im Unbewussten. Durch diesen Seelenverlust entsteht eine innere Leere, die viele Menschen mit Süchten füllen, weil es der Weg des geringsten Widerstandes ist, vor dem Fernseher zu sitzen oder ein paar Stunden länger zu arbeiten oder etwas auf der Liste der Dinge, die »unbedingt« getan werden müssen, abzuhaken. Und doch können wir jederzeit Veränderungen vornehmen, die uns wieder mit unseren verleugneten Anteilen verbinden, uns wieder zu jenen verloren gegangenen Seelenaspekten hinführen. Die Entscheidung, sich wieder mit der Seele zu verbinden, gleicht jeder anderen Entscheidung, die Dinge zum Besseren zu verändern, ob man nun das Rauchen aufgeben oder zwanzig Pfund abnehmen will.

Machen Sie sich einmal bewusst, wie wenige Quellen der Freude, der Schönheit und Kreativität es in Ihrem Leben gibt. Das sind die Quellen der Seele. Entdecken Sie wieder jene schlummernden Wesensanteile Ihres Selbst, die durch mangelnden Gebrauch verkümmerten. Fragen Sie sich: »Was hat mir als Kind Freude gemacht?« Vielleicht gingen Sie gerne angeln, pflanzten Blumen im Garten, arbeiteten mit den Händen, formten Dinge aus Ton, schnitzten Figuren oder malten. Steigen Sie hinab in Ihr Unterbewusstsein und verbinden Sie sich mit den abgespaltenen Teilen Ihres Selbst, die einst sehr wichtig für Sie waren. Erinnern Sie sich an Dinge, die Ihnen wirklich Vergnügen bereiteten, als Sie jünger waren und mehr Zeit hatten, denn diese Reise in die Vergangenheit kann Sie vielleicht zu Ihrer Seele führen. Wenn Sie etwas entdecken oder wieder entdecken, das Ihre Seele nährt und Ihnen Freude schenkt, sollten Sie sich selbst so viel wert sein, dass Sie dieser Sache Raum in Ihrem Leben geben. Eine Frau aus meinem Bekanntenkreis, die leidenschaftlich gerne tanzte, hatte das jahrzehntelang nicht mehr getan, weil sie keinen Partner hatte. Vor kurzem meldete sie sich in einer Tanzschule an. Es bedurfte nichts weiter als der Erkenntnis, dass sie ganz einfach an einem Tanzkurs teilnehmen könnte, um das Tanzen in ihr Leben zurückzubringen. Die Entscheidung folgte der Erkenntnis auf dem Fuße und führte zur Wiederbelebung einer wunderbaren, seelenerfüllenden Quelle der Freude.

Wenn Sie die Bedürfnisse Ihrer Seele erfüllen, werden Sie ein Gefühl der Freiheit verspüren. Indem wir in einer die Seele nährenden Aktivität völlig aufgehen, sind wir befreit, kreativ, im Einklang mit uns selbst und vergessen die Zeit. Kümmern wir uns aber ausschließlich um Arbeit und Leistung und vernachlässigen unsere Seele, träumen wir vielleicht des Nachts davon, Gefangene zu sein, und sind oft innerlich angespannt, weil wir das ganze Gewicht unseres freudlosen Daseins auf unseren Schultern tragen. Erfahrungen, die unsere Seele befriedigen, öffnen uns für die uns umgebende Schönheit – in anderen Menschen und der Welt. Nach meiner Erfahrung ist die Wertschätzung der Schönheit eine Pforte zur Seele. Wenn in unserem Leben Schönheit existiert, haben wir einen beschwingteren Gang und einen anderen Ausdruck in den Augen. Schaut man in die Augen eines Menschen, der Schönheit wahrnimmt, so schaut man durch die Fenster der Seele. Immer und überall, wo wir einen Schimmer von Seele erhaschen, existiert Schönheit. Immer, wenn wir den Atem anhalten und fühlen, »wie schön das ist«, ist Seele da.

Achtsamkeit

von Robert Fulgham

»Trotz aller guten Absichten gibt es Tage, an denen etwas schief läuft oder ich wieder in alte Gewohnheiten zurückfalle. Wenn die Dinge nicht nach meinen Vorstellungen laufen, wenn ich missmutig oder wütend bin, wird mir klar, dass ich wieder einmal versäumt habe, auf meine Seele zu achten und meiner besten Routine zu folgen.«

Obwohl es bei dieser Anthologie darum geht, herauszufinden, was gemeint ist, wenn man von »Nahrung für die Seele« spricht, muss ich zunächst einmal einräumen, dass das Wort »Seele« zu jenen Wörtern gehört, die ich nur selten benutze. Ich weiß, dass die Seele in der christlichen Theologie als nicht-materielle Essenz einer Person betrachtet wird, die bereits vor der irdischen Existenz da ist und nach dieser weiterexistiert. Aber so würde ich den Begriff Seele nicht verwenden. Ich möchte niemanden glauben machen, dass ich an eine separate Wesenheit, genannt Seele, glaube, die man hätscheln und füttern muss wie den Familienhund. Doch obgleich ich mich nie mit jemandem streiten würde, der das Wort *Seele* im klassischen Sinne gebraucht, möchte ich einen anderen Weg finden, über das zu sprechen, was dieses Wort für mich bedeutet.

Fragte mich jemand, ob ich an Gott glaube oder Gott sehen könne oder eine besondere Beziehung zu Gott hätte, würde ich antworten, dass ich in meinem Denken Gott nicht von meiner Welt trenne. Ich habe das Gefühl, dass Gott überall ist, und deshalb fühle ich mich nie von ihm getrennt oder habe nie das Gefühl, ich müsse ihn suchen – so wenig wie ein Fisch im Meer das Wasser suchen muss. In gewissem Sinne ist Gott das »Meer«, in dem wir leben.

Die gleiche Einstellung vertrete ich bei Gesprächen über Themen wie »Seele, Geist, Herz und Verstand«. Ich trenne mich nicht von diesen Dingen ab; sie sind nicht von mir getrennt. Doch so, wie wir das Wort »Verstand« gebrauchen, um eine bestimmte Funktion des Gehirns zu definieren, kann ich die Worte »Seele« oder »Geist« oder »Herz« gebrauchen, um über bestimmte Aspekte meines Lebens zu sprechen. Ich benutze diese Worte, um eine ganz bestimmte Art von Aktivitäten in meinem Leben zu beschreiben.

Seele finde ich in der Qualität dessen, was ich tue. Sind meine Aktivitäten wahrhaftig und integer, dann sind sie von tiefer Bedeutung, sind von Seele erfüllt, und ich bin es auch. Deshalb bedeutet »die Seele nähren« für mich, auf jene Dinge zu achten, die meinem Leben Fülle und Tiefe geben. Doch anstatt nun eine abstrakte philosophische oder theologische Diskussion darüber zu beginnen, wie man sein Dasein bereichern kann, möchte ich Ihnen gerne einen Tag aus meinem Leben beschreiben. Ich habe im Lauf der Zeit bestimmte Aktivitäten, Strukturen und Rituale in den Stoff meines täglichen Lebens eingewoben, weil sie so dauerhaft nützlich sind – weil sie »meine Seele nähren«.

Ich stehe jeden Morgen gegen sechs Uhr auf, und anstatt das Licht oder das Radio anzudrehen, zünden meine Frau und ich Kerzen oder Öllämpchen an. Es gefällt uns, den Tag in diesem weicheren, sanfteren Licht zu beginnen.

Wenn wir, besonders im Winter, im Kamin ein Feuer entfachen, hören wir dabei Musik. Wenn das Feuer dann brennt, verbringen wir die nächste Stunde des neuen Tages damit, miteinander zu reden. Diese morgendlichen Rituale führen uns auf sanfte, nährende Weise in den neuen Tag hinein. Ganz anders als die gehetzte, von Panik erfüllte Atmosphäre, die fast jeden Morgen herrschte, als wir noch sehr viel jünger waren. Jetzt beginnen wir unseren Tag mit einer inneren Haltung, die ich als »Achtsamkeit« bezeichnen würde. Wir sind zusammen und schenken einander sehr viel Aufmerksamkeit.

Nach dem Frühstück gehe ich in mein Büro, wo ich etwas habe, was ein Anthropologe vielleicht als »Altar« bezeichnen würde. Ich nenne es nicht so, aber es ist eine Fläche auf einem Schrank, wo ich wichtige Dinge hinlege. Zur Zeit liegt ein Ziegelstein auf meinem »Altar«. Jedes Mal wenn ich ihn anschaue, erinnere ich mich an einen Spaziergang am Strand von Seattle. Genau da, wo das Wasser auf den Strand trifft, fand ich diesen Ziegelstein. Und dieser Stein hat eine Geschichte. Einst war er einfach ein Klumpen Erde. Irgendwann fügte man diesem Klumpen dann Feuer und Wasser hinzu, und er wurde zu einem Ziegelstein, der beim Bau eines Gebäudes – vielleicht eines Wohnhauses – Verwendung fand. Viele Jahre später wurde das Gebäude schließlich wieder abgerissen und der Ziegelstein weggeworfen, er wurde Teil des übrigen Mülls, der sich am Strand ansammelt. Als ich an jenem Tag am Saum des Wassers entlangging, erblickte ich plötzlich in diesem gewöhnlichen Objekt den ewigen Kreislauf unseres Lebens, das Kommen und Gehen der Nützlichkeit, das Kommen und Gehen der Energie. Ein Buddhist würde vielleicht sagen, dass ich die Buddha-Natur in diesem kleinen

Ziegelstein erkannte. Ich würde es nicht so ausdrücken, aber ich verstehe, was es bedeutet: dass dieser Ziegelstein eine physische Metapher für die Prozesse des Lebens ist. Und so hob ich, wie Menschen es oft tun, ein interessantes Objekt auf, trug es nach Hause und legte es an diesen Platz, an dem ich mir Dinge anschaue, die eine besondere Bedeutung für mich haben. Er liegt jetzt schon eine ganze Weile da, und ich denke, irgendwann wird er von etwas anderem verdrängt werden. Ich glaube, dass jeder von uns bewusst oder unbewusst solche Dinge in seiner Wohnung platziert – etwas, das wir bei einem Strandspaziergang aufgehoben haben, ein Blatt, das wir im Herbstwald fanden, oder eine Blume oder eine Frucht. Ich zünde jeden Tag Räucherwerk an, nicht nur wegen des Duftes, sondern weil ich auch das Ritual mit dem Feuer genieße. Statt der üblichen orientalischen Räucherstäbchen verwende ich die wunderbaren Düfte aus meinem eigenen Kulturkreis – beispielsweise Zeder oder Pinie. Der Geruch erinnert mich an stille Abende draußen in der Natur, wenn man in Gedanken versunken am Lagerfeuer sitzt. Für mich ist das Abbrennen von Räucherwerk auch keine Anrufung der Götter, wie in den östlichen Religionen, sondern einfach eine Möglichkeit, mich durch die Düfte, die angenehme Erinnerungen in mir wachrufen, an schöne Zeiten in meinem Leben zu erinnern.

Im Lauf des Tages konzentriere ich mich hin und wieder bewusst auf ein ganz gewöhnliches Objekt und erlaube mir damit, einen Augenblick innezuhalten und Achtsamkeit zu üben. Dieses Achtsamsein gibt meinem Leben einen tieferen Sinn. Irgendjemand, ich weiß nicht mehr, wer, hat einmal gesagt, dass wir immer, wenn wir irgendetwas wirklich aufmerksam betrachten, durch ein Fenster ins Universum schauen. Dieses Innehalten, selbst für einen kurzen Augenblick, ist für mich sehr wichtig. Es gibt meinem Tag eine ganz andere Qualität. Die Erfahrung vieler Jahre hat mich gelehrt, dass der bewusste Teil meines Gehirns nur etwa eine Stunde lang effizient arbeiten kann. Mit welcher intellektuellen Aufgabe ich auch beschäftigt bin – meine Leistung lässt *immer* nach ungefähr sechzig Minuten nach. Zwinge ich mich dann weiterzuarbeiten, führt das weder zu einer Steigerung meiner Leistung noch des Vergnügens an der Arbeit. Deshalb stehe ich etwa jede Stunde vom Schreibtisch auf und tue etwas anderes, vor allem Dinge, die mich körperlich beanspruchen. Vielleicht gehe ich nach draußen und sammle ein bisschen Holz für den Kamin, oder ich trage den Müll hinaus oder mache einen Spaziergang. Es ist nicht so wichtig, was ich tue, solange es meinem Gehirn eine Pause ermöglicht und meine physischen Sinne fordert – meine Augen, Ohren und die Nase. Wenn ich dann zu meiner Arbeit zurückkehre, bin ich wieder voll frischer Energie.

Im Lauf der Jahre habe ich auch herausgefunden, dass meine intellektuelle Aktivität morgens am stärksten ist, und deshalb wende ich mich zu dieser Tageszeit den Dingen zu, die präzises Denken erfordern. Ich zwinge mein Gehirn nie, nachmittags eine Leistung zu erbringen, zu der es dann, wie ich weiß, nicht mehr so gut in der Lage ist. Stattdessen widme ich diese Stunden körperlichen Aktivitäten, die meinen Geist nicht fordern. Und dann – es wird Sie vielleicht nicht überraschen zu hören, dass ich es bereits im Kindergarten gelernt habe – mache ich einen Mittagsschlaf. Ich lege mich für eine halbe Stunde hin und ruhe. Dieser Mittagsschlaf wirkt sich positiv auf alle anderen Bereiche meines Lebens aus (meine Frau behauptet sogar, er trägt zu einer besseren Welt bei). Ich schlafe nicht immer während dieser Ruhepause, doch ich habe festgestellt, dass ich, wenn ich nur eine halbe Stunde still bin, oft in einen meditativen oder andachtsvollen Zustand gelange oder mich einfach entspanne. Vielleicht ist das Schlafen dabei nicht so wichtig wie das *Innehalten* – die Gedanken und die tägliche Routine anzuhalten.

Nach meinem Nickerchen gehe ich normalerweise eine Stunde spazieren. Dieser Spaziergang ist ein gutes Training für meinen Körper, aber er hilft mir auch, mich bewusst intellektueller Aktivitäten zu enthalten. Ich überlasse dann meinen Denkapparat sich selbst, lasse meine Gedanken schweifen. Beim Gehen führe ich Selbstgespräche – manchmal sogar laut. Ich bin immer wieder überrascht, welche Gedanken mir zu den unmöglichsten Zeiten in den Kopf kommen. Deshalb habe ich mir angewöhnt, auf meinen Spaziergängen stets ein kleines Diktiergerät sowie Bleistift und Papier bei mir zu tragen. Ich schenke den Ideen, die mir während dieser Spaziergänge in den Sinn kommen, Beachtung. Manchmal setze ich mich dann irgendwo hin und mache mir Notizen, spreche ins Diktiergerät oder laut zu mir selbst.

Manchmal fühle ich mich ganz unerwartet stark mit dem Universum oder mit der herrschenden Jahreszeit oder mit den Ereignissen in der Welt oder mit dem, was ich direkt vor mir sehe, verbunden. Ich mache dann plötzlich eine sehr tiefe emotionale Erfahrung, weil ich meinen Gefühlen Raum gab, meinem Geist keine Zügel anlegte und einfach zuließ, was geschehen wollte. Das Loslassen der wohl überlegten täglichen Aktivitäten erlaubt mir, zu erkennen, was mein Unterbewusstsein will. Und so nähre ich meine Seele, indem ich ihr Aufmerksamkeit schenke.

Wenn meine Frau und ich uns dann später zum Abendbrot hinsetzen, halten wir uns bei den Händen, bevor wir mit dem Essen anfangen. Wir schauen einander in die Augen und sagen ohne Worte, dass wir uns sehr lieben. Das Händehalten, dieser Augenblick des gemeinsamen Innehaltens, ist ein starker Ausdruck unserer Zuneigung und unseres Wohlbefindens. Wenn wir Gäste haben, sagen wir ihnen, dass das Schönste an einer Mahlzeit die Freude darüber ist, sie mit Freunden teilen zu können, und laden sie ein, an unserem kleinen Ritual teilzunehmen.

Nach dem Abendessen waschen wir gemeinsam das Geschirr ab, und oft singen wir dabei. Wir fangen einfach beim Geschirrspülen an zu singen und setzen uns danach oft noch zusammen (nicht allzu lange), um gemeinsam Musik zu machen. Ich spiele auf meiner Gitarre, meine Frau auf ihrer Zither, und wir versuchen, ein harmonisches Zusammenspiel zu erreichen (was uns leider nicht allzu gut gelingt). Das ist eine der schönsten Stunden des Tages. Ein Sänger ist der, der gerne singt.

Bevor ich zu Bett gehe, gehe ich stets noch einmal durch das ganze Haus, schließe die Türen und lösche die Lichter. Dann setze ich mich noch für eine Weile in den Schaukelstuhl im Wohnzimmer. Hier sitze ich dann im Dunkeln, sammle mich und versuche, achtsam zu sein. Dabei habe ich allerdings kein Ziel. Ich könnte Ihnen nicht beschreiben – nicht einmal mir selbst –, was ich da eigentlich tue. Ich könnte vielleicht höchstens sagen, dass ich bewusst versuche, mein inneres Tempo zu verlangsamen und die Dinge in meinem Geist geschehen zu lassen.

Um den Tag ausklingen zu lassen, mache ich direkt vor dem Schlafengehen noch etwas Komisches. Ich lese witzige Bücher im Bett. Witzbücher, Comics – irgendetwas, das mir hilft, mit einem Lachen einzuschlafen. Das ärgert meine Frau, weil ich manchmal so laut lache, dass das Bett wackelt, und dann muss ich ihr den Witz oder die Geschichte vorlesen.

So sieht also mein Tag aus. Ich muss allerdings einräumen, dass es mir nicht immer gelingt, all diese Dinge zu tun, ja überhaupt irgendetwas von dem zu tun, was ich gerade beschrieb. Trotz aller guten Absichten gibt es Tage, an denen irgendetwas schief läuft oder ich in alte Gewohnheiten zurückfalle. Wenn die Dinge nicht nach meiner Vorstellung laufen, wenn ich missmutig oder wütend bin, wird mir klar, dass ich wieder einmal versäumt habe, auf meine Seele zu achten und meiner besten Routine zu folgen. Doch wenn ich mich regelmäßig an meine positive Routine halte (selbst wenn es mir nur an vier von sieben Tagen gelingt), verläuft mein Leben harmonisch.

Ich ergänze meine täglichen »Rituale für die Seele« noch durch ein wöchentliches Ritual. In den vergangenen fünfzig Jahren ging ich fast jeden Sonntag zur Kirche – zuerst als Kind, später als Geistlicher. Und obwohl ich seit etwa zehn Jahren nicht mehr aktiv im Dienst bin, versuche ich immer noch, den Feiertag auf zwei Arten zu heiligen. Erstens, indem ich Kirchen besuche. An manchen Sonntagen können Sie mich in der griechisch-orthodoxen Kirche antreffen, obwohl ich weder griechisch noch orthodox bin. Ich liebe einfach diese Gesänge, diese Ästhetik, diese ganze Fülle. Manchmal besuche ich auch den Gottesdienst in der Episkopalkirche, der in Form einer dreißigminütigen, gesungenen Liturgie ohne Predigt gehalten wird. Indem ich in diese Kirchen gehe, begebe ich mich bewusst in einen Raum, in dem ich eine Fülle erlebe, die ich nicht mit Worten ausdrücken kann.

Zweitens versuchen meine Frau und ich, die Sonntage so zu verbringen, als ob es besondere Tage wären. Dabei greife ich mehr auf die jüdische als auf die christliche Tradition zurück. Wir gehen nirgendwohin, haben keine Verpflichtungen, und wir arbeiten nicht. Stattdessen hören wir Musik, lesen, machen Spaziergänge. Wir versuchen, an diesem Tag Abstand von unserem geschäftigen Alltagsleben zu bekommen, uns einfach zu erlauben, das Gefühl des Lebendigseins zu genießen. Wir habe festgestellt, dass ein solcher, bewusst begangener Ruhetag in der Woche dem Leben tatsächlich eine andere Qualität gibt. Natürlich schaffen wir es nicht immer, den Feiertag auf diese Weise zu heiligen, aber wenn wir es tun, ist es wirklich ein besonderer Tag.

Und so bemühe ich mich bewusst darum, jeden Tag gelassen anzugehen, die Atmosphäre schöner Stunden, die ich erlebte, wieder wachzurufen, mich körperlich zu betätigen, sinnvolle Arbeit zu tun, die Botschaften aus meinem Unbewussten wahrzunehmen und achtsam zu sein. An einem Tag in der Woche feiere ich den Tag des Herrn. All diese einfachen und doch so inhaltsvollen Rituale nähren meine Seele. Wenn ich diese Dinge vernachlässige, schlafe ich nicht gut und erlebe auch tagsüber immer wieder, dass irgendetwas schief läuft.

Je älter ich werde, desto klarer wird mir, wie wichtig es ist, die verschiedenen Aspekte meines Seins bewusst zu pflegen – den Körper, die Seele, den Geist und das Herz.

Zusammengenommen geben mir diese verschiedenen Wesensanteile ein Gefühl der Ganzheit. Ich möchte ein ganzes menschliches Wesen sein und nicht auf einem Bein humpeln, weil ich nicht weiß, wie ich mit all meinen verschiedenen Anteilen umgehen soll. Intellektuelle, emotionale und physische Aktivitäten sind nicht voneinander getrennt, es sind einfach verschiedene Dimensionen oder Ebenen des gleichen Menschenwesens.

Doch all diese Aktivitäten erfordern ein bewusstes Bemühen. Gleichzeitig ist mir natürlich die außerordentliche Macht des Unbewussten gegenwärtig. Während ich diese Worte niederschreibe, kontrolliert beispielsweise ein Teil meines Gehirns die Funktionen meiner Leber. Müsste ich mit meinem bewussten Verstand die Kontrolle über meine Leber übernehmen, wäre ich tot, noch bevor ich diese Seite fertig gestellt hätte, weil ich überhaupt nicht verstehe, wie meine Leber funktioniert – und doch sorge ich für ihr Funktionieren. Diese Abspaltung von der Einheit trifft auf die Aktivitäten meines gesamten Wesens zu. Würde ich versuchen, jeden Aspekt meiner selbst rational zu kontrollieren, müsste ich unweigerlich scheitern. Der bewusste Teil meines Geistes ist einfach nicht in der Lage, all die geheimnisvollen Funktionen, die mein Menschsein ausmachen, zu kontrollieren. Ich kenne nicht alle Antworten, und ich führe sicherlich kein herausragendes Leben. Aber nach fast sechzig Jahren auf dieser Erde fängt man an, einige Dinge zu begreifen. In diesem Alter läuft das Leben oft ziemlich reibungslos, weil wir unsere Fehler gemacht und unsere Dummheiten überlebt haben, und auch, weil wir nun wissen, wie es sich anfühlt, wenn das Leben in den falschen Bahnen läuft.

Ein abschließender Gedanke über das »Nähren der Seele«: Ich versuche, die wirklichen Nachrichten oder Botschaften der realen, mich umgebenden Welt zu sehen – nicht nur die allabendlich im Fernsehen heruntergebeteten Katastrophen, die wir »Nachrichten« nennen. Die echten Nachrichten – das Wissen darum, was in meinem unmittelbaren

Umfeld vor sich geht – sind es, die das Leben erhalten. Alle Leute in meiner Umgebung behandelten mich heute sehr zivilisiert und brachten mir Achtung entgegen. Solche Botschaften nähren die Seele, nach ihnen sollten wir Ausschau halten und uns über sie freuen. Das heißt nicht, dass ich das Leben durch die rosarote Brille sehe, ich weiß, welche schlimmen Dinge auf der Welt geschehen. Wenn ich auf die gegenüberliegende Zimmerwand schaue, fällt mein Blick auf ein großes Poster, auf dem jemand ein Hähnchen an den Beinen gepackt hat, um ihm gleich den Kopf abzuschlagen. Die Bildunterschrift lautet: »Vergiss nicht, manchmal sind die Dinge wirklich so schlimm, wie sie scheinen.« Doch direkt daneben sieht man ein Gummihähnchen, bei dessen Anblick ich lachen muss.

Ich denke, die Schlüsselfragen, die man sich stellen sollte, sind: »Was erwarte ich vom Leben?« und »Womit gebe ich mich zufrieden?«. Ich glaube natürlich nicht, dass irgendjemandes Leben genau nach Plan verlaufen kann. Aber ich erwarte, dass mein Leben gut läuft, wenn ich einfach dem Positiven wie dem Negativen achtsam begegne, jener Mischung aus beidem, die in mir selbst und dem Rest der Welt existiert. Und wenn ich auf meine Seele achte, wenn ich ihr erlaube, zu mir zu sprechen, und aufmerksam zuhöre, dann bin ich derjenige, der in der Tiefe seines Wesens genährt wird.

Gottes Spuren auf der Seele

von Rabbi Harold Kushner

»Wenn Ihr Leben von dem Wunsch getragen ist, das Heilige im Alltäglichen
zu sehen, geschieht etwas Magisches:
Das Gewöhnliche wird außergewöhnlich, und der Prozess des Lebens an
sich beginnt, Ihre Seele zu nähren!«

Alles, was Gott erschaffen hat, ist potentiell heilig, und
unsere Aufgabe als Mensch besteht darin, diese Heiligkeit
in scheinbar unheiligen Situationen zu entdecken. Wenn
wir dazu imstande sind, haben wir gelernt, unsere Seele zu
nähren. Bedenken Sie: Es ist einfach, die Schönheit Gottes
in einem herrlichen Sonnenuntergang oder den sich am
Strand brechenden Wellen des Meeres zu sehen. Aber können Sie diese Heiligkeit auch in einem Überlebenskampf
entdecken?
Kürzlich unterhielt ich mich mit einer Frau, deren Tochter
an Nierenversagen leidet. Das Mädchen hatte bereits drei
Spendernieren erhalten, die alle vom Körper abgestoßen
wurden. So ist sie weiterhin von der Dialyse abhängig.
Doch ist das eine tränenreiche Geschichte der Verzweiflung? Im Gegenteil. Die Frau erzählte mir, wie tapfer und
stark ihre Tochter ihr Martyrium ertrage und wie viel »Ehrfurcht« sie vor der Fähigkeit ihres Kindes habe, mit seinem
Leid fertig zu werden und voller Lebensfreude zu sein.
Meine Freundin hat das Heilige in der Situation ihrer
Tochter entdeckt. Wir müssen uns daran erinnern, dass

alles auf dieser Welt Gottes Spuren trägt, und schon das allein macht es besonders. Unsere Unfähigkeit, Schönheit zu sehen, bedeutet nicht im Geringsten, dass Schönheit nicht existiert. Sie weist uns eher darauf hin, dass wir nicht aufmerksam genug hinschauen oder dass unser Blickfeld zu stark eingeengt ist, um die Schönheit wahrnehmen zu können.

Können Sie das Heilige in jenen Dingen entdecken, die Sie als selbstverständlich betrachten – einer gepflasterten Straße oder einer Waschmaschine? Wenn Sie sich darauf konzentrieren, in jeder Situation das Gute zu entdecken, werden Sie feststellen, dass Ihr Leben plötzlich von Dankbarkeit erfüllt ist – einem Gefühl, das die Seele nährt.

Mit ein wenig Übung werden Sie in der Lage sein, das Heilige in Bereichen zu sehen, die gewöhnlich nicht mit »Heiligkeit« in Verbindung gebracht werden. Sie werden die Schönheit im »Kreislauf des Lebens« erkennen können – selbst wenn jemand, den Sie lieben, krank ist oder stirbt. Sie werden anfangen, das Heilige in all jenen Alltagsproblemen wahrzunehmen, die Sie zwingen, zu wachsen und sich weiterzuentwickeln. Wenn Ihr Leben vom Wunsch getragen ist, das Heilige im Alltäglichen zu sehen, geschieht etwas Magisches: Das Gewöhnliche wird außergewöhnlich, und der Prozess des Lebens an sich beginnt Ihre Seele zu nähren! Mit jeder neuen Situation, die in Ihr Leben tritt, bietet sich Ihnen eine weitere Gelegenheit, Ihre Seele zu nähren. Solange Sie in einer Situation auch nur ein Körnchen »Heiligkeit« entdecken können, wird Ihre Seele wachsen und sich geliebt fühlen.

In meinem Buch »To Life!« definiere ich die jüdische Religion als die Wissenschaft, das Gewöhnliche zum Heiligen zu erheben, das heißt, zu versuchen, in allem ein bisschen

Heiligkeit zu entdecken – im Essen, in der Sexualität, im Verdienen und Ausgeben von Geld, im Großziehen der Kinder, in Gesprächen mit Freunden. Wenn wir im Glauben verwurzelt sind, dass alles, was Gott schuf, potentiell heilig ist, besitzen wir die Fähigkeit, das Schöne und Heilige im täglichen Leben wahrzunehmen. Wir können alles als Wunder, als Teil von Gottes Plan betrachten. Und wenn wir das wirklich sehen können, nähren wir unsere Seele. Wir können dies mit dem Essen vergleichen, mit dem Nähren unseres Körpers. Bei einer Mahlzeit halten wir manchmal inne, um das Aroma des Essens richtig zu genießen. Wir stellen fest, wie wunderbar das Essen schmeckt, sind dankbar dafür und freuen uns über die guten Dinge in unserem Leben. Zu anderen Zeiten schaufeln wir das Essen einfach in uns hinein, während wir im Fernsehen die Nachrichten anschauen oder Zeitung lesen, und sind uns der Tatsache, dass wir gerade unseren Körper nähren, gar nicht bewusst.

Dasselbe gilt für die spirituelle Ernährung. Manchmal sind wir einfach überwältigt und voller Ehrfurcht, wenn wir uns plötzlich in der Gegenwart Gottes wieder finden. Zu anderen Zeiten dagegen sind wir uns des Wunders eines Augenblicks überhaupt nicht bewusst, selbst wenn wir anderen eine Freundlichkeit erweisen, jemandem etwas Liebes sagen oder für einen guten Zweck spenden. Aber auch das ist in Ordnung. Ein Akt der Freundlichkeit, eine warmherzige Geste, hat immer etwas Wunderbares, selbst wenn wir gerade nicht »spirituell wach« sind und uns einfach nur die Schwingung dessen, was wir in wacheren Augenblicken taten, trägt.

Sie werden feststellen, dass ein Akt der Freundlichkeit, ein Gebet, das intensive Studium einer Sache, eine großzügige

Spende oder das Verzeihen, wenn jemand Sie verletzt hatte, Ihnen ein wunderbares Gefühl gibt. Es ist, als reagierte irgendetwas im Inneren Ihres Körpers und sagte: »Ja, so sollte ich mich fühlen!« Ich habe oft gesagt, dass man das Gefühl, welches ein einziger Akt des guten Willens in uns auslöst, mit jenem vergleichen kann, das mit der Ausschüttung von Endorphinen oder »Glückshormonen« nach stundenlangem Training im Fitnesszentrum einhergeht. Wieso bekommen wir dieses wunderbare Gefühl? Was ist sein Zweck? Ich glaube, da jeder von uns auf diese Erde geschickt wurde, um sein Potential für die Menschheit zu erfüllen, und die Seele ist jener Teil von uns, der uns wahrhaft menschlich macht. Es ist die Seele, die einen Menschen zum menschlichen Wesen macht und ihn von anderen lebenden Kreaturen auf Gottes Erde unterscheidet. Die Seele ist kein physisches Wesen, sondern betrifft alles Nichtphysische an uns – unsere Werte, Erinnerungen, unsere Identität, unseren Sinn für Humor. Weil die Seele jene Aspekte des Menschen repräsentiert, die nicht physisch sind, kann sie weder krank werden noch sterben, sie kann also nicht verschwinden. Kurz, die Seele ist unsterblich.

Sie nähren Ihre Seele, indem Sie Ihre Bestimmung erfüllen und jenes Potential entwickeln, welches die Seele repräsentiert. Wenn Sie die Bestimmung Ihrer Seele erfüllen, haben Sie das Gefühl, dass »alles stimmt«.

Ignorieren Sie dagegen die Bestimmung Ihrer Seele, verlieren Sie sich ausschließlich in Ihren persönlichen Interessen und vergessen, sich um andere zu kümmern, können Sie dieses Gefühl nicht haben. Sie werden sich stattdessen leer und unerfüllt fühlen. In solchen Zeiten vernachlässigen Sie Ihre Seele – Sie enthalten ihr die lebenswichtige Nahrung vor. Menschen, die sich mir gegenüber über dieses

Gefühl der Leere, diesen Mangel an Erfüllung beklagen, empfehle ich, für einen Ausgleich in ihrem Leben zu sorgen. Ich rate ihnen, irgendeine Möglichkeit zu finden, der Welt etwas »zurückzugeben«, um dieses Gefühl der Ganzheit wieder zu empfinden.

Wenn Sie beispielsweise fast ausschließlich mit Ihrer beruflichen Karriere beschäftigt sind, sollten Sie das Heil nicht nur in Ihrer Arbeit suchen, sondern sich neben Ihrer täglichen beruflichen Routine noch eine andere Quelle der Erfüllung suchen, etwas, bei dem Sie die Freude, anderen zu helfen, erleben können. Es gibt viele Möglichkeiten: Sie könnten ehrenamtlich in Ihrer Gemeinde tätig sein, eine Jugendmannschaft trainieren, sich im Schulwesen engagieren, Kranke besuchen. Welche Aufgabe Sie auch wählen, sie wird Ihnen das Gefühl geben, dass Sie etwas von sich selbst schenken, dass Sie sich mit der Welt teilen, dass Sie die Bestimmung Ihrer Seele erfüllen.

Nehmen wir einmal das Beispiel eines typischen Mannes in mittleren Jahren, der gerade jene Lebenskrise durchmacht, die allgemein als »Midlife-Krise« bekannt ist. Er hat das Gefühl, mit seiner Karriere »ins Leere zu laufen«, und ist voller Verzweiflung. Ein schnelleres Auto oder eine junge Geliebte können ihn nicht von dieser Verzweiflung befreien. Dieser Mann muss stattdessen das Konkurrenzdenken der Geschäftswelt überwinden und anfangen, sich mit anderen Menschen zu verbinden, anstatt sie als Rivalen zu betrachten. Oft genügt bereits diese eine Veränderung in seinem Leben, um ihm das Gefühl zu geben, dass seine Seele wieder genährt wird. Nur allzu oft leben Menschen in der Illusion, dass sie dieses Gefühl der Ganzheit, nach dem sie sich stets sehnen, empfinden würden, wenn sie nur mehr Geld oder mehr Sex oder einen anderen Partner oder einen schöneren Körper hätten. Doch das ist praktisch nie der Fall. Denn in Wirklichkeit fehlt ihnen in ihrem Leben die Erfahrung des Gebens und der Güte als Möglichkeit, die Seele zu nähren. Indem Sie Ihrem Leben diese Dimension hinzufügen, nähren Sie Ihre Seele.

Die Seele braucht zwei verschiedene Arten von Nahrung – die eine erhält sie im Kontakt mit anderen, die andere im Alleinsein. Welchen Anteil der einen oder anderen Seelennahrung ein Mensch braucht, ist ganz verschieden. Ich selbst bin ein richtiger »Gesellschaftsmensch«. Ich spüre, dass ich durch die Kontakte mit anderen meine Seele nähre und als Mensch wachse. Ich habe beispielsweise festgestellt, dass das gemeinsame Gebet während des Gottesdienstes eine viel stärkere spirituelle Erfahrung für mich ist als ein Gebet, das ich allein zu Hause spreche. Ich mag das Gefühl, Teil einer Gemeinschaft zu sein. Ich brauche den Kontakt zu anderen Menschen und ihre Rückmeldungen. Andererseits kenne ich sehr spirituelle Menschen, die ihre Seele viel stärker in der Abgeschiedenheit nähren. Sie tun das durch Meditation, Kontemplation, Studien und die Arbeit an sich selbst. Ich glaube, dass jeder ein wenig von beiden Arten der Seelennahrung braucht, doch in welchem Verhältnis, ist von Mensch zu Mensch verschieden. Praktisch jeder Mensch besitzt das Potential, spirituell zu wachsen und seine Seele Tag für Tag zu nähren. Selbst für Menschen, die schwer behindert sind, gibt es hier Hoffnung und wunderbare Möglichkeiten.

Wenn ein behindertes Kind geboren wird, fragen wir oft: »Warum lässt Gott das zu?« Doch vielleicht wäre es besser, sich zu fragen: »Welche Art von Gemeinschaft müssten wir sein, damit geistige Behinderung kein Hindernis darstellt, seine Existenz voll genießen zu können?«

Eine der Botschaften, die ich immer wieder mit anderen teile, ist ein Vers in Jesaia, Kapitel 40: »Aber die auf den Herrn harren, kriegen neue Kraft ...« Wenn Sie verzweifelt sind, wenn Sie mit einer Situation konfrontiert werden, die Sie glauben nicht bewältigen zu können, bitten Sie Gott nicht darum, das Problem verschwinden zu lassen, sondern beten Sie stattdessen, dass er Ihnen die Kraft gibt, damit fertig zu werden.

Ich sehe den Beweis für die Existenz Gottes darin, dass ich ständig beobachten kann, wie gewöhnliche Menschen außergewöhnliche Dinge tun und Kräfte entwickeln, von denen sie nicht einmal wussten, dass sie sie hatten. Ein gutes Beispiel dafür ist das von mir erwähnte kranke Mädchen, das trotz seines Leidens voller Lebensfreude und Mut ist. Mein eigener Sohn zeigte am Ende seines Lebens die gleiche innere Stärke. Das sind Beispiele für Gottes Eingreifen: Er nimmt uns nicht das Problem, sondern gibt uns die Kraft, es zu meistern.

In einem meiner Bücher schrieb ich: »Religion kann nicht die Tatsachen ändern, aber sie kann Ihre Reaktionen auf die Tatsachen ändern.« Für mich besteht, wie bereits Martin Bube sagte, ein Unterschied zwischen Theologie und Religion. Bube definiert Theologie als »Sprechen über Gott« und Religion als »das Erfahren Gottes«. Ich glaube, dass wir im spirituellen Bereich heute weniger »Theologie« und mehr »Religion« brauchen – weniger Beschäftigung mit dem Glauben an Gott, dem Wesen Gottes, der Existenz Gottes, und mehr Gelegenheiten, Augenblicke zu erleben, in denen wir das Gefühl haben, Gott gerade begegnet zu sein.

Wir »begegnen« Gott im Gebet, wenn wir anderen helfen und Freundlichkeit entgegenbringen, wenn wir schlechte

Gewohnheiten, Süchte und Kleinlichkeit überwinden. Spirituelles Wachstum kann man letztendlich mit dem Erklimmen einer Leiter vergleichen. Man klettert langsam Sprosse für Sprosse höher. Bei jedem Schritt sucht man mit dem Fuß nach festem Halt, bevor man die nächste Sprosse erklimmt. Und jeder Schritt, den Sie machen, nährt Ihre Seele. Irgendwann fühlen Sie sich dann vollkommen genährt und mit Gott verbunden. Sie sind Gott wahrhaftig begegnet.

Die alltägliche Wertschätzung

von Thomas Moore

»Ich glaube, wir könnten sehr viel
friedlicher in dieser Welt leben, wenn
unsere Spiritualität nicht nur dem
Blick in die Unendlichkeit entspränge,
sondern einer sehr genauen Betrachtung der uns umgebenden alltäglichen Welt – und der Wertschätzung
ihrer Tiefe und Göttlichkeit.«

Im Lauf der vielen Jahre, in denen ich mich mit diesem
Thema auseinander gesetzt habe, bin ich zu der Überzeu-
gung gelangt, dass die Seele in Wirklichkeit sehr umfas-
send ist, viel umfassender, als wir normalerweise glauben.
Sie schließt nicht nur die höhere oder transzendente Ebene des Bewusstseins ein, jenen Bereich, den wir traditionell
als den geistigen bezeichnen, sondern auch jene Ebene, die
wir als »niedere« Bereiche des Bewusstseins bezeichnen
können – die Seele in der gewöhnlichen Erfahrungswelt,
die Seele im alltäglichen Leben. Auf der höheren Ebene
geht es um die Entwicklung einer umfassenden Lebens-
philosophie, einer moralischen Ordnung, einer Vorstellung
vom Sinn des Lebens und unserem Platz in der Welt. Diesen Dingen wurde seit jeher großer Wert beigemessen, und
man versuchte, sich ihnen durch Gottesdienste, Gebete
und andere traditionelle Formen der Spiritualität zu
nähern. Ich selbst habe mich beim Schreiben und Lehren
allerdings meistens auf den »niederen« Aspekt der Seele

konzentriert, nicht, weil ich glaube, dass der höhere Aspekt unwichtig ist – er ist natürlich sehr wichtig –, sondern weil der niedere Aspekt so vernachlässigt wurde. Wenn ich von diesem niederen Aspekt der Seele spreche, meine ich damit den Wert eines Alltagslebens, in dem man wesentlichen alltäglichen Qualitäten wie Schönheit, Intimität, Gemeinschaft und Vorstellungskraft Beachtung schenkt. Manchmal erwähne ich in diesem Zusammenhang einen berühmten Traum C. G. Jungs, in welchem dieser eine Treppe hinunterging, sich von einer Ebene auf die nächste begab. Dieser Traum wurde mit einer Phase der Entdeckung tiefer Wahrheiten assoziiert. Unsere Kultur ist jedoch so auf Erfolg und Fortschritt programmiert, dass jeder nur davon spricht, die Leiter »hinaufzuklettern« – niemand spricht je davon, sie *hinabzusteigen*. Wir haben keinen Sinn mehr dafür, in den ganz gewöhnlichen Erfahrungen des Lebens das Heilige zu sehen.

Viele Religionen, unter anderem die christliche, jüdische, buddhistische und alte griechische, weisen auf die Existenz des Göttlichen im Alltäglichen hin. So sprachen beispielsweise christliche Theologen stets über die »Immanenz Gottes« – was nichts anderes bedeutet, als dass uns Gott innewohnt, dass *Gott in uns wohnt*. Die alten Griechen glaubten, dass ihre Götter und Göttinnen nicht nur den Himmel oder die Unterwelt, sondern auch die Natur selbst bevölkerten – man suchte und fand sie inmitten des ganz gewöhnlichen Lebens.

Ich glaube, es ist wichtig, dass wir wieder zu diesem Bewusstsein gelangen. Für mich ist beispielsweise ein Wohnort tatsächlich ein heiliger Ort. Das hat nichts mit Romantik oder Schwärmerei zu tun, sondern ich glaube, dass es so etwas wie einen »Geist des Ortes« gibt, eine immanente heilige Energie, die einem Heim, einem Platz, Bäumen, Gewässern, Wohn- oder Naturgebieten innewohnt. Wir müssen den Blick nicht gen Himmel richten, auf irgendeine unendliche Leere, um das Heilige zu finden. Diese Art der Suche hat sicher ihre Berechtigung, doch auch diese Sehnsucht nach der Unendlichkeit ist nur Teil einer viel umfassenderen Spiritualität, die all unsere ganz gewöhnlichen Erfahrungen einschließen kann. Ich glaube, viele unserer Probleme entstehen dadurch, dass wir das Heilige als etwas Abstraktes betrachten. Diese Einstellung ist teilweise dafür verantwortlich, dass wir uns selbst und der Natur so großes Leid zufügen. Wenn unsere Religiosität ausschließlich »ätherisch« ist, nehmen wir vielleicht den Bau einer Chemiefabrik, deren Emissionen unsere Kinder vergiften könnten, gleichgültig hin. Doch nicht nur das, die Beschränkung der Spiritualität auf einen Ort irgendwo »hoch oben im Himmel« führt oft dazu, dass Menschen ihre eigenen moralischen Positionen polemisch vertreten. Das kann so weit gehen, dass sie die Verfolgung Andersdenkender rechtfertigen. Wir können dieses Phänomen in vielen Ländern der Erde beobachten. Ich glaube, wir könnten sehr viel friedlicher in dieser Welt leben, wenn unsere Spiritualität nicht allein dem Blick in die Unendlichkeit entspränge, sondern einer sehr genauen Betrachtung der uns umgebenden alltäglichen Welt – und der Wertschätzung ihrer Tiefe und Göttlichkeit. Wie können wir wieder eine Verbindung zur Seele herstellen, wenn wir der alltäglichen Gegenwart des Heiligen so entfremdet sind? Es gibt viele Wege, obgleich es uns nicht unbedingt leicht fallen mag, sie zu beschreiten. So wäre es vielleicht ein guter Anfang, einmal mit dem aufzuhören, was wir meistens tun – nämlich dem ständigen Umherjagen und

Hetzen –, und uns Zeit zu nehmen, zur Ruhe zu kommen. Das kann durch Meditation geschehen, durch bewusstere und tiefere Gespräche oder einfach durch den Aufenthalt in der Natur. Sie können selbst aus einem Urlaub eine Art Kontemplation machen, wenn Sie auf die allgemein übliche Hyperaktivität verzichten. Vielen Menschen fällt das allerdings ziemlich schwer!

Auf ähnliche Weise könnten wir auch bei unserer Lebensplanung vorgehen, indem wir diese nicht allzu aktiv oder zwanghaft betreiben. Ich will damit nicht sagen, dass wir uns überhaupt keine Gedanken über die Zukunft machen sollten. Doch wie schnell verhindern unsere ehrgeizigen Ziele, dass wir uns auch um unser seelisches Wohlergehen kümmern? Ich selbst versuche beispielsweise, mich nicht von meinen Ambitionen vorantreiben zu lassen, sondern zu beobachten, was um mich herum und in meinem Inneren vorgeht, und mich davon leiten zu lassen. Ich habe festgestellt, dass dieser Prozess des Lauschens, Beobachtens und Agierens mich oft zurück zu meiner Familie führt. Viele Leute, mit denen ich im Mediengeschäft zu tun habe, sind überrascht, dass ich die Bedürfnisse meiner Familie über potentielle große Medienerfolge stelle. Ich könnte das ganze Jahr über von meiner Familie getrennt sein, wenn diese Art von Erfolg und Abenteuer bei mir an erster Stelle stünde, aber es ist mir viel wichtiger, meine vertrautesten Beziehungen zu pflegen und zu schützen. Meine Familie schenkt mir letztendlich viel mehr Freude als alles, was ich durch momentan verlockende Erfolgschancen gewinnen könnte.

Unsere engen Beziehungen zu anderen – zu Angehörigen und Freunden – sind vielleicht die seelenvollsten Aspekte unseres Daseins. Diese Beziehungen sind zwar nicht immer nur die reine Freude – sie können sogar ziemlich schwierig und anstrengend sein –, aber sie geben uns Halt und Stabilität. Wir brauchen Beziehungen zu Menschen, mit denen wir so offen und ehrlich wie möglich sein können. Der Vorschlag, ehrliche Gespräche mit anderen zu führen, erscheint vielleicht so einfach und selbstverständlich, dass man vergisst, wie viel Mut und Risikobereitschaft dazu gehören. Ich glaube, es ist ein großer Fehler, die Seele als eine ausschließlich innere Erfahrung zu betrachten. Die Möglichkeit, die intimsten Gefühle und Gedanken ohne Angst vor Verrat mit jemand anderem zu teilen, ist ein starkes Grundbedürfnis, eine Sehnsucht der Seele. Deshalb besteht ein wichtiger Schritt der »Seelenpflege« darin, solchen Beziehungen Zeit und Aufmerksamkeit zu widmen, die uns das erlauben. Ich glaube, es ist auch wichtig, dass wir unsere eigenen Worte verwenden, wenn wir unsere innersten Gefühle und Gedanken ausdrücken. Heute benutzen viele Menschen bei ihren Gesprächen miteinander eine Sprache, die sie im Fernsehen gehört oder sich durch Zeitschriften und Bücher angeeignet haben, so dass wir uns bald nur noch wie Analytiker, Anthropologen oder irgendwelche anderen »Experten« anhören. Wir müssen versuchen, wieder zu einer Sprache des Herzens statt des Verstandes zurückzukehren, denn Letztere ist sehr stark durch unsere Kultur geprägt. Die Entdeckung unserer eigenen Sprache, unserer eigenen Art, über die Dinge zu denken und sie zu beschreiben, kann uns helfen, wirklich präsent zu sein – offener für andere und empfänglicher für Erfahrungen.

Eine andere Möglichkeit, den Öffnungsprozess der Seele zu unterstützen, besteht darin, sich die eigenen Symptome zu betrachten, das heißt, den Blick dorthin zu richten, wo in unserem Leben etwas »nicht stimmt«. Wir können uns beispielsweise anschauen, an welchen Punkten unsere Beziehungen scheitern, wo unsere Depressionen oder emotionalen Schwierigkeiten herrühren, in welchen Bereichen wir Suchtverhalten an den Tag legen. Indem wir genau beobachten, was nicht in Ordnung ist, entdecken wir genau die Bereiche, die unserer Aufmerksamkeit bedürfen. Nehmen wir etwa die Einsamkeit. Einsamkeit hat meistens nichts damit zu tun, dass wir zu wenige Menschen um uns herum haben. Viele Leute behaupten sogar, sie seien einsam, obwohl sie ständig mit Menschen zu tun hätten. Wir neigen meistens dazu, Einsamkeit auf eine narzisstische Weise, als persönliches Problem, zu behandeln – »nehmen Sie ein paar Therapiestunden bei mir; wir werden gemeinsam die Ursachen Ihrer Einsamkeit aufdecken und versuchen, sie zu verstehen, und so das Problem lösen«. Schauen wir aber genauer hin, was die Einsamkeit uns sagt, so können wir erkennen, dass sie eine Einladung ist, sich auf die Welt einzulassen, sich mehr zu engagieren und unsere Energie nach außen zu bringen. Wir werden gebraucht – auf vielerlei Art –, es gibt so viele Möglichkeiten, sich zu engagieren. Wir können ehrenamtlich in einer Suppenküche arbeiten, beim Aufbau eines Heims für verwaiste oder vernachlässigte Kinder helfen oder Kranke in den Hospitälern besuchen. Ich meine, wir sollten mit Gemeinschaft nicht nur die oberflächliche Vorstellung verbinden, dass man zusammenkommt, um Spaß zu haben. Gemeinschaft sollte für uns auch bedeuten, Menschen mitfühlend beizustehen, die gerade schwierige Zeiten durchmachen, und ihnen etwas von unserer Zeit und Liebe zu schenken.

Ein anderer Aspekt der Einsamkeit hat mit der Vorstellung von »Alleinsein« zu tun. Einsamkeit ist manchmal ein Zeichen dafür, dass wir lernen müssen, das Alleinsein auf positive Weise zu erfahren, in unserem eigenen Wesen geerdet, bereit, die Verantwortung für unsere eigenen Entscheidungen und Lebensplanungen zu übernehmen. Ein besonnener, weiser Umgang mit diesen beiden Aspekten der Einsamkeit – Verbundenheit und Alleinsein – kann so viel nährender sein als die Suche einer schnellen Lösung, die in unserer Gesellschaft so häufig ist.

Eine weitere Möglichkeit, mehr in Kontakt mit dem Göttlichen zu kommen, das uns überall umgibt, ist die Hinwendung zu den schönen Künsten und den großen Religionen. Hier können wir uns inspirieren lassen. Ich selbst lese beispielsweise oft die alten griechischen Tragödien und Dichtungen, weil ich das Gefühl habe, dass diese Ausdrucksformen von Glaube und Emotion sehr viel über das Wesen der menschlichen Seele aussagen. Manchmal betrachte ich auch Gemälde oder lese Bücher aus der Zeit der italienischen Renaissance, weil ich diese Epoche als besonders »seelenvolle« Phase der europäischen Geschichte empfinde. Auch die afrikanische Kunst oder die indische Musik haben mir viel zu geben. Jeder Mensch besitzt Möglichkeiten herauszufinden, welche Kunstformen seine Seele am meisten nähren.

Wir sind von so vielen reichen Quellen der Schönheit und des Wissens umgeben – man könnte wahrscheinlich mehrere Leben damit zubringen, seine Seele innerhalb der vier Wände einer öffentlichen Bibliothek oder eines Museums zu nähren. Unglücklicherweise hat unsere Gesellschaft das Wesen der Kunst hauptsächlich auf »Unterhaltung« reduziert. Wir brauchen viel weniger Unterhaltung als Möglichkeiten, der Seele die Bilder zu geben, nach denen sie sich sehnt. Und dennoch lassen wir zu, dass Hollywood und die gesamte Unterhaltungsindustrie uns von uns selbst ablenken, uns oberflächliche Geschichten verkaufen, in denen ausbeuterische Charaktere die Helden sind. Ich sage das nicht aus einer hochmütigen Haltung heraus – natürlich gibt es ausgezeichnet populäre Musikstücke, die die Seele nähren können, sowie Filme, die uns zum Nachdenken anregen oder unser Herz berühren. Selbst eine Fernsehshow kann hin und wieder die Oberfläche durchdringen und uns mit einer tieferen Ebene in Kontakt bringen. Aber ich glaube, wir sollten dennoch nur das Beste akzeptieren und bereit sein, den Fernseher auszuschalten. Wenn wir ins Kino gehen und der Film unserer Aufmerksamkeit nicht wert ist, sollten wir einfach aufstehen und die Vorstellung verlassen. Und wenn wir Bücher lesen, sollten wir darauf achten, dass sie uns wirklich bereichern. Wenn ich solche Vorschläge mache, will ich damit nicht den Anschein erwecken, als müsse man, um seine Seele zu nähren, nun ein großartiges »Projekt« aus seinem Leben machen. Wir müssen heute in Zeitschriften, Zeitungen und im Fernsehen bereits genügend versteckte oder offene Urteile über uns ergehen lassen. Die populäre Psychologie hat den Menschen mit dieser Art Moral eine große Last aufgebürdet, indem sie sie ständig antreibt, sich weiterzuentwickeln oder ein »besserer« oder anderer Mensch zu werden.

Wenn es manchen schwer fällt, Möglichkeiten zu finden, ihre Seele zu nähren, so liegt das vielleicht daran, dass sie sich von dieser vermeintlich »großen Aufgabe« überfordert fühlen. Aber es ist gar keine große Aufgabe. Sie brauchen nichts weiter zu tun, als sich diesen gegenwärtigen Augenblick anzuschauen und sich zu fragen, was in Ihrer Umgebung Ihre Aufmerksamkeit braucht oder was gerade jetzt ansteht. Würden Sie jetzt gerne ein Bad nehmen? Hat Ihr Nachbar von gegenüber gerade Schwierigkeiten und braucht jemanden, der eine Weile mit ihm redet? Oder braucht eine Außenwand Ihres Hauses ein wenig frische Farbe? Braucht Ihr Gemeinderat jemanden, der den Mund aufmacht und darüber spricht, was in Ihrer Gemeinde vor sich geht? Der Schlüssel liegt in der Erkenntnis, dass es gar nicht notwendig ist, etwas Großartiges und Besonderes aus uns zu machen. Dieses Projekt sollten wir einfach aufgeben und akzeptieren, dass wir ganz einfache, gewöhnliche Menschen sind. Und indem wir unsere Einfachheit und Gewöhnlichkeit entdecken und schätzen lernen, macht sich in uns ein liebevolles Gefühl breit, das uns selbst und die Welt nährt und das eigentliche Wesen einer »heilen Seele« ausmacht.

Beseelte Augenblicke

———————— •◆• ————————

von Marion Woodman

> »Jeder von uns erlebt beseelte Augen-
> blicke in seinem Leben – wenn er einen
> herrlichen Sonnenaufgang beobachtet,
> den Ruf einer Nachtigall hört, die Falten
> in den Händen seiner Mutter sieht oder
> den süßen Duft eines Babys einatmet. In
> diesen Augenblicken beginnen Körper
> und Geist zu schwingen, denn wir
> erfahren das Wunder, ein menschliches
> Wesen zu sein.«

Wenn ich an einem kühlen Herbsttag spazieren gehe und
purpurfarbene Blätter vor einem strahlend blauen Himmel
sehe, wird meine Seele genährt, denn ich sehe Gott in den
leuchtenden Farben der Natur manifestiert. Immer, wenn
ich irgendwo im Haus frische Blumen hinstelle, wähle ich
die Blüten aus meinem Garten und die Vase aus meinem
Schrank so, dass Form und Farbe einander harmonisch
ergänzen. Vier Tage später sehe ich, dass die scharlachro-
ten Rosenblüten einen Silberschimmer bekommen haben,
der in einem Zinngefäß besonders gut zur Geltung käme.
Also wähle ich jetzt eine andere Vase für den Strauß, ich
erkenne den Alterungsprozess an und kreiere eine neue
Form. So wichtig wie Ordnung und Schönheit für ein Blu-
menarrangement sind, so wichtig sind sie für das Wohlbefinden meiner Seele. Sie spiegeln einander. Wenn ich in
meinem Haus ein Zimmer neu herrichte, drücke ich diese

Schönheit durch die von mir gewählten Farben und ihre Anordnung aus. Und wenn ich dann durch dieses Zimmer gehe, habe ich das Gefühl, durch meine Seele zu gehen. Ich spüre, dass ich eine Manifestation meiner Seele geschaffen habe, einen Spiegel meines inneren Empfindens von Schönheit und Tiefe.

Für mich haben alle Dinge des täglichen Lebens Seele – die schönen wie die schmerzlichen. Einige der tiefsten »Seelen-Augenblicke«, die ich in meinem Leben erfahren habe, waren gleichzeitig auch die schmerzhaftesten. Ich habe am Bett eines geliebten sterbenden Menschen gesessen, habe wie eine »Hebamme« einer Seele in die andere Welt hinübergeholfen und musste für die Dauer des Übergangs für diese Welt sterben. So erfuhr ich eine Wiedergeburt auf einer neuen Ebene in meinem eigenen Leben.

Jeder von uns erlebt beseelte Augenblicke in seinem Leben – wenn er einen herrlichen Sonnenaufgang beobachtet, den Ruf einer Nachtigall hört, die Falten in der Hand seiner Mutter sieht oder den süßen Duft eines Babys einatmet. In diesen Augenblicken beginnen Körper und Geist zu schwingen, denn wir erfahren das Wunder, ein menschliches Wesen zu sein.

Ich finde es ganz erstaunlich, dass unsere Seele – unsere unsterbliche Essenz mit all ihren Hoffnungen, Träumen und ihrer Vision von der Ewigkeit – in diesen sterblichen, dem Verfall unterworfenen Körper eingeschlossen ist. Kein Wunder, dass Leiden Teil der menschlichen Existenz ist.

Ich betrachte meine Seele als den unsterblichen Teil von mir, der tagein und tagaus in diesem Körper lebt. Auf gewisse Weise ist eine Seele die Brücke zwischen Geist und Körper und als solche jenes Element, das die Gegensätze vereint. Diese durch meine Seele geschaffene Einheit ist sehr wichtig für mein Wohlergehen. Ohne die Seele in der Mitte würde ich wohl entweder in die geistige Welt »abheben« oder ganz im Sumpf der Materie versinken. Durch meine Arbeit als Analytikerin begegne ich vielen Menschen in mittleren Jahren (oder älter), die verzweifelt nach ihrer Seele suchen – ob sie sich dessen bewusst sind oder nicht. Sie sagen, sie suchten einen Sinn in ihrem Leben, einen Daseinszweck. Die meisten von ihnen besitzen alle irdischen Güter, die die Welt zu bieten hat, und doch bedeuten ihnen diese Dinge nichts mehr. Sie fühlen sich leer, weil sie die Verbindung zu ihrer Seele verloren haben. Wenn wir es versäumen, unsere Seele zu nähren, verkümmert sie, und ohne Seele beginnt das Leben seine Bedeutung zu verlieren. Es wird öde und langweilig, hat keine Tiefe mehr. Ohne Seele fehlt uns der Sinn zum Hören wunderbarer Musik, zum Verstehen von Gedichten oder Träumen, zum Wahrnehmen herrlicher Kunstwerke. Wenn das ständige Zwiegespräch mit der Seele abgebrochen ist, kommt der kreative Prozess in unserem Inneren zum Stillstand. Aber allein Kreativität macht unser Leben lebenswert.

Ich selbst nähre meine Seele auf verschiedene Weisen. Eine besteht darin, jeden Morgen gegen 4.30 Uhr aufzustehen und zwei Stunden ganz allein zu verbringen – etwas für mich zu tun, wie beispielsweise Yoga, Visualisierung, Meditation oder Traumarbeit. Wenn ich mir diese Zeit zu Beginn jedes neuen Tages nicht gönne, bekomme ich nach einer Weile das Gefühl, von anderen aufgefressen zu werden, und ich werde gereizt und angespannt.

Ein Tagebuch zu führen ist für mich eine weitere Möglichkeit, meine Seele zu nähren. Mein Tagebuch ist mein Seelenbuch. Es enthält meine Gespräche mit Gott. Als ich zwölf Jahre alt wurde, fing ich an, nach meinem Selbst, meinem wahren Wesen zu suchen, und so begann ich, meinen Schrecken, meine Hoffnungen und mein Entzücken diesem Tagebuch anzuvertrauen. Indem ich das tue, bestätige ich meine eigenen Gefühle und Werte. Ich wollte meinen einzigartigen Daseinszweck ergründen. So versuchte ich auf diese Weise, meine eigene Wahrheit zu leben, die oft nicht mit derjenigen meiner Umgebung übereinstimmte. Darum geht es mir in diesen zwei Stunden des Alleinseins am frühen Morgen – mein innerstes Wesen wahrzunehmen, meine Seele und die Wahrheit zu entdecken, die ich zu leben habe.

Auch beim Tanzen erfahre und nähre ich meine Seele, denn für mich ist der Tanz sowohl der Flug meines Körpers als auch die Inkarnation meines Geistes. Es ist eine Vereinigung von Körper und Geist – und meine Seele ist die Brücke.

Ich habe außerdem festgestellt, dass das Älterwerden zunehmend Seelenenergie freisetzt. Es ist, als hätte ich neue Augen und Ohren, eine neue Nase und neue Finger. Alles ist zu einer neuen Erfahrung geworden – vom Herbstspaziergang bis zum Lächeln meines Großneffen. Natürlich habe ich diese Dinge auch vorher schon wahrgenommen, aber jetzt sehe ich sie als Teil jener Ganzheit, die ich Gott nenne.

Ich habe großartige Freunde, Männer und Frauen. Meine Freundschaften mit Frauen sind anders als die, welche mich mit Männern verbinden, weil wir auf verschiedene Weisen miteinander schwingen. Frauen verstärken in mir das Gefühl des Frauseins. Ich denke, die meisten Frauen brauchen diese Bestätigung ihrer Weiblichkeit, um ihre Identität als Frau ganz zu erfahren. Eine Frau hat ihre

Identität nicht vollständig gefunden, solange sie noch von der Wertschätzung der Männer abhängt. Sie muss in der Lage sein, sich in ihrer Weiblichkeit zu ihrer ganzen Größe aufzurichten und so ihre Seele zu nähren.

Mein Mann und ich sind seit sechsunddreißig Jahren verheiratet. Wir nehmen uns täglich Zeit, so offen und ehrlich wie möglich miteinander zu reden. Wir teilen unsere Seelenenergie miteinander – in guten und in schlechten Zeiten.

Liebe ist Energie. In der Meditation öffne ich mich, um diese Energie von Menschen, von der Natur, von Gott zu empfangen. Ich stelle mir vor, ich sei ein Musikinstrument, auf dem Gott spielt. Manchmal fließt mir Energie von der männlichen Seite zu, manchmal von der weiblichen, die ich Sophia nenne. Für mich ist Sophia die Manifestation Gottes in der Natur, dem Körper, den Menschen. Einer der Gründe für mein Bedürfnis, jeden Morgen zwei stille Stunden allein zu verbringen, ist die innere Notwendigkeit, mich auf den Tag einzustimmen, um in der Lage zu sein, Seele in allem zu sehen, zu hören und zu spüren, das mir begegnet. Ich öffne mich für die Möglichkeit der Gnade. Allein durch die Gnade, die wir von Gott empfangen, sind wir überhaupt fähig, weiterzugehen und zu leben – nicht nur zu überleben, sondern voller Liebe und Lebendigkeit aufzublühen.

2. TEIL

Das Herz der Seele

———————•◆•———————

»Zu beiden Seiten ragt die Welt hervor
Nicht weiter als das Herz weit ist;
Und über der Welt erstreckt sich der Himmel;
Nicht höher als die Seele hoch ist.
Das Herz kann Meer und Land
zu beiden Seiten weit verschieben;
Die Seele kann den Himmel teilen,
Und Gottes Antlitz hindurchscheinen lassen.
Doch Osten und Westen werden das Herz
    bedrücken,
Das sie nicht für immer wegschieben kann;
Und der, dessen Seele flach ist
Wird von Himmel Stück für Stück begraben.«

Edna St. Vincent Millay

Liebe: Die Arbeit der Seele

von Bernie Siegel

> »Jeder Tag ist mein bester Tag; dies ist
> mein Leben; ich werde diesen Augen-
> blick nie wieder erleben.«

Bei meiner Arbeit als Arzt habe ich oft beobachtet, dass
Menschen, die sich mit einer lebensbedrohlichen Krankheit konfrontiert sehen, eine Fähigkeit wieder erwecken
können, die den meisten von uns beim Eintritt ins Erwachsenenalter verloren ging: die Fähigkeit, sich mit der Seele
zu verbinden. Das große Staunen des Kindes über die
Wunder der Welt weicht nur allzu oft der ständigen
Beschäftigung mit Fragen wie »Sehe ich gut genug aus,
verdiene ich genug Geld, und was werden die Nachbarn
denken, was denken meine Eltern, und was haben die Lehrer uns gesagt, und was sagt uns der Pfarrer«. Mit anderen
Worten, wir werden von unserem Intellekt beherrscht.
Doch in vielen Fällen stellen Menschen, die sich ihrer eigenen Sterblichkeit bewusst geworden sind, fest, dass sie
dadurch die Freiheit gewonnen haben, *zu leben*. Sie fangen
an, den gegenwärtigen Augenblick als etwas Kostbares zu
betrachten: Jeder Tag ist mein bester Tag; dies ist mein
Leben; ich werde diesen Augenblick nie wieder erleben.
Sie wenden sich stärker jenen Dingen und Menschen zu,
die sie lieben, und verbringen weniger Zeit mit Leuten und
Beschäftigungen, die Liebe und Freude vermissen lassen.
Dieser Gedanke scheint so natürlich – sollten wir nicht alle

auf diese Weise leben? Aber meistens tun wir es nicht, bis irgendjemand zu uns sagt: »Sie haben noch zwölf Monate zu leben«.

Wenn ich in eine Gruppe mir völlig fremder Menschen hineingerate, kann ich normalerweise sagen, wer im Raum einen schweren Verlust erlitten oder eine lebensbedrohliche Krankheit durchgemacht hat. Ich brauche den Leuten nur drei Fragen zu stellen. Die erste lautet: Ich lade euch alle zum Essen ein – was möchtet ihr essen? Die zweite: Was würdet ihr den anderen Anwesenden vor Augen halten, um ihnen den Sinn des Lebens klarzumachen? Die dritte Frage lautet: Wie würdet ihr euch bei einer Begegnung mit Gott vorstellen?

Jemand, der noch nie mit einer lebensbedrohlichen Krankheit konfrontiert war, wird ziemlich lange brauchen, um die Frage Nummer eins zu beantworten, weil er sich Gedanken darüber macht, dass ich die Rechnung zahlen muss und er meinen Geldbeutel nicht übermäßig strapazieren will. Er will sichergehen, dass auch ich bekomme, was *ich* will, wenn wir zusammen ausgehen. Also sitzt er fünf Minuten schweigend da, denkt nach und sagt mir nicht, was er wirklich essen will. Jemand, der eine lebensbedrohliche Krankheit hinter sich hat, denkt über solche Dinge nicht mehr nach. Er schreit einfach: »Hummer« oder nennt eine andere Leibspeise. Wenn ich frage, was Sie anderen Menschen vor Augen halten würden, um ihnen den Sinn des Lebens klarzumachen, und Sie »einen Spiegel« oder »mich selbst« antworten, weiß ich, dass Sie genug durchgemacht haben, um Ihre Schönheit und Ihren Wert wirklich zu schätzen. Menschen, die bereits direkt mit ihrer Sterblichkeit konfrontiert wurden, antworten auf die Frage, wie sie sich Gott vorstellen würden, normalerweise:

»Gott kennt mich bereits. Ich bin Gottes Kind – ich brauche mich nicht vorzustellen.« Würde sich aber jemand mit den Worten »Gott, ich bin Rechtsanwalt – oder Arzt oder Mutter –« vorstellen, würde Gott sicher antworten »Komm wieder, wenn du weißt, wer du bist«.

Ich glaube, dass wir hier sind, um Liebe auf diesem Planeten zu verbreiten – jeder von uns auf seine Weise. Ob Sie nun Kellner(in), leitende(r) Angestellte(r), Friseur(in) oder Tankstellenbesitzer(in) sind – wenn Sie anderen Menschen begegnen und ihnen etwas geben, tragen Sie dazu bei, dass die Liebe auf diesem Planeten wächst. Um Ihre Seele zu nähren, müssen Sie Dinge tun, die Sie lieben. Ich will damit nicht sagen, dass Sie egoistisch sein sollten. Aber es ist tödlich für die Seele, in einem verhassten Beruf gefangen zu sein oder Tag für Tag eine Rolle spielen zu müssen, die man nicht spielen will. Natürlich bekomme ich an dieser Stelle oft das Argument zu hören, dass man schließlich nicht einfach den Beruf wechseln könne – auf Grund der hohen monatlichen Ausgaben oder der allgemeinen Wirtschaftslage. Auf dieses Argument habe ich zwei Antworten. Erstens: Finden Sie irgendetwas in Ihrem Leben, irgendeine ehrenamtliche oder künstlerische Tätigkeit, von der Sie sagen können: »Das ist meine Freude«. Zweitens: Wenn Ihnen bewusst wird, dass Ihnen Ihr Leben nicht gefällt, und Sie Ihre äußeren Umstände zu diesem Zeitpunkt nicht ändern können, können Sie immer noch Ihre *Einstellung* in Bezug auf Ihr Leben ändern. Sie können sich sagen: »In Ordnung, ich entscheide mich dafür, glücklich zu sein. Ich entscheide mich dafür, meine alltäglichen Aktivitäten als Möglichkeit zu betrachten, Liebe zu verbreiten.« Wenn Sie mit dieser Einstellung durchs Leben gehen, werden Sie feststellen, dass Ihre äußeren Umstände sich *tatsächlich* zu verändern beginnen. Eine Frau sagte einmal zu mir: »Als ich mich entschloss, gut gelaunt an meinem Arbeitsplatz zu erscheinen, bekamen alle anderen in meiner Umgebung plötzlich ebenfalls gute Laune.« Die Frau hatte beschlossen, ihren verhassten Job zu kündigen. Am letzten Tag ihrer zweiwöchigen Kündigungsfrist wachte sie morgens mit einem Glücksgefühl auf. Am Ende dieses Tages stellte sie fest, dass alle anderen in ihrer Umgebung ebenfalls einen glücklichen Eindruck machten – und so entschied sie sich schließlich, die Kündigung rückgängig zu machen. Sie beschloss stattdessen, froh und gut gelaunt zur Arbeit zu kommen. Heute – zwei Jahre später – ist sie immer noch dort und verbreitet gute Laune.

Die Anthropologin Ashley Montagu sagte einmal sinngemäß: »Ich verändere mein Leben, indem ich mich so verhalte, als sei ich die Person, die ich gerne wäre.« Das scheint mir der einfachste und weiseste Rat zu sein, den man einem Menschen geben kann. Wenn man aufwacht und sich wie ein liebevoller Mensch verhält, wird man nicht nur feststellen, dass man sich selbst verändert hat, sondern dass auch die Menschen um einen herum transformiert werden, denn sie alle werden durch diese Liebesschwingungen verändert. Indem ich mir dieses Prinzip klarmachte, habe ich gelernt, Verantwortung für das zu übernehmen, was mich stört oder was ich nicht möchte. Ich mache meiner Frau keine Vorwürfe mehr, weil sie das Licht nicht ausgeschaltet hat oder in anderen Punkten meine Erwartungen nicht erfüllt, und wenn ich etwas tue, was sie aufregt oder ärgert, dann sage ich: »Es tut mir Leid«, und versuche, noch liebevoller zu sein. Das verändert natürlich etwas in mir und auch in ihr, ich bin glücklicher, und alle anderen um mich herum werden davon berührt.

Zu einem Leben in Liebe gehört aber auch, dass wir lernen, »nein« zu sagen. Das klingt vielleicht egoistisch, aber es bedeutet einfach nur, dass wir entscheiden, auf welche Weise wir an diesem Tag Liebe in die Welt tragen wollen. Wenn jemand Sie anruft und Sie bittet, Ihre Pläne für den Tag zu ändern, und Sie das nicht möchten, müssen Sie nicht krank sein oder irgendeine andere Ausrede finden, um die Bitte dieser Person abzulehnen. Sie können ganz einfach »nein« sagen. Wenn Sie aus Liebe »ja« sagen, ist das völlig in Ordnung. Wenn jemand Sie anruft und fragt: »Kannst du mir helfen?«, und Sie als Ausdruck Ihrer Liebe für diesen Menschen antworten: »Ich lasse alles andere liegen und stehen«, so ist das großartig. Aber vergessen Sie bitte nicht, dass es kein Akt der Liebe ist, wenn Sie aus einem Gefühl des Gebrauchtwerdens, aus einem Schuld- oder Pflichtgefühl heraus handeln – das hat nichts mit Seele zu tun.

Finden Sie Ihren eigenen, Ihren wahren Weg. Es ist so einfach, jemand zu werden, der man gar nicht sein will, ohne überhaupt zu merken, dass das geschieht. Wir erschaffen uns selbst durch die Entscheidungen, die wir täglich treffen. Und wenn wir auf eine bestimmte Weise handeln, um irgendeine Autoritätsperson zufrieden zu stellen, werden wir plötzlich irgendwann am Wegesrand aufwachen und sagen: »Das bin ich nicht. So wollte ich niemals sein.«

Ich habe herausgefunden, dass es mir auf wunderbare Weise hilft, mit dem Wesentlichen und mir selbst in Kontakt zu bleiben, wenn ich täglich in mein Tagebuch schreibe oder jeden Tag ein kleines Gedicht verfasse. Die Tagebucheintragungen und Gedichte helfen mir, meine täglichen Erfahrungen zu integrieren, und bewahren mich davor, die in meinem Leben eintretenden Ereignisse von meiner Gefühlswelt abzuspalten. Früher war ich oft fassungslos angesichts der schrecklichen und herzzerreißenden Dinge, die ich Tag für Tag im Krankenhaus zu sehen bekam – und wenn ich dann abends nach Hause fuhr, konnte ich mich kaum noch daran erinnern. Aber ich wusste trotzdem, dass diese Dinge in mir waren, denn ich fühlte mich meistens ganz schrecklich. So begann ich, über diese Ereignisse zu schreiben; ich gewöhnte mir an, im Lauf des Tages immer wieder kurze Notizen zu machen, wenn ich es für nötig hielt. Wenn ich beispielsweise einen furchtbaren Autounfall an einer Straßenecke sah, schrieb ich »Autounfall« auf ein Blatt Papier. Später, zu Hause, schrieb ich dann noch einmal ausführlich nieder, was geschehen war. Gewöhnlich male ich dann noch ein paar Stunden oder schreibe ein Gedicht über diese Erfahrung. Das hilft mir, meinen inneren Frieden wieder zu finden.

Ich habe mir angewöhnt, jeden Morgen ein kleines Gedicht zu schreiben, und die Themen, die mir in den Sinn kommen, weisen mich darauf hin, was auf einer tieferen Ebene in meinem Leben vor sich geht – sie zeigen mir, woran ich arbeiten muss. Kürzlich schrieb ich beispielsweise ein Gedicht über die Stille. Es begann so: »Fax, Telefon, Post, Leben – wessen Zuhause ist das eigentlich? Was wollen wir alle ununterbrochen? ... Ich erinnere mich an eine Zeit, da ich nichts hörte – umgeben von Sanddünen und Natur. Mein Gott, wie wunderschön und betäubend ist die Stille ... Ich muss innerlich still werden, bis ich wieder zur äußeren Stille zurückkehren kann.« Ich betrachte mich nicht als großartigen Dichter, aber diese Zeilen drücken meine Reaktion auf all die Botschaften und Nachrichten aus, die mich nach meiner Rückkehr von einem geruhsamen Urlaub zu Hause erwarteten. Ich hatte plötzlich das Gefühl, dass mein Leben nicht mehr mir selbst gehörte. Ich habe daraus gelernt. Jetzt schalte ich das Faxgerät aus, bevor ich wegfahre, denn ich möchte bei meiner Rückkehr nicht von einer drei Meter langen Papierrolle empfangen werden. Und ich habe festgestellt, dass die Welt dadurch nicht untergeht.

Selbst wenn es Ihnen nicht möglich sein sollte, das Telefon oder Faxgerät abzuschalten, gibt es Möglichkeiten, täglich Stille in Ihr Leben zu bringen. Das Telefon kann zu einem Instrument der Achtsamkeit werden, indem es Sie jedes Mal, wenn es klingelt, daran erinnert, tief durchzuatmen. Es ist wichtig, dass wir die Möglichkeiten, solche Ruhepunkte in unserem Leben zu schaffen, aufmerksam wahrnehmen, damit die Anforderungen der Außenwelt nicht anfangen, unser Leben völlig zu beherrschen.

Ich nehme mir beispielsweise jeden Morgen die Zeit, ein paar Runden zu joggen. Ich nenne das »meine Zeit für Gespräche mit Gott«, weil ich während dieser einen Stunde nicht versuche, mein Denken unter Kontrolle zu halten. Der gleichförmige, sich permanent wiederholende Bewegungsablauf – andere fahren lieber Fahrrad oder gehen spazieren – versetzt mich in eine Art Trancezustand, in dem ich mich öffne und alle möglichen Dinge an die Oberfläche kommen. Dinge, die mich belasten, Dinge, die mich glücklich machen, alles, was ich mir anschauen oder worüber ich sprechen muss. Ich schaue mich um, betrachte mir die Wunder der Natur und bekomme von ihr viele Antworten. Wenn Sie einmal beobachten, wie die Natur mit Hindernissen umgeht, wie sie sich selbst ständig erneuert, kommen Sie nicht umhin, etwas zu lernen.

Beim Joggen laufe ich gerne über Friedhöfe, und manchmal halte ich inne, um die Inschriften auf den Grabsteinen zu lesen. Auf Cape Cod sah ich kürzlich das Grab eines Mannes, der schon mit achtundzwanzig Jahren gestorben war – so jung! Die Inschrift auf seinem Grabstein lautete: »Durch sein Leben lehrte er uns, wie man lebt; durch seinen Tod, wie man stirbt.« Das sollte eigentlich auf jedem Grabstein stehen. Ich würde sagen, dieser Junge hat in seinem Leben alles erreicht, was er in achtundzwanzig Jahren erreichen sollte. Auf anderen Grabsteinen las ich, dass die Verstorbenen eine Yale- oder Harvard-Ausbildung hatten, dass sie Rechtsanwälte oder Unternehmer gewesen waren. Aber ich glaube nicht, dass Gott sich besonders dafür interessiert, wo wir unser Staatsexamen gemacht haben oder welchen Beruf wir ausübten. Gott will wissen, *wer wir sind*. Das herauszufinden ist die Arbeit der Seele – das ist unsere wahre Lebensaufgabe. Über Gottes Schreibtisch hängen zwei eingerahmte Sprüche. Der eine lautet: »Gott vergisst alles, an das du dich erinnerst, und erinnert sich an alles, was du vergisst.« Der andere lautet: »Fühle dich nicht absolut, ewig und unwiderruflich verantwortlich für alles. Das ist mein Job. Gott.«

Wachstum der Seele

---•◆•---

von Joan Borysenko

> »Ein gewisses Maß an Spannung ist
> notwendig, damit die Seele wachsen
> kann. Es liegt an uns, die Spannung
> konstruktiv zu nutzen. Wir können
> jede Gelegenheit ergreifen, Liebe zu
> geben und zu empfangen, die Natur
> zu hegen und zu schätzen, unsere
> Wunden und die Wunden anderer zu
> heilen, zu vergeben und zu dienen.«

Die Seele nähren heißt, freundlicher werden, mitfühlender,
weiser und liebevoller – oft, indem wir den schwierigeren
Weg wählen, der eher Wachstum als Sicherheit verspricht.
Das Nähren und Wachsen der Seele ist der eigentliche
Grund für unser menschliches Dasein. Indem wir unsere
Seele nähren, nähren wir Gott, tragen zum Wachstum des
sichtbaren Lebens bei – unserer Kinder, unserer Gesellschaft – und auch jener Ebenen des Lebens, die wir nicht
sehen können. In einem umfassenderen Sinn ist Seele die
Essenz des Universums, die sich selbst kennt und aus sich
selbst heraus wächst. Das Wachstum der Seele ist unser
Ziel, und es gibt viele Möglichkeiten, dieses Wachstum
anzuregen: durch Liebe, durch die Natur, durch das Heilen
unserer Wunden, durch Vergebung und Dienen. Die Seele
wächst und gedeiht gut, wenn wir Liebe geben und empfangen. Ich nähre meine Seele täglich, indem ich anderen
meine Liebe schenke und offen für ihre Liebe bin. »Lieben«

ist schließlich ein Verb, ein Tätigkeitswort. Man kann Liebe nur erfahren, indem man sie empfängt oder weitergibt. Tiere sind große Liebende und haben in unserem Familienleben immer eine wichtige Rolle gespielt. Die Natur ist ein weiterer wichtiger Aspekt, eine wichtige Seelennahrung. Nach einer Wanderung durch die Hügel in der Nähe unseres Heims verspüre ich jedes Mal ein starkes Gefühl der Dankbarkeit und Ehrfurcht. Mein geschäftiger Verstand wird ruhig und erlaubt mir, die Schönheit der Schöpfung deutlicher wahrzunehmen. Durch diese Dankbarkeit wird die Schönheit des Universums dem Schöpfer widergespiegelt. Leider begegnen wir in dieser Welt nicht immer nur Schönheit und Frieden. Ich glaube, ich habe in meinem ganzen Leben noch keinen Menschen getroffen, der noch nie durch irgendetwas oder irgendjemanden verletzt wurde. Aber wir haben angesichts von Problemen und Schwierigkeiten stets eine Wahl: Wir können uns von unseren Wunden entweder zerfressen lassen oder sie für das Wachstum unserer Seele nutzen. Mein Mann ist beispielsweise Überlebender des Zweiten Weltkrieges. Als Kind durchlebte er sechs Jahre lang die Hölle der Konzentrationslager und Bombenangriffe. Die Transformation dieser tiefen Wunde war Teil seiner Seelenarbeit. Und indem er sich selbst heilt, hilft er auch anderen, sich von dem furchtbaren Trauma des Krieges zu heilen. Ich habe schon immer gesagt, dass niemand für sich allein heilt – wir heilen durch und für einander. Im Judaismus wird das *Tikkun Olan* genannt, die Heilung oder Wiederherstellung der Welt durch eine Art kollektiver Seelenarbeit. Der Prozess, in dessen Verlauf sich uns der Sinn unserer Wunden und Verletzungen enthüllt, ist sehr persönlich. Aber es gibt auch ein gemeinsames, allgemeines Thema bei der Heilung von Wunden: das Bedürfnis nach Vergebung, das alle Menschen verspüren. Wenn wir nicht uns selbst für unsere Fehler und anderen für die Verletzungen, die sie uns zufügten, vergeben, werden wir irgendwann von unseren Schuldgefühlen erdrückt. Aber unter dieser niederdrückenden Last von Schuld kann die Seele nicht wachsen, denn Schuldgefühle isolieren uns, während Wachstum ein allmählicher Prozess der Rückverbindung mit uns selbst, mit anderen Menschen und dem größeren Ganzen ist.

Seele – diese Ursubstanz des Universums – verlangt nach Verbundenheit. Die Verbundenheit unserer Seelen lässt uns den Dienst an anderen als natürliche Freude empfinden. Entsprechende Studien haben gezeigt, dass Menschen, die freiwillig oder ehrenamtlich etwas für andere tun, gesünder und glücklicher sind.

Vor ein paar Jahren wurde einmal ein interessantes Experiment in einem Schüler-Ferienlager durchgeführt, in dem zwei gegnerische Gruppen in einen gewalttätigen Konflikt verstrickt waren. Man versuchte, die Feindseligkeiten zwischen beiden Gruppen zu beenden, indem man eine Situation kreierte, die ein gemeinsames Engagement aller Beteiligten erforderte. Und es gelang. Der Lastwagen, der gewöhnlich den Wassernachschub für das Camp brachte, wurde absichtlich in einen Graben gefahren und umgestürzt. Die Jugendlichen, die nicht wussten, dass diese Situation absichtlich herbeigeführt worden war, arbeiteten alle zusammen, um die »Wasserkrise« zu bewältigen. Der gemeinsame Einsatz für eine Sache schafft ein starkes Band zwischen Menschen, denn er nährt die kollektive Seele.

Heute sprechen alle von Gemeinschaftssinn und der Bedeutung des Dienstes an anderen. In seinem Buch

»Sacred Eyes« erklärt Robert Keck dieses Phänomen so, dass die Menschheit in der »Zeitrechnung« der Schöpfung jetzt gerade die Jugendzeit hinter sich lässt und ins Erwachsenenalter eintritt. Und es ist natürlich, sich während der Jugendzeit von anderen und von Gott zu distanzieren. Wenn wir auf die achtziger Jahre zurückblicken, erkennen wir, dass Egoismus und Isolation im ganzen Land einen Höhepunkt erreicht hatten. Jetzt erleben wir, dass die Vorstellung, ein erfolgreiches Leben bestünde darin, stets sich selbst an erste Stelle zu setzen, in den Hintergrund tritt.

Ich persönlich glaube jedoch nicht, dass wir nun aus unserer jugendlichen Sturm-und-Drang-Zeit in ein »Reich des Friedens« eintreten. Solange wir in menschlichen Körpern existieren, wird es auch Konflikte und Chaos geben, denn wir leben auf einem Planeten der Gegensätze. Hier gibt es Tag und Nacht, Krankheit und Gesundheit, gut und böse, männlich und weiblich, oben und unten. Spannungen sind also unvermeidbar. Doch ein gewisses Maß an Spannung ist notwendig, damit die Seele wachsen kann. Es liegt an uns, diese Spannung konstruktiv zu nutzen. Wir können jede Gelegenheit ergreifen, Liebe zu geben und zu empfangen, die Natur zu hegen und zu schätzen, unsere Wunden und die Wunden anderer zu heilen, zu vergeben und zu dienen. Neben den gemeinsamen Aktivitäten mit und für andere müssen wir uns aber auch Zeit für uns selbst nehmen. Dazu gehört für mich die tägliche spirituelle Praxis. Meine besteht darin, morgens und abends zu beten und zu meditieren, manchmal eine Stunde lang, manchmal nur ein paar Minuten. Die Einstimmung auf die geistige Welt hilft mir, »bewusst« zu leben und meine Geschenke in die Welt hinauszugeben, ganz gleich, ob ich ein

Gedicht schreibe, ein Mahlzeit zubereite, Blumen pflanze, ein Seminar leite oder ein Buch schreibe. Dadurch, dass wir uns Zeit nehmen, uns unserer Seele zu öffnen, wächst unsere Fähigkeit, anderen etwas zu geben und die Liebe wahrzunehmen, die das Universum *ist*.

Albert Einstein sagte einmal, die wichtigste Frage, die ein Mensch sich stellen könne, sei: »Ist das Universum ein freundlicher Ort?« Von einem spirituell optimistischen Standpunkt aus betrachtet, ist das Universum ein Gewebe, das aus Fäden der Liebe gewirkt ist. Alles, was geschieht, dient letztendlich dem Guten, wenn wir bereit sind, uns ehrlich und direkt damit zu konfrontieren und unsere Schwierigkeiten für unser Seelenwachstum zu nutzen. Das Gegenteil von spirituellem Optimismus ist der religiöse Pessimismus. Aus dieser Perspektive wird Gott als urteilend und strafend betrachtet, stets bereit, uns in die ewige Verdammnis zu schicken, wenn wir einen Fehler machen. Diese Vorstellung eines unfreundlichen, ja feindseligen Universums vergiftet die Seele, anstatt sie zu nähren.

Sobald wir anfangen, vergiftende Glaubenssätze in Frage zu stellen und uns dem Vertrauen in ein freundliches Universum zu öffnen, tun sich die sprichwörtlichen Türen vor uns auf. Das Universum schickt uns die Menschen, Ereignisse und Lektionen, die wir brauchen. Das ist ein Akt der Gnade. Wenn wir für diese Gnade offen sind, stellen wir fest, dass gerade solche Menschen in unserem Leben auftauchen, die zum Wachstum unserer Seele beitragen.

Die achtsame Seele

von Stephen Levine

»Sicherheit ist der unsicherste spirituelle Weg, den Sie wählen können.
Sicherheit lässt Sie abstumpfen und
verkümmern. Die Menschen sind
überrascht, wenn für sie der Zeitpunkt
zu sterben gekommen ist. Sie haben
sich so selten erlaubt, zu leben.«

Wenn man vom Nähren der Seele spricht, meint man
damit, das Herz für das leise Flüstern im Inneren zu öffnen.
Die Seele, der Lebensfunke, ist unsere Essenz, unser eigentliches Wesen. Wenn die Seele den Körper verlässt, stirbt er.
Wir glauben, wir bräuchten den Körper, um leben zu können. Aber es ist umgekehrt. In Wahrheit braucht der Körper
uns. Die Seele ist ein Funken vom großen Feuer. Alles, was
Jesus oder Buddha in sich trugen, ist auch in uns.

Wenn wir eine spirituelle Erfahrung machen, überkommt
uns ein Gefühl der Ruhe, ein Gefühl, zu Hause zu sein.
Irgendetwas im Körper löst die physische Erfahrung aus,
die dieser spirituellen Erkenntnis entspricht. Man könnte
sagen, dass ein solches Ereignis die Stimme der Seele auf
natürliche Weise verstärkt.

Manche Leute sind fälschlicherweise der Ansicht, Karma
bedeute, dass uns in der Gegenwart Schlimmes widerfah-
re, weil wir in der Vergangenheit Schlimmes getan hätten.
Auf diese Weise werden nur Ängste geschürt. Karma hat
nicht das Geringste mit Bestrafung zu tun, sondern ist – im

Gegenteil – ein höchst gnadenreicher Prozess. Karma lehrt uns – subtil, sanft, liebevoll –, was wir wissen müssen, und führt es uns immer deutlicher vor Augen, bis wir es sehen können. Was könnten wir Besseres vom Leben erwarten als einen Lehrer, der uns hilft, die Hindernisse aus dem Weg zu räumen, die das strahlende Licht unserer Seele verdecken? Viele Menschen fragen, was sie werden müssen, um lieben zu können. Die Antwort lautet: »Nichts.« Es geht vielmehr darum, loszulassen, was man seiner Ansicht nach bereits geworden ist, und zuzulassen, dass das eigene wahre Wesen ganz natürlich an die Oberfläche kommt. Dann gibt es keinen Unterschied mehr zwischen uns und Gott. Das Wasser des Teiches wird wieder klar, nachdem sein schlammiger Grund aufgerührt wurde und nun alles wieder zur Ruhe kommt. Es gibt nichts zu tun, außer zu *sein*. Die Seele nähren heißt, in seinem Sein ruhen. Aber wenn wir vom Nähren der Seele sprechen, fragen die Leute meistens: »Geschieht das nicht durch Meditation, durch Singen, durch den Dienst an anderen?« Ja, in dem Maße, in dem diese Dinge unseren Geist erquicken und uns ermöglichen, die Angst loszulassen, die wir mit dem Verlust unseres Selbstbildes verbinden. Wirklich glücklich sind wir aber nur dann, wenn unser Herz sich öffnet. Unser tiefstes Gefühl des Unglücklichseins entspringt unserem Verlangen, der tiefste Frieden unserem Sein. Ein großes Hindernis für das Nähren der Seele ist Misstrauen. Wir vertrauen uns selbst nicht und versuchen deshalb stets, den leichten und bequemen Weg zu gehen. Wir bleiben an der Oberfläche. Wir versuchen um jeden Preis Schmerz zu vermeiden und finden uns schließlich in einer Ecke wieder, die wir Sicherheit nennen. Sicherheit ist der unsicherste spirituelle Weg, den Sie wählen können. Sicherheit lässt

Sie abstumpfen und verkümmern. Die Menschen sind überrascht, wenn für sie der Zeitpunkt zu sterben gekommen ist. Sie haben sich so selten erlaubt, zu leben.

Wenn wir meditieren, beobachten wir den Verstand, um zu sehen, wer wir *nicht* sind. Wir singen, um unsere Grenzen zu erweitern und um festzustellen, dass wir so viel mehr sind. Doch selbst diese Dinge können uns kaum in Kontakt mit der enormen Größe unseres wahren Selbst bringen, mit jenem Unfassbaren, das uns innewohnt und dessen Funke uns Leben gibt. Stellen Sie sich vor, Sie würden in diesen Funken hineingehen und nicht nur das Feuer, sondern die Quelle der Flammen finden. Wie sollen wir uns im täglichen Leben verhalten? Zeigen Sie Ihrem Herzen, wie vertrauenswürdig Sie in Wirklichkeit sind! Ich hatte einen Lehrer, der behauptete, es sei möglich, die Kraft des *Brahmachari* – des Zölibats – mit seinem Lebenspartner zu teilen, was aber nicht nur Monogamie in einem sexuellen Sinne bedeutet. Es geht um Zielgerichtetheit und innere Achtsamkeit. Es geht darum, den ganzen Tag über die sich ständig ändernden inneren Zustände achtsam wahrzunehmen. Auf diese Weise erkennen wir, was den Fluss unserer Herzenergie blockiert und den Ausdruck und die Erfahrungen unserer Seele einschränkt. Monogamie hilft uns, Gott und unser wahres Wesen noch mehr zu lieben als den Menschen, der uns der liebste auf der Welt ist. Wenn wir *diesen* Geliebten sogar noch mehr lieben als *unseren* Geliebten, arbeiten wir auf dem Seelenweg mit Gott und unserem Geliebten zusammen.

Es ist auch wichtig zu lernen, im täglichen Leben freundlich zu sein. Geduldig zu sein. Entspannen Sie Ihren Bauch, wenn Sie irgendwo in der Schlange stehen oder an einer roten Ampel halten müssen. Öffnen Sie Ihren Körper und Geist für die feineren Schwingungen und Erfahrungsebenen, lassen Sie den Wunsch los, die Dinge zu kontrollieren, Recht zu haben, kümmern Sie sich nicht um äußere Erscheinungen, versuchen Sie nicht, auf der sicheren Seite zu sein.

Irgendjemand fragte einmal einen unserer spirituellen Lehrer, warum er immer lächele. Er antwortete: »Weil ich nichts habe und weil ich nichts bin.« Er war in Kontakt mit seinem grenzenlosen Wesen. Alles, was unter »Ich bin« läuft, ist eine Begrenzung. Ich bin ein Mann. Ich bin eine Frau. Ich bin eine Mutter. Ich bin ein Vater. Ich bin Zimmermann. Ich bin ein guter Mensch. Ich bin ein schlechter Mensch. Ich bin ein Dichter. Ich bin Mechaniker. Ich bin Arzt. Ich bin Pförtner. All das sind Namen für Ihr Leiden, für das, was Sie zum Zeitpunkt Ihres Todes zu verlieren fürchten. Es sind Begrenzungen für Ihre Seele, Hindernisse für Ihr Herz, Maßeinheiten für Ihre Entfernung zu Gott.

Monogamie hilft Ihnen, Ihre Entfernung zu Gott zu verringern. Sie beobachten Ihren Geist, Ihren Verstand, um zu sehen, wer Sie *nicht* sind. Ich beobachte meinen Verstand, um eine Vorstellung von seinen Inhalten zu bekommen, die stets auch *mein* Schmerz waren. Und während ich ihn beobachte, erkenne ich seine Unbeständigkeit. Gedanken kommen und gehen als Teil eines Prozesses. Ich sehe, wie Inhalte sich im Lauf dieses Prozesses auflösen, und fange an, seine Muster zu erkennen. Ich erkenne, dass es nicht *mein* Leiden, *mein* Schmerz ist, sondern zu *dem* Schmerz wird. Ich habe die Grenzen des kleinen, begrenzten Individuums hinter mir gelassen und bin auf die universale Ebene gelangt. Ich fühle unseren Schmerz. Wenn das geschieht, wandelt sich die Angst in Mitgefühl. Angst ist *mein* Schmerz, Mitgefühl ist *der* Schmerz.

Wenn ich meinen Verstand, meine Gedanken beobachte, kann ich sehen, dass Wut eine Mischung aus verschiedenen Zuständen ist, einschließlich Angst und Hoffnung und Schrecken. Man geht nach innen, und alles, was im Unbewussten verborgen war, kommt an die Oberfläche. Es ist erstaunlich, wie stark man diesen Prozess als Gnade empfindet. Ich kenne Leute, die das bereits seit zwanzig Jahren machen und immer noch den Kopf schütteln und sagen: »Ich kann kaum glauben, wie gut das funktioniert.« Man bekommt ein Gefühl für den Raum, in dem dieser Prozess stattfindet. In gewissem Sinne hat man sich von seinem Verstand weg zur Seele, ja, zu Gott hin bewegt. Dieser Raum ist allumfassend, er ist die Essenz des Seins. In den ersten Phasen dieses Prozesses fängt man an, freundlicher und liebevoller zu werden, man versucht, den Verstand langsam zur Ruhe zu bringen, damit er weniger egozentrisch und egoistisch wird. Dann wird man sich bewusst, dass es das ist, was *der* Verstand tut. Wenn man aufhört, *den* Verstand so persönlich zu nehmen, und sich des Prozesses bewusst wird, sieht man, dass der Verstand in Wirklichkeit nur eine bestimmte Ebene, ein Aspekt ist. Er ist nicht ich, sondern nur ein Aspekt dessen, was ich bin. Man gelangt in den unermesslichen Raum des Seins dessen, *was ist*. Und man begreift, dass das Wort »Gott« nicht ausreicht, um das ungeheure Ausmaß seiner Wirklichkeit zu erfassen. Wir können Gott nicht kennen. Wir können nur Gott *sein*. Kennen impliziert Grenzen. Aber wie kann man etwas definieren, das buchstäblich undefinierbar ist, weil es kein Grenzen hat?

Der Weg der Seele führt vom Individuellen zum Universalen und darüber hinaus zu sich selbst, zum essentiellen So-Sein, zum formlosen Sein. Glück ist Aberglaube, aber

Freude ist unser Geburtsrecht. Wir meinen, wir könnten uns vervollkommnen, indem wir unseren geschäftigen Verstand einsetzen, an unserer Persönlichkeit herumpolieren und ihre besten Seiten zum Vorschein kommen lassen. Doch selbst die Erleuchtung bringt keine vollkommene Persönlichkeit hervor – nur eine vollkommene Sichtweise. Die Erleuchtung trägt uns aus der Persönlichkeit, der Individualität und Trennung hinaus und in die Seele, das Universelle und Untrennbare hinein.

Liebesvitamine für die Seele

von John Gray

> »Ich glaube, um meine Seele zu näh-
> ren und ihre Bestimmung zu erfüllen,
> muss ich aus jedem Ereignis in mei-
> nem Leben lernen. Ich muss anfangen
> zu verstehen, dass jede Erfahrung den
> Samen eines großartigen Geschenks in
> sich trägt – eines Seelengeschenks.«

Tag für Tag bieten sich Ihnen Gelegenheiten, anderen zu helfen, ihnen zu vergeben, mitfühlend und tolerant zu sein. Ergreifen Sie diese Gelegenheiten, oder lassen Sie sie ungenutzt verstreichen?

Obwohl diese täglichen Entscheidungen scheinbar folgenlos bleiben, wirken sie sich dennoch direkt auf den Zustand Ihrer Seele aus, denn Sie nähren Ihre Seele, indem Sie anderen auf liebevolle Weise etwas von sich geben. Und jedes Mal wenn Sie sich entscheiden, einem anderen Menschen zu helfen, wächst Ihre Seele und blüht auf. Jeder von uns hat von Gott viele Geschenke mitbekommen. Unsere Herausforderung besteht darin, diese Geschenke zu entdecken und dann ganz zu nutzen, indem wir anderen dienen. So wächst unsere Seele im höchsten Sinne: Sie dehnt sich aus und erfüllt ihre Bestimmung.

Doch obwohl unsere Seele aufblüht, wenn wir etwas von uns selbst geben, müssen wir uns im Klaren darüber sein, dass wir keine Liebe geben können, solange wir nicht fähig sind, Liebe zu empfangen. Unsere Fähigkeit, Liebe zu empfangen, beruht auf unserer Fähigkeit, zu fühlen, denn allein unsere Gefühle befähigen uns, Unterstützung anzunehmen und dann Unterstützung zu geben.

Um etwas von uns selbst geben zu können, müssen wir uns auch selbst nähren. Eine Möglichkeit, dies zu tun, bietet sich uns im Rahmen einer positiven Partnerschaft. Eine solche Beziehung gibt uns Gelegenheit, unserem Partner zu dienen – dieser Dienst am anderen nährt unsere Seele.

Männer und Frauen empfangen Liebe auf unterschiedliche Weise. Das hängt damit zusammen, dass Männer und Frauen grundsätzlich verschieden sind und das Leben auf ganz unterschiedliche Weise betrachten. Die meisten von uns verstehen diese Unterschiede allerdings nicht und bekommen deshalb vom anderen Geschlecht nur selten, was sie brauchen. Ich möchte Ihnen das anhand eines Beispiels erklären: Es heißt oft, Männer seien gefühllos oder nicht mit ihren Gefühlen in Kontakt und hätten deshalb intensive Therapien nötig. Wenn Sie aber einmal auf den Fußballplatz gehen, werden Sie feststellen, dass Männer sehr wohl in Kontakt mit ihren Gefühlen sind. Sie sind sehr lebendig und enthusiastisch. Immer wenn ein Mann etwas tut, steht ein *Gefühl* dahinter, ein Gefühl, das ihn zum Handeln motiviert.

Die beste Art, einen Mann zu lieben und ihm zu helfen, in Kontakt mit seinen Gefühlen zu kommen, besteht darin, ihn für das anzuerkennen, was er tut. Um die Seele eines Mannes zu nähren, muss man ihm wiederholt die Botschaft senden, dass es auf ihn ankommt, dass er wichtig ist, dass seine Taten der Mühe wert sind. Natürlich muss man ihn auch wissen lassen, dass Fehler, die er dabei macht, verzeihlich sind. Man muss ihm versichern, dass er so akzeptiert wird, wie er ist. Versucht man, ihn zu korrigieren oder ihm zu sagen, was er tun soll, wird er nur Widerstand leisten. Und wenn er keinen Widerstand leistet, wird er schwächer werden; er wird den Kontakt mit seiner inneren Führung verlieren, die sein Handeln lenken muss.

Frauen brauchen oft das Gefühl, ihre emotionalen Bedürfnisse unter Kontrolle zu haben. Um die Seele einer Frau zu nähren, muss man sie darin unterstützen, sich frei auszudrücken, muss ihr den Raum geben, über ihre Gefühle, Wünsche und Sehnsüchte zu sprechen. Man darf nicht versuchen, ihr ihre Gefühle auszureden oder sie zu korrigieren. Wenn sie sich schlecht fühlt oder ängstlich oder wütend, sollte man das nicht kritisieren. Das ist natürlich eine große Herausforderung, aber es ist immens wichtig.

Wenn wir erst einmal gelernt haben, unseren Partner zu nähren, können wir unsere Liebe in die Welt hinaustragen. Eltern können beispielsweise dafür sorgen, dass ihre Kinder genug Liebe erhalten. Und wenn die Kinder erwachsen sind, können die Eltern die Kleinfamilie hinter sich lassen und in ihrer Gemeinde oder darüber hinaus in noch größerem Rahmen wirken.

Diese Bereitschaft, bedingungslose Liebe zu geben, nährt uns und hilft uns, unseren Daseinszweck zu erfüllen. Immer wenn wir in der Lage sind, etwas von uns zu geben, ohne etwas dafür zu erwarten, wachsen wir.

Bedingungslose Liebe ist ein Aspekt des Seelenwachstums, aber es gibt auch noch andere: die Bereitschaft zu vergeben, Mut, Geduld, Vertrauen, Mitgefühl, Großzügigkeit, Weisheit. Eine weit entwickelte Seele sollte all diese Qualitäten in ausgewogenem Gleichgewicht besitzen. Ich möchte Ihnen an meinem persönlichen Beispiel erläutern, wie ich das meine. Ich glaube, um meine Seele zu nähren und ihre Bestimmung zu erfüllen, muss ich aus jedem

Ereignis in meinem Leben lernen. Ich muss anfangen zu verstehen, dass jede Erfahrung den Samen eines großartigen Geschenks in sich trägt – eines Seelengeschenks – und eine neue Stärke mit sich bringt. Wenn ich mich von jemandem hintergangen fühle, stehe ich vor der Herausforderung, meine Seele durch die Bereitschaft zur Vergebung zu stärken, anstatt meinen Groll zu pflegen und die Rolle des Opfers zu spielen. Indem ich dem Menschen vergebe, der mich verletzte, stärke ich meine Seele. Sie sehen also, dass Vergebung ein Aspekt des Seelenwachstums ist. Und jedes Mal wenn das Leben uns auffordert zu vergeben, nähren wir unsere Seele und lernen noch mehr über uns selbst und darüber, was wir in dieser Welt zu teilen haben. Auch das ist ein Beispiel für bedingungslose Liebe. Manchmal macht mir das Leben Angst, und ich gerate in Versuchung, mich zurückzuziehen, anstatt einen Fehlschlag zu riskieren. Aber wenn ich die Herausforderung trotz meiner Angst annehme und mich entscheide, ein Risiko einzugehen, dehnt sich meine Seele aus. Wenn ich weitergehe und – trotz meiner Angst – etwas Neues versuche, so ist das ein Akt des Mutes, der meine Seele und meinen Charakter stärkt.

Sie sehen also, dass Mut und die Bereitschaft zu vergeben zwei wesentliche Tugenden der Seele sind. Aber es gibt noch andere, Geduld ist eine. Jeder von uns trägt einen Traum oder Träume im Herzen, die wie Samen darauf warten, zu keimen und zu wunderschönen Blumen heranzuwachsen. Und wir alle können es kaum erwarten, dass diese Träume in Erfüllung gehen. Wir sehnen uns nach etwas, das wir in diesem Augenblick nicht haben können. Um unsere Seele zu nähren, müssen wir das erkennen und die Tatsache akzeptieren, dass alles zu seiner Zeit geschieht.

Wir müssen lernen, geduldig zu sein und dennoch nicht aufzugeben.

Vertrauen ist eine weitere Seelenqualität. Jeder von uns ist manchmal verwirrt und hin- und hergerissen. Wir können ein bestimmtes Problem nicht lösen oder finden nur widersprüchliche Antworten. Hier erfordert unser Seelenwachstum, dass wir nicht aufgeben, nicht in Zweifeln stecken bleiben, sondern dass wir weitergehen, weiterhin Fragen stellen und nach Antworten suchen – und die ganze Zeit über darauf vertrauen, dass sich schon alles zum Guten wenden wird. In Zeiten der Bedrängnis und des Leidens beziehe ich Kraft aus all diesen Eigenschaften meiner Seele. Ich grabe tief in meinem Inneren, um das Beste von mir selbst an die Oberfläche zu bringen – und oft lässt dies das Leiden auf wunderbare Weise verschwinden. Die Bereitschaft zu vergeben löst Leiden auf, Geduld und Toleranz lösen Leiden auf, Vertrauen löst Leiden auf. Alle Schwierigkeiten und Hindernisse sind in Wahrheit Gelegenheiten für unsere Seele, zu wachsen – eine Art Wachstumsschmerzen. Mitgefühl ist eine weitere Tugend, die uns helfen kann, uns vom Leiden zu befreien. Mitgefühl motiviert uns, anderen in dieser Welt zu dienen. Wenn wir den Schmerz eines anderen Menschen wahrnehmen, verspüren wir instinktiv den Wunsch, diesen Schmerz von ihm zu nehmen. Aber wenn wir das tun würden, würden wir ihn gleichzeitig seiner Wachstumschance berauben. Echtes Mitgefühl besteht in der Fähigkeit, das Leiden und den Schmerz eines anderen Menschen mit ihm zu teilen – wohl wissend, dass wir nichts tun können, um es ihm zu nehmen, und dass wir nicht dafür verantwortlich sind, doch gleichzeitig wissen wir, wie sich dieser Schmerz anfühlt.

Großzügigkeit ist ebenfalls eine Seelentugend, die Hand in

Hand mit dem Mitgefühl geht. Wenn Sie kein Mitgefühl haben, können Sie nicht großzügig sein. Ich möchte Ihnen ein Beispiel geben: Denken Sie einmal an die vielen Armen und Obdachlosen. Menschen, denen es an Mitgefühl mangelt, verschließen sich beim Anblick dieser armen Menschen und verbannen sie aus ihrem Bewusstsein. Sie ignorieren die Situation, weil sie nicht damit umgehen können. Sie schauen weg, anstatt verständnisvoll und großzügig zu reagieren. Besäßen diese Menschen jedoch die Qualität des Mitgefühls, würde sie sie zu großzügigem Verhalten motivieren. Großzügigkeit zeigt sich immer dann, wenn wir durch Mitgefühl motiviert sind.

In manchen Fällen kann man nicht viel tun, aber man tut, was man kann. Das ist auch ein Beispiel dafür, wie Mitgefühl eine weitere Seelenqualität hervorbringen kann: Weisheit. Wenn Menschen anfangen, Mitgefühl mit anderen zu haben, verspüren sie nur allzu oft den Drang, den anderen zu ändern, anstatt einfach mitfühlend zu sein und ihr Gefühl auszudrücken. Sie wollen Ratschläge geben. Ein wahrhaft weiser Mensch erkennt, was er tun kann, akzeptiert, was er nicht tun kann, und besitzt die Großzügigkeit, sich dem anderen auf eine Weise zuzuwenden, die diesem weiterhilft.

Jede dieser Eigenschaften führt zur nächsten, fast wie die Sprossen einer Leiter, und jede ist ein Ausdruck der Seele. Es ist wichtig, zu erkennen, auf welche Weise all diese Tugenden voneinander abhängig sind und wie man dabei das rechte Maß finden kann. Denken wir an eine Frau, die voller Mitgefühl ist, sich aber ständig zu sehr in das Leben anderer einmischt. Sie übernimmt zu viel Verantwortung für andere, anstatt ihnen Hilfe zur Selbsthilfe zu geben. Sie hat zwar Mitgefühl, doch es mangelt ihr an Weisheit.

Wenn Sie sich entschließen, anderen etwas zu geben, sollte Ihre Großzügigkeit bedingungslos sein. Wir alle kennen großzügige Leute, die zu viel geben und später grollen, weil sie nicht genug Dankbarkeit vom anderen spüren.

Es kann ziemlich schwierig sein, anderen zu dienen, insbesondere wenn wir uns selbst leer und unerfüllt fühlen, wenn wir selbst wenig Unterstützung in unserem Leben bekommen oder nicht gut genug für uns sorgen. Zuerst müssen Sie sich selbst etwas geben. Nur dann können Sie die höchste Seelenreife erlangen, die darin besteht, anderen zu dienen. Eine Beziehung zu Gott – oder einer höheren Kraft – ist sehr wichtig, um die eigene Seele zu nähren. Ohne eine solche Verbindung werden Sie eine ganze Reihe von Schwierigkeiten haben: Sie werden von Ihrem Partner erwarten, vollkommen zu sein, weil Sie keine Beziehung zur Vollkommenheit haben. Oder Sie erwarten von Ihrem Partner, Ihre höhere Kraft zu sein. Das ist ein großer Fehler.

Um unsere Seele nähren zu können, müssen wir auch anfangen, die Energiequellen zu verstehen, die ich »Liebesvitamine« nenne. Damit meine ich die verschiedenen Arten von Liebe, die wir für unser spirituelles Wohlergehen brauchen. Wir müssen erkennen, dass wir eine ausgewogene Mischung an »Liebesvitaminen« benötigen. Wenn Sie beispielsweise erwarten, dass Ihr Partner Ihnen alle Liebe gibt, die Sie brauchen, werden Sie das Gefühl haben, nie genug zu bekommen. Sie brauchen eine ausgewogene Mischung. Vitamin S ist Selbstliebe. Vitamin A steht für die Liebe, die Sie vom anderen Geschlecht bekommen. Vitamin F ist die Liebe von Freunden und Familienangehörigen. Vitamin E ist die Liebe von Ihren Eltern. Falls eine Ihrer Beziehungen nicht funktioniert, könnte es sein, dass bei Ihnen ein Mangel an einem anderen »Liebesvitamin« besteht. Nehmen wir beispielsweise an, Sie haben unerledigte Probleme mit Ihrer Mutter oder Ihrem Vater. Ist Ihnen bewusst, dass diese unerledigten Angelegenheiten Ihren Partner daran hindern könnten, Ihnen Liebe und Unterstützung zu geben? Wenn Sie sich als Kind ignoriert fühlten und Ihr Partner Sie einmal ein kleines bisschen ignoriert, werden Sie wahrscheinlich überreagieren und die Situation unverhältnismäßig aufbauschen. Dabei war Ihr Partner einfach nur vorübergehend mit etwas anderem beschäftigt.

Die Beziehung zu Gott ist das außerordentlich wichtige Vitamin G. Dieses setzt sich zusammen aus der Vorstufe Vitamin G1, die unsere unreifste und abhängigste Beziehung zu Gott repräsentiert, und dem Vitamin G2, das den reifsten Zustand, nämlich den Dienst für Gott, repräsentiert. Vitamin G1 bildet die Grundlage für Vitamin G2, und doch ist keines höherwertig, keines ist besser als das andere. In unserer ersten, unreifen Beziehung zu ihm sehen wir Gott als den großen Vater im Himmel oder als omnipräsente, omnipotente Schar von Engeln, die uns hilft, wenn wir in Not sind. Auf der Basis dieser Beziehung können wir wachsen und uns selbst und unsere Möglichkeiten und Fähigkeiten kennen lernen. Wir fangen an, die Unterstützung, die wir erhalten haben, zu nutzen, um anderen zu dienen. Und indem wir unseren Kindern, der Gesellschaft, der Welt, unserer Seele dienen, entdecken wir allmählich, dass wir reine Instrumente im Dienste Gottes sind.

3. TEIL

Die Seelenreise

————•◆•————

»Ich habe Flüsse gekannt: Ich habe Flüsse gekannt, so alt wie die Welt und älter als der Fluss des menschlichen Blutes in menschlichen Adern. Meine Seele ist so tief geworden wie die Flüsse.«

Langston Hughes

Das Vermächtnis der Seele

von Brian Weiss

>»Durch meine Arbeit werde ich täglich
>daran erinnert, dass wir weder unser
>Körper noch unser Gehirn, sondern
>unsere Seele sind. Das ist jener Teil von
>uns, der unsterblich ist. Unsere Seele
>kehrt immer wieder hierher zurück, so
>als besuchten wir eine große Schule,
>bis wir alles verstanden haben und
>unsere Abschlussprüfung machen.«

Um unsere Seele nähren zu können, müssen wir zunächst
einmal anerkennen, dass sie überhaupt existiert. Ich lebte
immer in der Vorstellung, ich sei ein Körper und ein
Gehirn. Durch meine therapeutische Arbeit mit meinen
Klienten – ich arbeite mit Rückführungen – wurde mir
schließlich klar, dass diese Vorstellung falsch ist. Wir sind
viel mehr. Wir sind Seelen, die in einem menschlichen
Körper Erfahrungen machen. Ich werde täglich daran
erinnert, wie heilsam es ist, in Kontakt mit der eigenen
Seele zu kommen. Ich arbeite mit Patienten, die unter Hyp-
nose in frühere Leben zurückgehen. Dabei erlebe ich oft,
wie Menschen ihre alten Wunden heilen. Das kann
manchmal sogar lustig sein, und manchmal ist es anrüh-
rend und bewegend.
Ein Beispiel für eine solche Erfahrung ist meine Arbeit mit
Joan Rivers, die mich darum bat, sie im Rahmen ihrer
Fernsehshow zurückzuführen. Ich erklärte ihr, dass ich im

privaten Rahmen mit ihr arbeiten werde, aber nicht bereit sei, sie während der Fernsehsendung zurückzuführen, denn für mich ist das eine sehr ernsthafte Therapieform, kein Spiel.

Wir trafen uns ein paar Tage vor der Sendung, und ich half ihr, sich an zwei frühere Leben zu erinnern. Das wichtigere von beiden war für sie jenes, das sie Anfang des neunzehnten Jahrhunderts in England verbrachte. Sie begann zu weinen, weil ihre Tochter in jenem Leben sehr jung gestorben war. Bald erkannte sie auch, dass das Mädchen von damals im jetzigen Leben ihre Mutter gewesen war, die vor ein paar Jahren gestorben war und um die sie immer noch trauerte. Als sie diese Verbindung sah, begann ihre Wunde zu heilen. Sie erkannte die Kontinuität der Seele und wurde sich bewusst, dass ihre Mutter und Tochter nie wirklich gestorben waren, weil sie in beiden Leben mit ihnen zusammen war. Sie wusste plötzlich, dass sie diese Seele wieder treffen würde.

Durch meine Arbeit werde ich täglich daran erinnert, dass wir weder unser Körper noch unser Gehirn, sondern unsere Seele sind. Das ist jener Teil von uns, der unsterblich ist. Unsere Seele kehrt immer wieder hierher zurück, so als besuchten wir eine große Schule, bis wir alles verstanden haben und unsere Abschlussprüfung machen.

Ich glaube nicht, dass sich die Essenz der Seele von einem Leben zum nächsten sehr verändert. Lediglich unser Bewusstsein verändert sich. Auf der Seelenebene wissen wir alles, was wir wissen müssen. Aus bestimmten Gründen müssen wir immer wieder die Erfahrung eines Lebens auf dieser physischen Ebene machen, um verschiedene Dinge auf verschiedene Weisen zu lernen. Dies ist der einzige Ort, an dem wir einen physischen Körper und Gefühle haben. Und unsere Aufgabe auf dieser Erde besteht darin, uns mehr zum Göttlichen hin zu entwickeln, die spirituelle Natur unserer Seele zu erkennen. Um das zu erreichen, müssen wir allerdings eher einige Dinge *verlernen*. Wenn wir Angst, Gewalt, Gier, Selbstsucht und Machtstreben verlernen, sind Freundlichkeit, Freude, Liebe und spirituelle Weisheit bereits da. Wir schreiten ständig in vielen spirituellen Dimensionen fort. Wenn wir dann schließlich auf der Ebene der vollkommenen Seelenintegration angelangt sind, finden wir Gott.

Natürlich zieht es uns immer wieder in die dreidimensionale Welt zurück, aber wir können einiges tun, um mit unserer Seele in Verbindung zu bleiben. Das Wichtigste ist, nach innen zu gehen. Das muss nicht unbedingt im Rahmen einer formalen östlichen Meditationspraxis geschehen – man kann auch mit offenen Augen meditieren. Zum Beispiel auf einem Spaziergang durch die Natur. Das Wesentliche dabei ist, dass wir uns an unsere eigene wahre Natur erinnern, daran, dass wir ein geistiges Wesen sind. Sie sind nicht Ihr Körper. Der Körper ist wie ein Auto, und Sie sind der Fahrer. Wenn Sie mit Ihrer wahren Natur in Kontakt kommen, werden Sie feststellen, dass Ihr eigentliches Wesen Liebe ist. Und wenn Sie darüber nachdenken, erkennen Sie, dass das auch bei allen anderen Menschen so ist. Neben der Meditation sollten Sie deshalb auch Dinge tun, die Ihre Liebe zum Ausdruck bringen. Gehen Sie auf andere zu, ohne sich allzu viele Gedanken über das Ergebnis zu machen. Wenn Sie das tun, werden Sie die Einheit und Universalität unseres Wesens erkennen. Seelen gehören keiner Rasse, keinem Geschlecht und keiner Religion an. Sie existieren jenseits künstlicher Trennungen.

Je mehr Sie nach innen gehen, desto mehr werden Sie anfangen, Ihr wahres Wesen zu verstehen, und desto mehr Freude und Glück werden sich in Ihrem Leben einstellen. Das ist ziemlich motivierend. Es ist so schön und angenehm, dass es uns dazu anregt, uns mehr Zeit für Meditation oder für andere Menschen zu nehmen; mehr Zeit, Liebe zu geben und zu empfangen. Deshalb wird der Prozess der Wiederentdeckung der Seele im Lauf der Zeit immer einfacher. Andererseits arbeiten wir zu verschiedenen Zeiten an verschiedenen Dingen. In einigen Leben arbeiten wir vielleicht an der Überwindung unserer Gier, in anderen an der Lust und in wieder anderen an der Transformation der Gewalt. Wenn wir eine negative Eigenschaft transformiert haben, fangen wir vielleicht mit einer anderen ganz von vorne an. Es gibt Anfänge und Endpunkte. Wenn Sie in ein neues Leben eintreten, gerät die Freude darüber, sich wieder mit seiner Seele zu verbinden, vielleicht teilweise in Vergessenheit. Aber Sie werden auf Ihrem Weg immer genügend Erinnerungshilfen vorfinden. Wir alle bewegen uns in die gleiche Richtung, wenn auch vielleicht in unterschiedlichem Tempo.

Wenn wir mit einem traumatischen oder katastrophalen Ereignis konfrontiert werden, können wir seine Bedeutung oft zunächst nicht verstehen. Aber mit der Zeit und wachsender Bewusstheit erkennen wir, dass dieses Ereignis zum Wachstum unserer Seele beitrug. Betrachten wir das Ereignis aus einer anderen Perspektive, wird uns klar, dass es für unser spirituelles Wachstum notwendig war, selbst wenn es uns zum Zeitpunkt des Geschehens großen Schmerz verursachte.

Manchmal stelle ich bei meiner Arbeit mit früheren Leben fest, dass die traumatischsten Leben auch das stärkste

Wachstum mit sich brachten. Ein leichtes Leben, in dem alles glatt geht, weist manchmal einfach darauf hin, dass wir uns ausruhen und nicht besonders viel lernen. Manchmal entscheidet sich ein Mensch dafür, zwei oder drei Leben auf einmal zu leben, weil dieses Wachstum so schnell vonstatten geht. Das ist uns durchaus erlaubt.

Ein schönes Bild für unseren Fortschritt ist die Vorstellung, dass jeder von uns ein Diamant mit vielen Facetten ist. Bei einigen sind manche Facetten mit Staub bedeckt, der für Unbewusstheit steht. Unter dieser Staubschicht sind wir alle gleich, aber manche haben bereits viele gereinigte Facetten, andere nur ein paar. Wenn alle Facetten rein und klar sind und der Diamant wunderschön strahlt, wird er transformiert, und seine feste Form wandelt sich in Licht um. Das ist unsere Seele.

Ich glaube, dass wir alle Teil einer universellen Seele sind. Auf einer bestimmten Ebene sind wir alle eins. Wir sind alle miteinander verbunden. Jeder Mitspieler in unserem Drama repräsentiert eine Facette von uns selbst, und wir sind eine Facette von ihm. Wir sind alle Facetten der gleichen Energie – einer unglaublich weisen und liebevollen Energie. Wir alle haben Gott in uns.

Pilgerreise zur Bewusstheit

———— • ◆ • ————

von Ram Dass

> »Haben Sie Geduld. Sie werden wissen,
> wann die Zeit gekommen ist, aufzu-
> wachen und weiterzugehen. Bereits
> dadurch, dass Sie dieses Buch zur
> Hand nahmen, haben Sie Ihr Interesse
> bekundet. Und dieses Interesse wird
> Veränderungen bewirken und Ihnen
> den nächsten Schritt auf Ihrem Weg
> zeigen.«

Es ist interessant, eine Vorstellung von der Seele zu haben,
auf eine bestimmte Art an sie zu denken. Die Frage aber,
wie ich die »Beziehung« zu meiner Seele pflegen soll,
impliziert, dass meine Seele und ich voneinander getrennt
sind, und ich glaube nicht, dass das der Wahrheit entspricht. Bevor wir uns also damit befassen, wie man seine
Seele *nährt,* möchte ich ein wenig über die Seele selbst
sprechen.

Mein Verständnis von der Seele kann ich vielleicht am
besten in Form einer »Fortsetzungsgeschichte« der Seele
vermitteln. Obwohl die »Seelengeschichte« keinen Anfang
und kein Ende hat, beginne ich sie einfach willkürlich mit
der Feststellung, dass wir am Anfang nichts als reines
Bewusstsein sind. Es ist schwierig, über reines Bewusstsein
zu sprechen, denn es gibt in keiner Sprache Worte, die es
ausreichend beschreiben könnten. Ich kann also besten-
falls sagen, dass es gleichzeitig alles und nichts ist; es ist

nirgendwo und überall, es hat keine Form und trägt doch alle Formen in sich. Reines Bewusstsein geht über die Seelenebene hinaus, und doch sind alle Seelen Teil von ihm. Man könnte es Gott nennen, aber auch das »Immanente, Unmanifestierte«, das, was noch keine Form auf der physischen Ebene angenommen hat.

An einem bestimmten Punkt beginnt sich das reine Bewusstsein zu teilen – und hier bewegen wir uns in den Bereich der Seele hinein. Man könnte es vielleicht so ausdrücken, dass ein kleiner Teil des reinen Bewusstseins sich vom großen Ganzen löst. Obwohl es sich auf die Manifestation auf der physischen Ebene vorbereitet, hat dieses neue Wesen sich noch nicht inkarniert, hat noch keine physische Form. Es ist einzigartig und vom reinen Bewusstsein getrennt; ihm wohnt beispielsweise eine »Hans-heit« inne, aber es ist noch nicht »Hans«. Es ist eher die Seelenenergie, die bald als »Hans« identifiziert werden wird.

Dann inkarniert sich diese Seele schließlich auf der physischen Ebene, nimmt einen Körper und eine Persönlichkeit an, die »Hans« genannt wird. Wenn wir also davon sprechen, »die Seele zu nähren«, sprechen wir in Wirklichkeit davon, uns selbst zu nähren. Wir und unsere Seele sind ein und dasselbe.

Aber die Manifestation von Hans, das Erreichen der physischen Ebene, ist nicht der Höhepunkt der Geschichte. Am Ende des Lebens von »Hans« – oder vielleicht am Ende vieler Leben –, kehrt die Seele, die Hans war, ins reine Bewusstsein zurück, von dem sie einst ausging. Jede Seele befindet sich auf einer zyklischen Reise – von Anfang zum Anfang. Das Nähren der Seele erleichtert uns den Weg durch die physische Inkarnation – jenen Teil der Reise, den

»Hans« zurücklegt – und hilft uns, wieder zum Zustand reinen Bewusstseins zurückzukehren. Wenn die Seele Teil des reinen Bewusstseins ist, muss sie nicht genährt werden. Wenn sie sich jedoch davon löst und eine individuelle Form annimmt, wenn sie sich vom reinen Bewusstsein abtrennt, entwickelt sie einzigartige, individuelle Züge. Mit dieser Einzigartigkeit sind eine Reihe von Verstrickungen, Neigungen und Abneigungen verbunden, die wir insgesamt Karma nennen. Und jetzt befindet sich die Seele in einem Dilemma, denn sie ist ein Individuum, das einzigartig sein und sich von allem und jedem abheben will und sich doch gleichzeitig danach sehnt, wieder in dem grenzenlosen, ungeteilten, reinen Bewusstsein aufzugehen, aus dem sie hervorging. Sie kann nur dorthin zurückkehren, wenn sie ihre Einheit mit dem großen Ganzen zunehmend wahrnimmt. Aber gerade ihre Individualität und ihr trennendes Handeln entfernen sie immer mehr von der Einheit. Diese Trennung verursacht Leiden. Wenn wir uns dieses Dilemmas bewusst werden, fangen wir an, die Seele auf verschiedene Weisen zu nähren, um ihr zu helfen, die Probleme von Trennung und Inbeschlagnahme zu überwinden, damit sie wieder zum Anfang zurückkehren kann. Was für eine interessante Reise!

Es gibt viele, viele verschiedene Möglichkeiten, die Seele zu nähren und die Distanz zu verringern. Positive Erfahrungen wie Mitgefühl, Liebe und das Leben im Einklang mit einer anderen Seele verringern die Getrenntheit. Ein Augenblick der Meditation, der uns in das tiefere, ungeteilte Bewusstsein in unserem Inneren hineinführt, bringt uns wieder in die Einheit. Alles, was uns bewusst macht, dass wir eins mit dem allumfassenden Bewusstsein sind, kann sich positiv auf uns auswirken – selbst ein Trauma oder eine Nahtoderfahrung. Durch geistige Studien und spirituelle Praxis können wir das natürliche Bestreben des Verstandes, getrennt zu sein, überwinden und unsere Verbindung zum reinen Bewusstsein wiederherstellen. Doch während der Intellekt uns bis zum Ende des Sprungbretts führen kann, ist es der Glaube, das Vertrauen, das uns den Mut verleiht, zu springen.

Je genauer wir uns unser Leben betrachten, desto bewusster wird uns die Verbindung zwischen Trennung und Leiden. Wir erkennen, dass wir unsere Seele nähren, indem wir begreifen, dass wir nicht einfach bloß »Hans« sind und dass Hans nicht als vollständig getrennte Einheit existiert. Die Seele wird durch die Erkenntnis genährt, dass wir alle Teil von allem sind und uns gemeinsam auf dieser Rückreise ins reine Bewusstsein befinden.

Eine wirkungsvolle Technik, diese Erkenntnis in sich selbst wachzurufen, besteht darin, sich täglich Zeit zu nehmen, in die Stille zu gehen – Zeit, um tief ins eigene Innere einzutauchen. Durch Kontemplation, Meditation oder Reflexion können wir den festen Griff der gesellschaftlichen Identität lockern, mit der wir uns identifizieren. Das Aufweichen der Vorstellung, dass wir ausschließlich und unwiderruflich »Hans« sind, hilft uns, uns wieder in Richtung Einheit zu bewegen. In der Stille kann ich anfangen, »Hans« eher als Objekt, als Rolle zu sehen denn als das, was ich bin. Ich kann anfangen zu verstehen, dass »Hans« ein Teil von mir ist, aber nicht das Ganze.

Stellen Sie sich das Ganze – das Bewusstsein, das »Ich« – als Taschenlampe vor, die die verschiedenen Teile von Hans beleuchtet. Ich sehe die verschiedenen Bereiche und Schatten, die vom Licht erhellt werden, und glaube, dass ich diese Teile bin. Aber in Wirklichkeit bin ich die

Taschenlampe, nicht das, worauf das Licht fällt. Das *Licht* ist das wahre Wesen, nicht die Inkarnation, die wir »Hans« nennen. Im Verlauf des Prozesses, in dem wir zu einem separaten »Jemand« wurden, fixierten wir uns auf die Anteile von Hans, die wir sehen können. Das Licht, der wahre Hans, bleibt im Schatten verborgen.

Alles, was uns still werden lässt, was uns mit dem Licht verbindet anstatt mit dem, worauf das Licht fällt, hilft uns, uns unserer Einheit mit allem bewusst zu werden. Und das nährt die Seele. Wenn Sie sich erst einmal mit Ihrem eigenen Licht verbunden haben, fangen Sie an, nach dem Licht in anderen Menschen Ausschau zu halten. Sie fangen an, sie als Seelengefährten zu sehen, die die Form »Fred« oder »Doris« angenommen haben, und nicht als völlig getrennte Wesenheiten namens Fred und Doris.

Wenn wir in uns das Bewusstsein für die Einheit wachrufen, nähren wir unsere Seele. Auch dadurch, dass wir in unserem Inneren die drei Ebenen oder Aspekte unseres Seins – reines Bewusstsein, Seele und physische Existenz – ins Gleichgewicht bringen. Ich habe die letzten fünfundzwanzig Jahre damit zugebracht, zu lernen, auf allen drei Ebenen gleichzeitig und im Gleichgewicht zu sein. Wenn wir anfangen aufzuwachen, erkennen wir, dass wir in unseren Inkarnationen, in unserer »Hans-heit« gefangen waren. Also benutzen wir häufig spirituelle Techniken, um dem Dilemma unserer Inkarnation auszuweichen, um zu versuchen, unsere Identifikation mit der Seele zu verstärken. Aber genau das ist die Falle! Der Wunsch, dem Dilemma der physischen Existenz zu entfliehen, beruht auf einer Ablehnung von etwas – und das heißt, er entspringt Getrenntheit und Verlangen. Aber gerade das Verlangen, das Wünschen bindet uns ja an die Inkarnation.

Irgendwann fangen Sie an zu begreifen, dass Sie Ihrer Inkarnation nicht ausweichen können. Jetzt machen Sie Fortschritte. Anstatt der physischen Existenz entfliehen zu wollen, suchen Sie nach Möglichkeiten, ein Gleichgewicht wiederherzustellen und Ihre Inkarnation anzunehmen, ohne Ihre Seele zu vergessen. Sie lernen allmählich, die beiden Ebenen zu integrieren und gleichzeitig auf der physischen wie auf der Seelenebene bewusst zu sein. Natürlich ist das Ego nicht bereit, kampflos aufzugeben. Jener Teil von mir, der nur »Hans« ist, will nicht, dass meine Seele aufwacht, denn das Ego beherrscht mein Leben seit langer Zeit, und es genießt diese Rolle. Ramakrishna gab uns ein wunderbares Bild für diese Spannung zwischen Ego und Seele: Er beschrieb eine Pferdekutsche, eine von der Art, bei der ein Kutscher auf dem Bock sitzt. Der Kutscher, der die Kutsche während der langen Reise lenkte, ist inzwischen der Meinung, dass sie ihm gehöre. Plötzlich klopft der in der Kutsche sitzende Passagier mit seinem Spazierstock ans Dach und ruft: »Halte hier an.« Der Lenker erwidert: »Was glaubst du, wer du bist?« Der Mann antwortet: »Ich bin der Besitzer dieser Kutsche.« Aber der Kutscher sagt: »Rede keinen Unsinn – das ist *meine* Kutsche.« Dem Kutscher, dem Ego, hat es so viel Spaß gemacht, die Kutsche zu lenken, dass er nicht bereit ist, die Kontrolle wieder an den wahren Besitzer, die Seele, abzugeben. Doch wenn die Seele erst einmal erwacht ist und die Kontrolle wieder übernommen hat, kann das Ego anfangen, seine Rolle als ausgezeichneter Diener zu spielen.

Es gibt viele hilfreiche Methoden, die Verbindung zwischen den verschiedenen Ebenen des Bewusstseins aufrechtzuerhalten. Ich selbst habe beispielsweise gewöhnlich eine *Mala* bei mir – eine Kette aus Holzperlen. Wenn ich im Supermarkt an der Kasse stehe, lasse ich die Perlen durch meine Finger gleiten. Sie dienen mir als Erinnerungshilfe, erinnern mich daran, dass ich eine Seele bin, die in einer Kassenschlange im Supermarkt ihre Rolle spielt. Die Perlen in meiner Hand zu spüren kann mein Bewusstsein total verändern. Oder der Atem: Oft bringt mich ein einfacher, tiefer Atemzug ins Hier und Jetzt und in meine Mitte. Das geschieht auch, wenn ich *den* Geliebten in anderen Menschen sehe: Plötzlich erblicke ich das hinter dem Schleier Verborgene und erkenne die andere Seele, die sich nur in einer anderen Form inkarniert hat.

Wenn man bewusst bleiben will, ist es ungemein hilfreich, Teil einer Gemeinschaft zu sein. Mein spiritueller Meister und der Buddha und meine Freunde sind meine Familie. Sie alle sind *Satsang* (das Teilen von Weisheit und Lehre). Sie »bringen mich wieder auf den Teppich«, wenn ich aus dem Gleichgewicht gerate. Das ist Teil des Vergnügens, gute Freunde um sich zu haben, die sich auf derselben Reise befinden. Sie holen mich von meinem hohen Ross, aber sie tun es auf eine liebevolle Weise.

Da Sie dieses Buch zur Hand genommen haben, gehe ich davon aus, dass Sie bereits wissen, worum es geht. Ich kann Ihnen nicht in Einzelheiten sagen, was *Sie* tun sollten, um Ihre Seele zu nähren und ins Gleichgewicht zu kommen, denn das ist für jeden von uns verschieden. Manch einer kommt mit seiner Seele in Kontakt, wenn er im Kirchenchor singt, ein anderer vielleicht, wenn er Tai-chi praktiziert. Wieder andere erleben diesen Zustand vielleicht, wenn sie ein schwieriges Problem lösen oder eine Suppe kochen. Es kommt nicht darauf an, welche Technik man wählt, solange sie nur dazu dient, uns die Augen für die Relativität der Wirklichkeit und die vielschichtigen

Ebenen, auf denen wir existieren, zu öffnen. Allein dieses Wissen genügt schon, um uns zu motivieren und uns zu zeigen, was als Nächstes zu tun ist.

Sie können entscheiden, wie lange Sie als »Hans« schlafen wollen und zu welchem Zeitpunkt auf Ihrer Reise Sie aufwachen möchten. Viele von uns machen es wie jener Abt, der die Eremiten bewunderte. Er sagte, eigentlich wolle er wie diese Männer sein, die in ihren Höhlen leben und allem entsagt haben – aber er wolle es erst später. Und so geht es den meisten Leuten. Sie sagen: »Ja, ich verstehe, dass mein Leiden durch das Festhalten meines Verstandes verursacht wird, und ich will aufwachen. Aber andererseits macht mir dieser ›Trip‹ so viel Spaß, dass ich ihn jetzt noch nicht aufgeben will.« Haben Sie Geduld. Sie werden wissen, wann für Sie die Zeit gekommen ist, aufzuwachen und weiterzugehen. Bereits dadurch, dass Sie dieses Buch zur Hand nahmen, haben Sie Ihr Interesse bekundet. Und dieses Interesse wird Veränderungen bewirken und Ihnen den nächsten Schritt auf Ihrem Weg zeigen.

Den Ballast wegräumen

von Sydney Banks

»Wenn Sie nicht von Ihren eigenen negativen Gedanken abgelenkt werden, wenn Sie nicht zulassen, dass Sie sich in Momenten verlieren, die vorbei sind oder die noch kommen werden, bleibt nur dieser Augenblick.«

Die Seele ist die einzige echte Quelle spiritueller Nahrung. Es gibt viele Möglichkeiten, mit der Seele in Kontakt zu treten, die Beziehung zu ihr wieder aufleben zu lassen. Aber die effektivste Methode besteht darin, sich von jenen Hindernissen zu befreien, die sich zwischen Ihnen und Ihrem reinen Gewahrsein aufgetürmt haben.

Wenn unser Verbindungskanal zur Seele offen ist, leben wir in einer harmonischeren Realität. Dieser Zustand erfordert keine Anstrengung, es gibt nichts, was wir tun *müssen*. Wir tun einfach, was wir immer tun, aber unser Handeln entspringt dem Mitgefühl, der Liebe und der Weisheit.

Dieses »Seelendenken« ist immer aktiv, wenn wir nicht gerade mit anderen Arten des Denkens beschäftigt sind. Oft kommt uns unser negatives Denken in die Quere und entfernt uns von diesem klaren geistigen Zustand. Es ist fast so, als stünden uns zwei separate Denkweisen zur Verfügung, die zweite nenne ich »analytisches Denken«. Wir sind ganz offensichtlich auf unser analytisches Denken angewiesen, um in der Welt zurechtzukommen. Und doch kann diese Fähigkeit zu analytischem Denken sowohl ein Segen als auch ein Fluch sein, Letzteres insbesondere dann, wenn wir uns in negative und Angst erzeugende Gedanken verstricken. Denn meistens sind wir geneigt, diese Gedanken ernst zu nehmen und uns von unserem inneren Zustand der Ruhe und Gelassenheit zu entfernen. Wenn unser Denken sich in einem derart unreinen Zustand befindet, ist es, als senke sich eine dunkle Wolke auf uns herab, die uns einhüllt und so von den Botschaften unserer Seele abschneidet. In dieser Dunkelheit vergessen wir dann, dass die einzige Möglichkeit, Glück, Zufriedenheit und Freude zu erfahren, darin besteht, mit unserer inneren Weisheit in Kontakt zu sein. Manchmal gehen uns unsere positiven Gefühle in Bezug auf das Leben verloren – also greifen wir auf unser analytisches Denken zurück, um herauszufinden, was falsch läuft. Doch unser Verstand dreht sich wie ein Hamster im Rad, immer schneller und schneller, ohne irgendwohin zu gelangen. Wir erkennen nicht, dass es ja gerade unser negatives Denken war, das uns von unserem reinen, klaren geistigen Zustand entfernte, und wir stellen bald fest, dass alles immer schlimmer wird, je mehr negative Gedanken wir denken.

Ich möchte Ihnen an folgendem Beispiel zeigen, auf welche Weise unsere Gedanken uns hinters Licht führen können, uns von unserem ursprünglichen, reinen Bewusstseinszustand entfernen. Nehmen wir an, Martin hat einen harten Arbeitstag hinter sich und ist müde. Er befindet sich auf der Heimfahrt im Bus. In einer Viertelstunde wird er zu Hause ankommen und mit seiner Frau einen schönen, ruhigen Abend verbringen. Während der Fahrt streifen ein paar verirrte negative Gedanken durch seinen Geist. »Ich hoffe, meine Frau hat daran gedacht, meine Sachen aus der Reinigung zu holen. Letzte Woche hat sie es vergessen. Ich hoffe nur, dass sie es diese Woche nicht vergisst. Sie vergisst so oft, ihren Teil der Arbeit zu erledigen. Das ist wirklich nicht fair.« Ein Gedanke führt zum nächsten, bis es fast sicher ist, dass Martin einen miserablen Abend verleben wird.

Tatsächlich ist diese Art des Denkens das Einzige, was uns daran hindert, eine gute Zeit zu haben. Unsere Seele erblüht in Stille, Dankbarkeit und innerem Frieden. Martin war sich nicht bewusst, dass er die idealen Voraussetzungen hatte, diese drei Zustände zu erfahren. Er saß allein in einem dunklen, stillen Bus und war auf dem Weg zu dem Menschen, den er mehr als alles in der Welt liebt. Er hätte dankbar sein, den Augenblick und die stille Heimfahrt genießen können. Wenn er überhaupt denken musste, hätte er darüber nachdenken können, was für ein Glückspilz er war, dass er jetzt nach Hause fahren und einen schönen Abend mit seiner Frau verbringen konnte. Diese nährenden Gedanken hätten positive Gefühle in ihm ausgelöst.

Hätte Martin erkannt, was vor sich ging, hätte er die negativen Gedanken loslassen und in den Zustand der Dankbarkeit zurückkehren können. Er hätte dann bemerkt, dass er wieder mit einem klareren Bewusstseinszustand verbunden war. Klingt das einfach? Es ist einfach – aber es ist nicht immer leicht!

Ich spreche hier davon, wie man lernen kann, im gegenwärtigen Moment – im Hier und Jetzt – zu sein. Wenn Sie nicht von Ihren eigenen negativen Gedanken abgelenkt werden, wenn Sie nicht zulassen, dass Sie sich in Momenten verlieren, die vorüber sind oder noch kommen werden, bleibt nur dieser Augenblick. Dieser Augenblick – jetzt – ist in Wirklichkeit der einzige Augenblick, den Sie haben.

Er ist schön und einzigartig. Und das Leben besteht einfach aus einer Reihe solcher Augenblicke, die man direkt nacheinander erfährt – einen nach dem anderen. Wenn Sie Ihre Aufmerksamkeit auf den gegenwärtigen Augenblick richten, mit Ihrer Seele in Kontakt und froh bleiben, werden Sie feststellen, dass Ihr Herz voller positiver Gefühle ist.

Viele von uns wenden bestimmte Techniken an, um sich auf der spirituellen Ebene zu nähren. Für mich ist es Seelennahrung, Zeit für mich allein zu verbringen. Ich genieße es, allein in meiner eigenen Stille zu sein. Viele Menschen überall in der Welt meditieren regelmäßig, um mit jener wunderbaren, nie versiegenden Quelle der Weisheit in Kontakt zu kommen, die dem inneren Selbst entspringt. In diesem Zustand wird man mit Kraft, Harmonie und Frieden aufgeladen.

Bedeutet dies, dass wir unseren analytischen Verstand eigentlich gar nicht brauchen? Natürlich nicht. Es zeigt uns nur, dass wir uns der Tatsache bewusst bleiben sollten, dass unsere Seele immer bei uns ist und darauf wartet, uns nähren zu dürfen, und dass die Verbindung zur Quelle unseres inneren Friedens nie weiter als einen Augenblick entfernt ist. Wenn man erst einmal erkennt, dass das Gehirn konditionierte, gewohnheitsmäßige Botschaften sendet, die man nicht allzu ernst zu nehmen braucht, ist man frei, wieder zum »Seelendenken« zurückzukehren. Eine schöne Nebenwirkung dieser Erkenntnis besteht darin, dass sie mit einem Gefühl der Vergebung einhergeht. Wir können aufhören, unsere Vergangenheit, unsere Kindheit und alles Schlimme, das uns je widerfuhr, zu analysieren und erkennen, dass *jetzt* wirklich der einzige Augenblick ist, der existiert. Wenn wir es aufgeben, darüber nachzudenken, wer uns was in der Vergangenheit antat, befreien wir uns aus dem eisernen Griff unserer negativen Vorgeschichte. Wenn wir jedem verzeihen können, ganz gleich, was er (oder sie) auch getan hat, nähren wir unsere Seele und erlauben unserem gesamten Wesen, sich gut zu fühlen. Tragen wir aber alten Groll gegen irgendjemanden mit uns herum, ist es, als schleppten wir den Teufel auf unseren Schultern umher. Nur unsere Bereitschaft, zu vergeben und zu vergessen, kann eine solche Last von uns nehmen, Licht in unser Herz bringen und uns von den vielen schlechten Gefühlen gegenüber unseren Mitmenschen befreien.

Sie können damit anfangen, Ihre Seele zu nähren, indem Sie im gegenwärtigen Moment, im Hier und Jetzt, leben. Und wenn Ihr Geist dann abschweift, sollten Sie diese Gedanken nicht zu ernst nehmen. Lassen Sie sie einfach vorüberziehen, machen Sie sich bewusst, dass es einfach nur flüchtige Gedanken sind, und schon bald sind Sie auf dem besten Weg, jenen inneren Frieden zu finden, nach dem Sie sich sehnen. Die liebevollen Gefühle, die Sie dann sich selbst und anderen entgegenbringen, bringen Freude und Zufriedenheit in Ihr Leben zurück.

Jahreszeiten der Seele

— ◆ —

von Linda Leonard

> »In Kontakt mit der eigenen Seele zu kommen bedeutet, auch durch die eigene Verzweiflung zu gehen, seinen eigenen inneren Kampf auszufechten und zu erkennen, dass gerade die Aufarbeitung dieser Wunden uns mit anderen Menschen verbindet.«

Die Reise der Seele gleicht einem kontinuierlichen zyklischen Prozess, der auf gewisse Weise an die Jahreszeiten der Erde erinnert. Im Frühling öffnet sich alles. Im Sommer trägt alles Früchte. Im Herbst vergeht alles in einem herrlichen Farbenrausch, und im Winter liegen die Samen unsichtbar für das Auge in der dunklen Erde verborgen.

Auf verschiedenen Etappen unserer Reise durchlaufen wir immer wieder solche Zyklen. Der Winter wird oft als Zeit der Verzweiflung erlebt. Gleichzeitig ist er aber auch eine Phase der kreativen Ruhe und Entwicklung. Wenn wir in die dunkle Nacht der Seele abtauchen müssen, ist es hilfreich, sich daran zu erinnern, dass dies nur eine vorübergehende Periode ist, aus der etwas Neues hervorgehen wird. Kommen wir dann aus der Dunkelheit wieder ans Licht, haben wir etwas gefunden, das uns selbst und anderen Menschen weiterhelfen wird. Diese Phase ist in Wirklichkeit eine Zeit der Reinigung.

Wenn wir im Licht stehen, müssen wir ebenfalls die Tatsache akzeptieren, dass wir irgendwann wieder in die Dunkelheit eintauchen werden. Die Espe ist hierfür ein gutes Beispiel. Im Sommer sind ihre Blätter grün und saftig, aber im Herbst zeigen sie ihre größte Schönheit in einem Rausch von Goldtönen. Und doch bereitet ihnen diese Zeit den größten Schmerz, weil ihnen das lebensnotwendige Chlorophyll immer mehr entzogen wird. In der letzten Phase zittern die goldenen Blätter im Wind und fallen zur Erde. Aber sie kommen wieder. Das ist in unserem Menschenleben genauso.

Vielleicht ist das der Grund, weshalb ich die Natur als so heilsam und nährend empfinde. Ich wandere sehr gerne, ganz besonders in den Bergen. Auf jedem Spaziergang durch die Natur werde ich von Ehrfurcht über das Wunder der Schöpfung ergriffen. Die Natur ist voller Überraschungen, stets in Veränderung begriffen – und wir müssen uns mit ihr verändern. In der Natur erneuert sich die Seele und nimmt den Ruf wahr, sich zu öffnen und zu wachsen. In der Wildnis werden wir mit allem konfrontiert, was die Natur uns zu geben hat – mit ihren Gefahren ebenso wie ihrer Schönheit.

Ich wuchs in einer Großstadt auf. Wir waren arm und besaßen kein Auto, so dass wir damals wenig Kontakt zur Natur hatten. Es gab nur wenige Bäume und kaum Grünflächen in der Nähe des Reihenhauses, in dem ich meine Kindheit verbrachte. Aber meine Großmutter erzählte uns oft über ihr Leben auf einer Farm. Sie las mir Walt Whitman, Emerson und Thoreau vor. Wenn ich als kleines Mädchen auf ihrem Schoß saß, machte sie mir das Geschenk einer viel umfassenderen Realität, einer, die weit über die große steinerne Stadt hinausreichte, die damals meine Welt war. Ich wuchs in einer Alkoholikerfamilie auf, in der ich viel Schmerz und Gewalt erlebte. Es war ein traumatisches, chaotisches Leben. Schon als Kind wurde ich in die Dunkelheit geworfen, aber ich spürte doch gleichzeitig die Liebe, die meine Familie mir entgegenbrachte – selbst mein Vater, der Alkoholiker. Wenn er nüchtern war, machte er mit mir Spaziergänge durch die Stadt. Mein Vater liebte Tiere und machte mich mit den Hunden in den verschiedenen Stadtteilen bekannt. Von meinem Vater habe ich eine gewisse Abenteuerlust geerbt. Meine Mutter, die für den Unterhalt der Familie sorgte, vermittelte mir ein unglaublich starkes Gefühl für Stabilität und Loyalität. Die Beziehung zu meiner Großmutter gab mir Sicherheit und Zärtlichkeit. Sie und mein Vater führten mich in die Welt der Bücher ein. Lesen war sehr wichtig für mich auf meiner Seelenreise. Ich las Dostojewski und Rilke und nahm so an deren Seelenreisen teil. Das gab mir Hoffnung und ermutigte mich. Es half mir, sowohl in Kontakt mit den dunklen als auch den freudvollen und versöhnlichen Seiten meines Wesens zu kommen. Da ich in meinem familiären Umfeld ein wenig isoliert war, bezog ich einen Großteil meiner Hoffnung auf Veränderung aus Büchern. Ich bin diesen Autoren, die mir auf meinem Weg weiterhalfen, sehr dankbar, weil ich nicht weiß, was ohne ihre Bücher aus mir geworden wäre.

Ich fühle mich durch das Lesen literarischer Werke immer sehr genährt, weil es mich mit mir selbst und auch mit anderen Menschen in Kontakt bringt, insbesondere mit Menschen aus anderen Ländern. Das Gleiche gilt auch für Filme.

Ich betrachte die Reise der Seele als eine einzigartige, individuelle Erfahrung, aber gleichzeitig auch als eine universale. Jedes Mal wenn ich ein großartiges Buch lese, einen großartigen Film sehe oder eine wunderbare Symphonie höre, öffnet sich mein Herz, und ich komme in Kontakt mit dem Weg eines anderen Menschen und der Seelenreise, auf der wir uns alle gemeinsam befinden.

Ich reise viel und habe schon viele Trekkingtouren in den verschiedensten Ländern der Erde unternommen. Diese äußeren Reisen helfen mir, andere Lebensstile zu verstehen und die Weisheit anderer Kulturen zu erfahren. In jüngerer Zeit unternahm ich mehrere Reisen in die Arktis, um mehr über das Leben der Nomaden zu erfahren, die dem Rentier folgen. Ich lebte eine Weile bei einer sibirischen Gruppe von Rentierleuten, den Evens, die in der Wildnis von Jakutien zu Hause sind, einem Gebiet nahe dem Polarkreis, das sehr weit von jeglicher Zivilisation entfernt ist. Die Evens glauben, dass das Rentier der Botschafter ist, der ihre Seelen in die andere Welt trägt.

Zu dieser Reise hatte mich ein Traum inspiriert. Träume waren schon immer sehr wichtig für mich gewesen, und als ich mich auf die Suche nach den Nomaden machte, folgte ich dem Traum meines Seelengefährten, Keith. Vor etwa zehn Jahren hatte er mir von einem Traum über eine Rentierfrau erzählt, der mich damals zutiefst berührt hatte. Ich fasste den Entschluss, über sie zu schreiben, weil sie die weibliche Spiritualität verkörperte, die unsere westliche Kultur so dringend benötigt. Als wir nach Lappland und Sibirien reisten, um zu versuchen, die Seele des Rentiers und die Menschen, die mit ihm leben, zu verstehen, entdeckten wir, dass viele der alten Polarvölker eine Rentiergöttin verehrten, die noch heute von unseren Gastgebern, den Evens, verehrt wird. Der liebevolle Umgang der Menschen mit diesen Tieren hat sich mir als heilendes Bild in mein Gedächtnis eingeprägt.

Ich begann, mit meinen Träumen zu arbeiten, um die

Wunden meiner Kindheit zu heilen. Und so wurde ich auch durch einen Traum dazu angeregt, über meine Beziehung zu meinem Vater zu schreiben und dieses Wissen in einem Buch mit dem Titel »Töchter und Väter« festzuhalten. In diesem Buch erzähle ich nicht nur von meinen eigenen Erfahrungen, sondern es enthält auch die Berichte anderer Frauen über ihre einzigartige Lebensreise. Wenn man seine persönliche Lebensgeschichte mit anderen teilt, stellt man fest, dass es nicht nur die eigene Geschichte ist – es ist die Geschichte so vieler anderer Menschen. Dadurch, dass wir unsere persönliche Geschichte erzählen und uns die anderer anhören, spüren wir das gemeinsame menschliche Band, das uns alle vereint.

Schreiben ist ebenfalls sehr wichtig für mich. Auf diese Weise kann ich meinen eigenen inneren Kampf und meinen Transformationsprozess verarbeiten und mit anderen Menschen teilen, so dass ich während dieses Prozesses mit mir selbst und anderen in Kontakt bleibe. In meiner Kindheit fühlte ich mich am stärksten geerdet und geliebt, wenn ich bei meiner Großmutter auf dem Schoß saß und sie mir Gedichte vorlas. Durch sie entdeckte ich die Liebe zum Lesen und Schreiben, und von ihr übernahm ich auch den Wunsch zu lehren. Ursprünglich wollte ich eigentlich Gymnasiallehrerin werden, aber ich entschied mich dann stattdessen für den Journalismus. Ich begann also, als Journalistin bei einer kleinen Tageszeitung in Colorado zu arbeiten, bis mir klar wurde, dass mein bisheriger Ausbildungsweg nicht zu tieferen Erkenntnissen geführt hatte. Ich kehrte also auf die Universität zurück, studierte Philosophie und lehrte dieses Fach später im College. Obwohl ich sehr gerne lehrte – es macht mir Freude, Menschen mit neuen Ideen und Perspektiven vertraut zu machen –, wollte ich auch auf eine tiefere, intimere Weise mit anderen arbeiten. So kam ich zur Therapie. Nach meinem Studium am Jung-Institut in Zürich begann ich, als Therapeutin zu arbeiten. Ich half meinen Klienten, mit ihren Träumen zu arbeiten. Das Schreiben nahm ich wieder auf, weil mir bewusst wurde, dass ich auf diese Weise einer großen Zahl von Menschen das zugänglich machen konnte, was ich zu geben habe.

Als Jung'sche Analytikerin glaube ich, dass Heilung geschieht, wenn wir unsere eigene individuelle Rolle im Rahmen der gemeinsamen universellen Reise wahrnehmen und verstehen. Damit eine Transformation stattfinden kann, müssen wir uns unsere inneren Kämpfe bewusst machen, aber gleichzeitig in der Lage sein, darüber hinauszugehen. Manche Menschen, die in einem sehr behüteten familiären Umfeld aufgewachsen sind, meinen, das Leben müsse immer leicht sein. Sie denken nicht über sich selbst oder andere nach. Kierkegaard sagte, solche Leute führten ein Leben in »unbewusster Verzweiflung«. Sie sind auf ihre Weise ebenso verwundet wie andere, die in traumatischen Familienverhältnissen aufwuchsen, aber sie wissen es nicht. Andererseits sind Menschen, die zu stark in ihre persönliche Verzweiflung verstrickt sind, von ihrem Potential, Hilfe zu empfangen und zu geben, abgeschnitten. In Kontakt mit der eigenen Seele zu kommen bedeutet auch, durch seine eigene Verzweiflung zu gehen, seinen eigenen inneren Kampf auszufechten und zu erkennen, dass gerade die Aufarbeitung dieser Wunden uns mit anderen Menschen verbindet. Wenn wir uns Filme über vietnamesische Kinder oder Maori-Frauen oder amerikanische Ureinwohner – über Menschen in aller Welt – anschauen, lernen wir mehr über das Menschsein und können durch die Gnade der Heilung und das Berühren der kollektiven Seele etwas miteinander teilen.

Jeder von uns gerät irgendwann aus dem Gleichgewicht. Mir persönlich helfen Spaziergänge in der Natur, in meiner Mitte zu bleiben. Dort finde ich mein Gleichgewicht und eine wohltuende innere Gelassenheit. Auf diesen Spaziergängen spreche ich oft das Gelassenheitsgebet: »Herr, gib uns die Gelassenheit, die Dinge zu akzeptieren, die wir nicht ändern können. Gib uns den Mut, die Dinge zu ändern, die zu ändern sind. Und gib uns die Weisheit, beides voneinander unterscheiden zu können.« Ich spreche es auch, bevor ich eine Vorlesung halte, oder immer dann, wenn ich mich zentrieren will. Die Beziehungen zu anderen Menschen, das Zusammensein mit Freunden ist ein ganz wesentlicher, nährender Aspekt meines Lebens. Wenn wir uns von den Ereignissen überwältigt fühlen und in unserer Verzweiflung gefangen sind, müssen wir anderen Menschen die Hände reichen. Manchmal sehen wir nur uns selbst, aber es ist wichtig, etwas im eigenen Innern zu entdecken, das man jemand anderem geben kann. So kann man eine Verbindung herstellen und ist nicht länger ausschließlich auf das eigene Leid fixiert. Auch unsere Träume sind in solchen Situationen oft hilfreich. Wenn wir uns für das, was innen und außen geschieht, öffnen, können wir einen roten Faden entdecken. Das kann eine zufällige Begegnung mit einem bestimmten Menschen oder der Anblick einer Blume sein. Es kann alles sein. Aus diesem Grund liebe ich die Filme des polnischen Regisseurs Krzysztof Kieslowski. Sie zeigen die geheimnisvollen Verbindungen zwischen Menschen, Tieren und den Launen der Natur, zeigen, auf welch mysteriöse Weise sich unsere Wege auf unserer Seelenreise kreuzen.

Wenn Sie sich der Schöpfung als Medium zur Verfügung stellen können, das sowohl sich selbst als auch andere nährt, werden Sie dabei sicher auf eine Gemeinschaft von Mitreisenden stoßen.

4. TEIL

Die Wiedererweckung
der Seele

————————•◆•————————

»Sie haben sicher schon von dieser in Zentral-
afrika verbreiteten Krankheit gehört, die man
Schlafkrankheit nennt ... Es gibt aber auch eine
Schlafkrankheit der Seele. Das Gefährlichste
daran ist, dass man es nicht merkt, wenn sie
einen befällt. Deshalb muss man sehr achtsam
sein. Sobald man das geringste Anzeichen von
Gleichgültigkeit feststellt, sobald man sich
des Verlustes einer gewissen Ernsthaftigkeit,
Sehnsucht und Begeisterung bewusst wird,
sollte man dies als Warnzeichen betrachten.
Wir sollten uns darüber im Klaren sein, dass
unsere Seele leidet, wenn wir oberflächlich
leben.«

Albert Schweitzer

Das Feuer der Seele neu entfachen

von Jack Canfield

> »Glauben Sie, dass ein Martini oder eine dreißigminütige Seifenoper im Fernsehen Ihnen wirklich das Gefühl tiefer Freude, Erfüllung, Entspannung und inneren Friedens geben kann? Wahrscheinlich nicht! Auch wenn es also schwierig erscheint, lohnt es sich, sich Zeit für solche Dinge wie Meditation zu nehmen.«

Ich glaube – das möchte ich zunächst einmal betonen –, dass ein großer Unterschied zwischen »die Seele nähren« und »von der Seele genährt werden« besteht. Wir nähren unsere Seele nicht, unsere Seele nährt uns. Es ist eher so, dass unsere Seele etwas für uns tut, nicht, dass wir etwas für unsere Seele tun. Unsere Herausforderung als Menschen besteht darin, uns zu öffnen, um diese Nahrung aufnehmen zu können – unsere Verbindung mit unserem spirituellen Wesensanteil wiederherzustellen, jenem geistigen Wesen, das immer da ist und darauf wartet, uns nähren, heilen und führen zu dürfen. Um das Beste von sich selbst nach außen zu bringen und das Leben in seiner ganzen Fülle genießen zu können, gibt es nichts Wichtigeres als zu lernen, sich für die Nahrung der Seele zu öffnen und sie aufzunehmen. Wenn Sie sich für Ihre Seele öffnen, entsteht in Ihnen ein tiefes Gefühl des Friedens und der Verbundenheit. Dieses friedvolle Gefühl gibt Ihren Gedanken

Tiefe, setzt innere Heilkräfte frei, erinnert Sie daran, dankbar für all die Geschenke des Lebens zu sein, und erweitert Ihren Blickwinkel, so dass Sie die Dinge annehmen können, wie sie sind.

Wenn ich mir Zeit zum Meditieren nehme, tragen mich die Seelenenergien zu einer höheren Warte hinauf, von der aus ich verschiedene Aspekte von Situationen oder Ereignissen sehen kann, die unsichtbar für mich sind, wenn ich in meinen Ängsten oder meinem Ego befangen bin. Öffne ich mich aber für meine Seele, zeige ich in meinen Beziehungen zu anderen viel mehr Mitgefühl und bin mir selbst gegenüber liebevoller und toleranter. Ist mein Körper krank oder verletzt, beginne ich mich besser zu fühlen. Bin ich aufgeregt oder durcheinander, hilft mir meine Seelenenergie, wieder zu einem emotionalen Gleichgewicht zu finden. Ich spüre einen inneren Frieden – eine Zufriedenheit, die man meiner Meinung nach nicht erreichen kann, ohne sich mit dem eigenen spirituellen Selbst zu verbinden. So kann ich dem Leben bewusst und kreativ begegnen, anstatt aus Ängsten heraus zu reagieren. Kurz, indem ich meine Verbindung zu meiner Seele wiederherstelle, erlebe ich eine große Bereicherung in allen Bereichen meines Lebens.

Es gibt viele Wege und Möglichkeiten, sich mit der eigenen Seele zu verbinden. Ich praktiziere verschiedene Disziplinen, wie beispielsweise Meditation, Yoga, Tai-chi, Schwitzhüttenrituale, Sufitanz oder (mit einer Gruppe von Mönchen) Chanten. Diese spirituellen Praktiken helfen mir, innerlich zur Ruhe und wieder in meine Mitte zu kommen, so dass dieses »Sich-öffnen« geschehen kann. Wenn ich an diesen Aktivitäten teilnehme, beginne ich, auf einer bewussten Ebene etwas wahrzunehmen, das ich »Seelenenergie« oder »Seelenbewusstsein« nenne. Mein ganzes Wesen wird von einem Gefühl des Friedens erfasst, ich entspanne mich und fühle mich mit allem verbunden. Ich bin davon überzeugt, dass alle Konflikte, die wir als normale Begleiterscheinungen des Lebens betrachten und hinnehmen, sich letztlich auflösen würden, wenn alle Menschen sich jeden Tag Zeit für irgendeine physische oder mentale Entspannungsmethode nähmen. Es ist schwierig, eine negative Geisteshaltung aufrechtzuerhalten, wenn man sich Zeit für Stille und Entspannung nimmt – eine Massage von einem lieben Menschen, einen Yogakurs, eine halbe Stunde tiefer Meditation oder Ähnliches.

Wenn die positiven Auswirkungen dieser Methoden so verlässlich und dauerhaft sind, muss man sich fragen, weshalb so wenige Menschen diese die Seele nährenden Techniken regelmäßig anwenden. Vielleicht deshalb, weil viele sich der persönlichen und gesellschaftlichen Vorteile überhaupt nicht bewusst sind. In meinen Seminaren höre ich oft: »Ich habe keine Zeit zum Meditieren.« Ich würde eher sagen, die Leute haben keine Zeit, nicht zu meditieren. Wenn man sich regelmäßig und diszipliniert Zeit für solche Aktivitäten nimmt, beginnt das Leben sich plötzlich auf wunderbare Weise zu verändern. Man muss nicht mehr den größten Teil des Tages damit zubringen, gestresst, frustriert, in Konflikte verstrickt zu sein oder »Schadensbegrenzung« zu üben. Man verbringt – wenn überhaupt – viel weniger Zeit in diesen energieraubenden Zuständen. Wenn man dreißig Minuten pro Tag in eine meditative Übung investiert, stehen einem tatsächlich dreißig Minuten weniger für andere Aktivitäten zur Verfügung – aber man gewinnt dadurch viel: einen glücklicheren, friedlicheren und produktiveren Tag. Es fällt Ihnen dann leichter, den Alltag zu bewältigen. Sie gehen viel kreativer mit Problemen um und finden intelligentere Lösungen. Sie leben in größerer Harmonie mit allem und allen. Kurz, Sie verspüren die positiven Auswirkungen in allen Lebensbereichen – und das nur, weil Sie sich ein paar Minuten am Tag Zeit nehmen, um Ihren Geist und Ihren Körper zur Ruhe kommen zu lassen! Wenn man bedenkt, dass der Durchschnittsamerikaner sechs Stunden pro Tag vor dem Fernseher sitzt, kann es doch nicht so schwer sein, dreißig Minuten Zeit zum Meditieren zu finden!

Die meisten von uns, ich selbst eingeschlossen, führen ein sehr schnelllebiges Dasein, was uns zu der irrtümlichen Annahme verleiten kann, wir hätten keine Zeit zum Meditieren oder uns in die Stille zurückzuziehen. Meine Frau und ich haben ein vierjähriges Kind, das Liebe, Zuwendung und Fürsorge braucht, und außerdem volle Terminkalender. Ich finde erst oft am späten Abend, wenn unser Sohn schläft, Zeit für meine spirituellen Übungen. Meine Frau dagegen meditiert sehr früh am Morgen, wenn wir noch schlafen.

Unsere kulturelle Konditionierung macht es uns schwer, eine solche Disziplin aufrechtzuerhalten. Die Gesellschaft sagt uns: »Wenn du gestresst bist, trinke ein Gläschen, nimm eine Pille oder vergrabe dich vor dem Fernseher. Das hilft dir, zu entspannen.« Wenn Sie ehrlich zu sich selbst sind, wissen Sie jedoch im tiefsten Inneren, dass diese Methoden nicht die richtige Lösung sind. Glauben Sie, dass ein Martini oder eine dreißigminütige Seifenoper im Fernsehen Ihnen wirklich das Gefühl tiefer Freude, Erfüllung, Entspannung und inneren Friedens geben kann? Wahrscheinlich nicht! Auch wenn es also schwierig erscheint, lohnt es sich, sich Zeit für solche Dinge wie

Meditation zu nehmen. Ohne diese Aktivitäten kann Ihnen Ihr Leben tatsächlich sinnlos oder erdrückend, ja sogar wie ein Schlachtfeld erscheinen.

In Anbetracht der überwiegend christlichen Prägung unserer Kultur könnte dieses Land – so dachte ich oft insgeheim – vielleicht in eine positive Richtung gelenkt werden, wenn eines der christlichen Kirchenoberhäupter an die Öffentlichkeit treten und sagen würde: »Jesus Christus hat mir gesagt, dass die Welt gerettet werden kann, wenn jeder von euch sich täglich dreißig Minuten Zeit zum Meditieren nimmt!« Würden die Leute das tun, wäre das Resultat eine »freundlichere, sanftere Nation« von Menschen, die ein Leben lebten, das der Verheißung Christi sehr nahe käme. Kürzlich erhielt ich einen Brief von einer Frau, die an einem meiner Seminare teilgenommen hatte. »Anfangs meditierte ich nur zehn oder zwanzig Minuten am Tag. Ich fand kaum Zeit dafür, es war wirklich schwierig. Jetzt, ein paar Monate später, kann ich nicht genug davon bekommen! Ich bin bei vierzig Minuten pro Tag angelangt, und mein ganzes Leben hat sich positiv verändert – meine Arbeit, meine Beziehungen, alles! Das zu erreichen hat keinerlei Mühe gekostet – ich brauchte einfach nur dazusitzen und zu meditieren.« Wenn Sie sich täglich ein paar Minuten Zeit nehmen, um Ihren Geist zur Ruhe kommen zu lassen, werden Sie noch eine weitere, schöne »Nebenwirkung« entdecken: Ihr alltägliches, »gewöhnliches« Leben erscheint Ihnen allmählich sehr viel außergewöhnlicher. Kleine Dinge, die Sie früher gar nicht bemerkten, erfreuen Ihr Herz. Sie sind schneller zufrieden und ganz allgemein glücklicher. Anstatt sich auf die Dinge zu konzentrieren, die in Ihrem Leben nicht in Ordnung sind, denken Sie nun immer öfter an die schönen Dinge in Ihrem

Leben und sind in der Lage, sie voll und ganz zu genießen. Die Welt hat sich nicht verändert – aber Ihre *Wahrnehmung* der Welt. Sie fangen an, kleine Gesten der Freundlichkeit, die Ihnen von anderen Menschen entgegengebracht werden, zu bemerken, und achten weniger auf deren Negativität oder Ärger.

Es gibt neben der Meditation noch viele andere Möglichkeiten, sich selbst für die Nahrung der Seele zu öffnen: Man kann Kraftplätze oder spirituelle Lehrer aufsuchen, man kann in eine besondere Kirche oder an einen anderen heiligen Ort gehen, man kann allein oder in einer Gruppe spirituelle Lieder chanten, man kann Affirmationen wie beispielsweise »Ich habe einen Körper, aber ich bin nicht der Körper« oder »Ich bin eine Quelle der Liebe und des Friedens« wiederholen. Meine Frau und ich praktizieren ein paar ungewöhnliche, aber sehr nützliche Methoden, die uns helfen, uns wieder mit der Seelenebene zu verbinden und genährt zu fühlen. Die beiden wichtigsten sind die regelmäßige Teilnahme an Meditations-Retreats und unser »Jahrestag der Stille«. An diesem Tag verbringt jeder von uns den ganzen Tag allein in einem Zimmer – in einiger Entfernung voneinander. Vierundzwanzig Stunden lang sprechen, lesen und schreiben wir nicht und sehen auch nicht fern. Wir meditieren, machen Yogaübungen, denken nach, ruhen uns aus und *sind* einfach mit uns selbst. Es ist erstaunlich, wie wohltuend sich diese vierundzwanzig Stunden der Einsamkeit und Stille auf uns auswirken. Sie öffnen den Kanal, durch den unsere Seele uns erreichen kann. Nach diesem Tag der Stille haben wir beide immer das Gefühl, als bewege sich die ganze Welt vierzig Stundenkilometer zu schnell. Uns wird bewusst, welcher Reizüberflutung wir normalerweise ausgesetzt sind und wie schwierig es ist, sich in einer solchen Atmosphäre mit der Seelenebene verbunden zu fühlen (kürzlich las ich, dass wir mit dem Lesen einer Sonntagszeitung mehr Informationen aufnehmen als der Durchschnittsmensch im 17. Jahrhundert in einem ganzen Jahr!).

Ich glaube, dass wir alle verschieden sind und jeder seinen eigenen Weg finden muss. Die beste Möglichkeit, herauszufinden, welche seelennährenden Methoden für einen selbst am geeignetsten sind, besteht darin, zu experimentieren. Fangen Sie einfach mit irgendetwas an und seien Sie bereit, verschiedene Techniken auszuprobieren. Wenn Sie von Natur aus eher kinästhetisch veranlagt sind, könnten Tai-chi, Yoga, Sufitanz oder ähnliche Praktiken das Richtige für Sie sein. Sind Sie dagegen eher ein mentaler Typ, sollten Sie irgendeine Form der kontemplativen Meditation ausprobieren. Steht bei Ihnen das Emotionale im Vordergrund, könnten Sie es mit dem Singen oder Chanten spiritueller Lieder in einer Gruppe versuchen.

Es gibt so viele verschiedene Möglichkeiten. Jeder kann für sich eine geeignete Methode finden. Das Wesentliche ist, dass Sie etwas tun, *irgendetwas,* um sich wieder mit Ihrer Seelenenergie zu verbinden! Wenn Sie auf sich selbst vertrauen und sich ganz auf eine bestimmte spirituelle Disziplin einlassen, kann ich Ihnen aus eigener Erfahrung (und den Berichten von Tausenden meiner Schüler) versichern, dass sich Ihr ganzes Leben nach und nach verändern wird.

Abschließend möchte ich noch sagen, dass eine der wirkungsvollsten Methoden, sich mit der Seelenebene zu verbinden und seinem Leben eine Wende zu geben, darin besteht, sich auf irgendeine Weise in selbstlosem Dienst für andere zu engagieren. Man kann Obdachlosen Essen bringing, Analphabeten Lesen und Schreiben beibringen oder ehrenamtlich an einer Schule oder in einer Kirchengemeinde mitarbeiten. Früher war ich immer der Meinung, wir müssten die ganze Welt retten, und zwar schnell. Doch ich wurde frustriert, weil ich auf das Ergebnis fixiert war, anstatt die liebevolle Geste wahrzunehmen und mich davon nähren zu lassen. Das Erlebnis, das mich all dies mit anderen Augen sehen ließ, war so eindrucksvoll, dass Mark Victor Hansen und ich es in unser Buch »Hühnersuppe für die Seele« aufnahmen. Wir nannten es »Einen nach dem anderen«:

Einer unserer Freunde lief bei Sonnenuntergang über einen verlassenen Strand in Mexiko. Irgendwann sah er in der Ferne einen anderen Mann auftauchen, und als dieser näher kam, bemerkte unser Freund, dass es ein Einheimischer war, der sich immer wieder bückte, etwas aufhob und es ins Wasser warf. Immer wieder warf er irgendetwas weit ins Meer hinaus. Als unser Freund noch näher kam, sah er, dass der Mann Seesterne aufhob, die von den Wellen auf den Strand gespült worden waren, und sie einen nach dem anderen wieder ins Wasser warf. Unser Freund war verblüfft. Er näherte sich dem Mann und sagte: »Guten Abend, mein Freund. Ich habe mich gerade gefragt, was Sie da machen.«

»Ich werfe diese Seesterne zurück ins Meer. Wir haben gerade Ebbe, und diese ganzen Seesterne wurden auf den Strand gespült. Wenn ich sie nicht wieder ins Meer werfe, werden sie hier an Sauerstoffmangel eingehen.«

»Ich verstehe«, erwiderte unser Freund, »aber an diesem Strand müssen Tausende von Seesternen liegen. Sie können sie doch nicht alle aufheben. Es sind einfach zu viele.

Und ist Ihnen nicht klar, dass das wahrscheinlich an der ganzen Küste an Hunderten von Stränden geschieht? Begreifen Sie nicht, dass Sie im Grunde nichts tun können?« Der Einheimische lächelte, bückte sich, hob einen weiteren Seestern auf und erwiderte, als er ihn zurück ins Meer warf: »Für diesen hier konnte ich etwas tun!«

Seien Sie also anfangs oder auch später auf Ihrem spirituellen Weg geduldig mit sich selbst und erinnern Sie sich an diese Geschichte. Wir müssen nicht jeden retten. Und wir müssen unser spirituelles Wachstum auch nicht an einem Tag abschließen. Fangen Sie langsam an, konzentrieren Sie sich auf jeden kleinen Schritt, und kümmern Sie sich nur um den heutigen Tag, um das Hier und Jetzt. Versuchen Sie nicht an einem einzigen Tag ein Dalai Lama oder eine Mutter Teresa zu werden. Das schaffen Sie nicht, und selbst wenn Sie es könnten, würden Sie dabei die ganze abenteuerliche Reise verpassen. Schon die Reise an sich kann so viel Freude machen! Tun Sie, was Sie heute tun können, einfach ein kleines bisschen, »einen Tag nach dem anderen«. Die Tage werden schnell zu Wochen und Jahren. Und im Lauf dieser Zeit werden Sie nach und nach von Ihrer Seele genährt und fähig, wiederum andere zu nähren. Tun Sie alles, was Sie tun, mit Liebe, und Ihr Leben wird wahrhaftig zu einem Wunder werden.

Erde, Körper und Geist

von Lynn Andrews

»Leider ist es uns in unserer Gesellschaft im Allgemeinen nicht erlaubt,
die wildere, instinktivere Seite unseres
Wesens auszudrücken – unser spirituelles Selbst. Unsere Kultur ermutigt
uns auch keineswegs, das Potential
der Geist-Körper-Einheit zu erforschen. Das kann dazu führen, dass
unsere spirituellen Energien sich in
negativer Form in unserem Inneren
anstauen.«

Viele von uns hetzen voller Ungeduld und Ehrgeiz durch
ihr Leben. Begierig horten wir materielle Dinge und vernachlässigen unsere Seele. Doch wie sehr wir dem Glück in
der äußeren Welt auch nachjagen mögen, wir können dem
tiefen, oft unbewussten Bedürfnis nach der heilsamen
Beziehung zu unserer Seele nicht entfliehen.

Als Individuen und als Gesellschaft müssen wir tief graben, um wieder auf fruchtbare Erde zu stoßen – tief genug,
um die Manifestationen der Natur in unserer eigenen Seele wieder zu erkennen. Dazu ist es unerlässlich, dass wir
wieder unseren Weg in die Natur, in die Wildnis finden, in
der die Seele heilen kann. Hier können Körper und Seele
wieder eins werden.

Leider ist es uns in unserer Gesellschaft im Allgemeinen
nicht erlaubt, die wildere, instinktivere Seite unseres
Wesens auszudrücken – unser spirituelles Selbst. Unsere

Kultur ermutigt uns auch keineswegs, das Potential der Geist-Körper-Einheit zu erforschen. Das kann dazu führen, dass unsere spirituellen Energien sich in negativer Form in unserem Innern anstauen. Diese spirituelle Frustration manifestiert sich manchmal als körperliche Krankheit. Krankheit ist die Art und Weise des Körpers, uns etwas mitzuteilen. Wenn wir krank werden, will der Körper damit sagen: »Du hörst nicht zu. Du bist unaufmerksam. Du lernst die Lektionen nicht, um derentwillen du auf diese Erde kamst. Also werde ich dir helfen, diese Lektionen zu lernen.«

Wenn ein solcher Mensch auf der Suche nach Heilung zu mir kommt, forsche ich zunächst einmal nach der »Krankheit« in seiner Seele. Wissen Sie, in Wirklichkeit kann der Heiler niemals den Patienten heilen, er hilft ihm nur, sich selbst zu heilen. Ein wahrer Heiler lernt, den Leuten einen Spiegel vorzuhalten, und wenn sie bereit sind, in diesen Spiegel hineinzuschauen, können sie anfangen, sich von ihrem rationalen, analytischen Verstand wegzubewegen und sich ihrer Verletztheit zuzuwenden. Sie können sich auf eine andere Ebene begeben, können sich ändern und aus der Krankheit, die sie unbewusst selbst erschaffen haben, herauswachsen. Ich bin überzeugt davon, dass jeder von uns den Schlüssel zu Ganzheit und Gesundheit in seinem Inneren, in seinem Unbewussten, trägt. Dieser Schlüssel ermöglicht uns den Zugang zum kollektiven Unbewussten und zur absoluten Wahrheit. Wir können innerhalb eines Lebens erleuchtet werden, wenn wir uns dafür entscheiden. Diese Entscheidung ist jedoch schwierig, weil sie bedeutet, dass wir uns mit großen Ängsten auseinander setzen müssen.

Glücklicherweise gibt es viele hilfreiche Methoden und

Techniken, um zur Ebene des kollektiven Unbewussten vorzudringen, die uns unterstützen, während wir uns von den Trivialitäten des Lebens zur Wahrheit hindurchgraben. Eine dieser Methoden ist das Gebet. Ein Gebet kann uns Tag für Tag helfen, den Mut und die Weisheit aufzubringen, uns mit einer höheren geistigen Macht zu verbinden. Es gibt ganz verschiedene Arten von Gebeten, die Meditation gehört auch dazu. Ich meditiere täglich, um in meine Mitte zu kommen und mich wieder auf die Seelenebene einzuschwingen. Meditation bedeutet für mich einfach stillsitzen, die üblichen Ablenkungen ausschalten, Gedanken und Ideen vorbeiziehen lassen, ohne sie festzuhalten, bis ich zu einem Raum der Stille in meinem Inneren gelange. Obwohl das ganz einfach klingt, ist es ziemlich schwierig und erfordert regelmäßige Übung. Doch wenn Sie hartnäckig genug sind, um in diesen stillen Raum vorzudringen und die Stille zuzulassen, werden Sie Ihrer eigenen Seele begegnen.

Aus Büchern wie diesem können wir viel darüber lernen, auf welche Weise man Meditation und andere Techniken nutzen kann, um Zugang zur eigenen Seele zu finden und sie zu nähren. Aber es genügt nicht, etwas über die spirituelle Lebensreise zu lernen; wir müssen dieses Wissen auch in unseren Alltag integrieren. Die modernen Gesellschaften haben ungeheure Mengen an geborgtem Wissen angehäuft. Lernen bedeutet für uns, in einer Klasse zu sitzen und anderen – beeindruckt von ihrem großartigen Wissen – zuzuhören. Aber wie können wir die Fakten und Wahrheiten, die *andere* gelernt haben, zu einem Teil unseres eigenen Lebens werden lassen? Um das zu erreichen, müssen wir auf der physischen Ebene etwas tun. Eine der wichtigsten Erkenntnisse, die meine Lehrer mir vermittelten, war, dass wir die Lehren über Wahrheit und höheres Bewusstsein auf der körperlichen Ebene erfahren müssen, um sie zu einem Teil unserer eigenen Wahrheit werden zu lassen.

So kann beispielsweise eine Aktivität wie das Trommeln die Kluft zwischen der aus dem höheren Bewusstsein kommenden Inspiration und der Realität des Alltags überbrücken. Das Trommeln hilft uns, diese Inspiration als etwas Reales, Greifbares zu manifestieren, etwas, das man hören und spüren und mit anderen teilen kann. Es spielt keine Rolle, ob Sie Katholik, Schamane oder Buddhist sind – Sie können einfach mit ein paar Leuten im Kreis sitzen und anfangen zu trommeln. Und wenn Sie das tun und sich keine Gedanken darüber machen, wie Ihr Spiel klingt, wenn Sie sich nicht darum kümmern, dass Sie in Ihrem ganzen Leben noch nie auf einer Trommel gespielt haben, werden sie *erfahren,* dass die erste Musik, die jeder von uns je hörte, der Herzschlag unserer Mutter war, als wir in ihrem Bauch heranwuchsen. Trommeln erinnert uns an unsere ursprüngliche Natur; es kann uns helfen, uns darauf zu besinnen, wer wir wirklich sind.

Zeremonien sind eine weitere Möglichkeit, Inspirationen auf die reale Ebene zu bringen. Wenn ich von einer Zeremonie spreche, meine ich damit, einen Aktivitätskreis zu entwickeln, der uns dem großen Geist, unserem Gott, näher bringt. Anders als das Ritual, das oft mehr oder weniger mechanisch durchgeführt wird, ist eine Zeremonie jedes Mal neu. Sie findet vielleicht stets im gleichen Rahmen statt, aber immer steckt in ihr ein Aspekt von uns selbst. Jedes Mal wenn wir die Zeremonie ausführen, sind sowohl wir selbst als auch die Zeremonie ein wenig anders als zuvor.

Eine Zeremonie kann sehr einfach sein. Es ist nicht nötig, sich dazu eine ganze Reihe von Regeln und Vorschriften einzuprägen. Man kann Zeremonien allein oder in einer Gruppe von Menschen durchführen, die ihre Energien zusammenbringen, um gemeinsam in einen höheren Bewusstseinszustand zu kommen. Das Ziel der Zeremonie besteht darin, die Geister des Ortes (jene Geistwesen, die überall in unserem Universum alle benannten und namenlosen Orte bevölkern) zu bitten, uns zuzuhören und uns mit ihrer Energie und ihren Kräften zur Seite zu stehen.

Eine Zeremonie kann einfach in Form eines Gebets abgehalten werden. Wir können dabei auf einer Wiese sitzen, mit dem Rücken an einen Baumstamm gelehnt, oder am Strand oder am Fuße oder auf dem Gipfel eines Berges oder in einem Park. Indem wir uns auf den Herzschlag von Mutter Erde konzentrieren, gelangen wir zu dem Raum der Stille und Glückseligkeit in unserem eigenen Inneren. In diesem Raum halten wir unsere eigenen Zeremonien ab. Wenn wir uns tief mit der Erde verbinden, bringen wir unsere Seele an einen Ort des Trostes und des Friedens.

Seele und Leidenschaft

von Nathaniel Branden

»Selbst wenn unser Leben äußerst schwierig erscheint, ist es wichtig, sich daran zu erinnern, dass etwas in unserem Inneren uns am Leben erhält, das uns emporhebt, uns Kraft gibt und uns manchmal vom Abgrund der Verzweiflung zurückreißt – die Lebensenergie. Echte Spiritualität kann nicht ohne Liebe zum Leben existieren.«

Die Seele nähren – das bedeutet für mich, die Fähigkeit zu entwickeln, positiv auf das Leben zu *antworten,* das heißt, ein leidenschaftliches Interesse an Menschen, Dingen, Werten und Projekten wach zu halten. Ich glaube, die schlimmste aller spirituellen Niederlagen besteht darin, die Begeisterung für die vielfältigen Möglichkeiten des Lebens zu verlieren. In jedem Leben gibt es Rückschläge und Enttäuschungen – Tragödien und Verluste. Angesichts der negativen Ereignisse, die uns widerfahren, stehen wir also alle vor der Frage: »Wie kann ich mein inneres Feuer am Lodern halten?« Das setzt zumindest zwei Dinge voraus: zum einen die Fähigkeit, die positiven Dinge in unserem Leben wahrzunehmen und wertzuschätzen, und zum anderen die Bereitschaft zum Handeln. Es ist wichtig, sich jeden Tag folgende beiden Fragen zu stellen und zu beantworten: »Was ist gut in meinem Leben?« und »Was ist zu tun?« Die erste Frage lenkt unsere Aufmerksamkeit auf das

Positive; die zweite sorgt dafür, dass wir aktiv bleiben, und erinnert uns daran, dass wir für unser eigenes Glück und Wohlergehen verantwortlich sind. Darüber hinaus kann man sein Augenmerk auf das Positive richten und die Seele nähren, indem man sich auf die Frage konzentriert: »Was in meinem Leben genieße ich am meisten? Wodurch bekomme ich die meiste Anregung?« Irgendjemand hat einmal gesagt: »Man kann einen Menschen erkennen, wenn man weiß, was ihn aufweckt.«

Die Freuden, von denen ich mich genährt fühle, können ganz einfache Dinge sein wie der Blick auf die Stadt und das Meer von meinem Wohnzimmerfenster aus oder der Aufenthalt in meinem Garten oder das Gefühl, körperlich fit zu sein. Die größte Freude, die meine Seele nährt, ist natürlich die liebevolle Beziehung zu meiner Frau. Was nährt meine Seele noch? Beispielsweise Musik hören oder ein Buch, das mir viel bedeutet hat, zum zweiten Mal lesen. Außerdem natürlich das Schreiben. Wenn ich an meinem Computer sitze und schreibe, empfinde ich fast jedes Mal ein starkes Gefühl der Dankbarkeit, spüre, wie wunderbar es ist, zu leben. Wenn ich längere Zeit nicht zum Schreiben komme, fühle ich mich entmutigt oder zumindest niedergeschlagen. Schreiben kostet Kraft, aber es gibt mir auch neue Kraft.

Die Antwort auf die Frage, was unsere Seele nährt, liegt für jeden von uns darin, genau darauf zu achten, bei welchen Aktivitäten wir uns am lebendigsten fühlen, wann wir die Liebe zum Leben am stärksten spüren – und dann zu versuchen, so viel Zeit wie möglich auf diese Aktivität zu verwenden. Selbst wenn unser Leben äußerst schwierig erscheint, ist es wichtig, sich daran zu erinnern, dass etwas in unserem Inneren uns am Leben erhält, das uns emporhebt, uns Kraft gibt und uns manchmal vom Abgrund der Verzweiflung zurückreißt – die Lebensenergie. Echte Spiritualität kann ohne Liebe zum Leben nicht existieren. Wenn wir unglücklich sind oder uns ausgebrannt und leer fühlen, muss die dringlichste Frage lauten: »Was ist zu tun?« Man kann sich auch fragen: »Was fehlt in meinem Leben – und was kann ich dagegen tun?« Die einzige wirkliche Sünde besteht darin, passiv zu leiden. Wir dürfen niemals vergessen, dass wir die Fähigkeit und die Möglichkeit haben zu handeln. Also müssen wir stets versuchen, Antworten auf folgende Fragen zu finden: »Welche Wege stehen mir offen? Was kann ich tun, um meine Lebensqualität zu verbessern?«

Wenn wir die beiden wesentlichen Fragen – »Was ist gut in meinem Leben?« und »Was ist zu tun?« – im Sinn behalten und uns darum bemühen, diese Fragen angemessen zu beantworten, können wir mit ziemlicher Sicherheit davon ausgehen, dass wir glücklicher sein und viel mehr vom Leben bekommen werden, als wir uns ursprünglich wünschten.

Einige Autoren, so auch Erich Fromm, machen einen Unterschied zwischen einem so genannten »seins-orientierten« und einem »aktions-orientierten« Leben. Sie gehen davon aus, dass Sein und Handlung in gewisser Weise im Widerspruch zueinander stehen. Aber das ist natürlich nicht der Fall. Handlung und Sein, Aktivität und Ruhe sind voneinander abhängig. Ohne Aktivität würden wir aufhören zu existieren, und ohne Ruhe wären wir weder in der Lage, unsere Existenz zu genießen, noch hätten wir eine Grundlage für unser Handeln. Wir brauchen die Stille, wir brauchen die reine Erfahrung des Seins, um uns selbst ganz wahrnehmen und erkennen zu können. Aus dieser Stille kann die Motivation zum Handeln hervorgehen, aber auch die Achtsamkeit, die nötig ist, damit wir weise handeln und unsere Perspektive nicht verlieren. Wenn Sein und Handlung im Einklang sind, wenn Ruhe und Aktivität Freundschaft geschlossen haben, gelangen wir in einen integrierten Seelenzustand, erleben seelische Erfüllung. Dann befinden wir uns in der besten Ausgangsposition, um das Leben wahrhaftig zu genießen und wertzuschätzen und uns nicht von Schwierigkeiten überwältigen zu lassen.

Ein weiterer wichtiger Aspekt, um die Seele zu nähren, ist die Fähigkeit, sich auf den gegenwärtigen Moment zu konzentrieren, das heißt, in der Gegenwart zu leben. Vor langer Zeit, in den sechziger Jahren, schrieb ich ein Buch mit dem Titel »The Psychology of Self-Esteem«, in dem es um die Bedeutung von Selbstachtung und Selbstwertgefühl geht. Ich war damals ein junger Mann, Anfang dreißig, und eines Tages saß ich ungeduldig an meiner Schreibmaschine, weil ich dieses Buch zu Ende bringen wollte. Ich war überzeugt davon, dass das Leben erst richtig anfangen würde, wenn dieses Buch fertig war. Und doch wusste ich intuitiv, dass diese Vorstellung irgendwie falsch war. Also fragte ich mich, was ich tun würde, wenn ich das Buch zu Ende geschrieben hätte, und antwortete mir spontan: »Das nächste Buch planen.« Und wenn dieses nächste fertig wäre? »Ein weiteres Buch schreiben.« Ich erkannte, dass das Schreiben in meinem Leben das Wichtigste war: Das war und ist meine Leidenschaft. So wurde mir mitten in der Arbeit an meinem ersten Buch schließlich bewusst: »Das ist es. Das ist mein Leben. Wenn ich es jetzt nicht genießen kann – und zwar Tag für Tag –, gibt es keinen Grund zu der Annahme, dass ich es in Zukunft, nach dem siebten, achten oder neunten Buch, mehr genießen werde.« Diese Erkenntnis wurde für mich zum Wendepunkt. Aber der Drang, die Aufmerksamkeit auf die Zukunft zu richten, kann ziemlich stark sein. Es ist ganz natürlich, nach vorne zu schauen. Und doch erkannte ich, dass der Schlüssel zum Glück darin lag, den *Prozess* zu genießen und nicht nur erwartungsvoll auf das Endergebnis zu blicken – denn ich würde ja den größeren Teil meines Lebens im Prozess zubringen und nicht im Stadium der Betrachtung des fertigen Produktes. Heute bin ich dankbar für jeden Tag, an dem ich aufstehen, mich an meinen Computer setzen und schreiben kann, wohlwissend, dass darin der Sinn meines Lebens liegt. Ich glaube, eine der besten Möglichkeiten, sich selbst zu nähren, besteht darin, seinen Lebensunterhalt mit einer Tätigkeit zu verdienen, die man wirklich genießen kann. Doch selbst wenn Sie das Gefühl haben, dass Ihre Arbeit nicht Ihren Idealvorstellungen entspricht, ist es wichtig, Wege zu finden, so viel Freude wie möglich daraus zu beziehen. Wenn wir im gegenwärtigen Moment leben, können beispielsweise ganz gewöhnliche Tätigkeiten viel interessanter werden und uns Spaß machen. Sie werden vielleicht überrascht sein, was Sie alles entdecken können, wenn Sie nur hinschauen. Wenn Sie versuchen, innerlich in Kontakt zu bleiben mit dem, was Sie tun und warum Sie es tun, werden selbst jene Bereiche Ihres Lebens, die nicht so besonders interessant sind, für Sie bedeutungsvoller werden.

Manchmal muss ich zu einer Veranstaltung gehen, die mich nicht besonders interessiert. Ich habe gelernt, mir vorher zu sagen: »Mache diese Veranstaltung für dich zu einer so schönen Erfahrung wie möglich.« Es ist erstaunlich, wie einfallsreich man wird, wenn man sich das erst einmal bewusst zum Ziel gemacht hat. Das Leben wird unglaublich interessant.

Wenn ich davon spreche, wie wichtig es ist, in der Gegenwart zu leben, will ich damit nicht leugnen, dass es durchaus sinnvoll ist, sich Gedanken über die Zukunft zu machen. Wir wollen unsere Ziele im Sinn behalten, die Dinge, auf die wir uns zubewegen, wollen Fortschritte sehen, und den roten Faden, der unsere Aktivitäten verbindet, nicht verlieren. Wir sollten in der Lage sein, für die Zukunft zu planen, ohne die Gegenwart zu opfern, und die Gegenwart zu genießen, ohne die Zukunft zu ignorieren.

Zweifellos haben wir nicht jeden Aspekt unseres Lebens unter Kontrolle. Wir sind nicht allmächtig. Aber wir sind in hohem Maß dafür verantwortlich, welchen Verlauf unser Leben nimmt. Wir haben viele Möglichkeiten, auf Ereignisse zu reagieren. Wir sind keine passiven Zuschauer im Drama unseres Lebens, sondern aktive Teilnehmer. Wir müssen Verantwortung für die Lebensform übernehmen, die wir uns selbst erschaffen.

Wie nähren wir die Seele? Indem wir unser eigenes Leben achten. Indem wir es als äußerst wichtig betrachten. Indem wir uns bemühen, das Beste von uns hervorzubringen. Indem wir lernen, alles zu lieben – nicht nur die Freuden und Siege, sondern auch die Schmerzen und Kämpfe.

Liebe ist die Antwort

von Gerald Jampolsky

> »Wir nähren unsere Seele, indem wir lernen, die Stille des Augenblicks zu schätzen; indem wir erkennen, dass der gegenwärtige Moment der einzige ist, den es gibt.«

Wir leben in einer illusionären Welt, in der Ängste und negative Gedanken manchmal so viel Dunkelheit erzeugen können, dass wir nicht mehr in der Lage sind, unsere Seele zu erkennen. Unsere Seele hungert danach, in ihrer Existenz anerkannt zu werden. Wir nähren unsere Seele, indem wir anderen unsere Liebe bedingungslos schenken. Um die Seele nähren zu können, müssen wir lernen, uns von den Verteidigungsmechanismen des Egos zu befreien, die uns von der Seele trennen – wir müssen lernen, Schuldgefühle, Beschuldigungen, Ängste und Negativität loszulassen. Um meine Seele zu nähren, ist es für mich ganz wichtig, meinen Geist zu disziplinieren, so dass der Frieden Gottes zu meinem einzigen Ziel wird. Zu Hause tun wir das, indem wir unser Leben sehr einfach gestalten und ein Gleichgewicht zwischen den verschiedenen Lebensbereichen herstellen. Meine Frau Diane und ich beginnen den Tag morgens um 4.30 Uhr mit einem Ritual. Während wir noch im Bett liegen, visualisieren wir Licht von oben und innen und erinnern uns daran, dass wir das Licht der Welt sind. Die ganze Welt wird von Licht durchstrahlt. Dann sprechen wir ein Gebet, um uns daran zu erinnern, wer und was wir sind und was unser Daseinszweck ist: »Ich bin nicht der Körper; ich bin frei, denn ich bin noch immer so, wie Gott mich erschaffen hat.« Danach sprechen wir einen Segen, um alle Menschen mit diesem Licht einzuhüllen. Später machen wir einen Spaziergang in der wunderbaren Natur, von der unser Zuhause umgeben ist. Es ist ein heiliger Ort, der sich auf etwa vierzig Morgen erstreckt, mit einem herrlichen See und von Tieren aller Art bevölkert.

Dieser stille Spaziergang ist eigentlich eine Meditation, die uns hilft, mit der Natur in Kontakt zu kommen. Sie erinnert uns an unsere innere Verbindung: daran, dass wir das Gras, das Wild, die Bäume sind; wir sind nicht getrennt.

Nach unserer Rückkehr setzen wir uns etwa fünf Minuten lang auf eine Bank, die fünf Minuten Fußweg von unserer Haustür entfernt ist. Wir betrachten die Bäume und meditieren noch einmal zwanzig Minuten. Danach duschen wir, nehmen ein leichtes Frühstück zu uns und beginnen mit unserem Tagwerk.

Das Gärtnern ist für mich eine kreative Möglichkeit, meine Seele zu nähren. Vor etwa zwei Jahren nahm ich an einem Meditationscamp in Australien teil, und als ich nach Hause zurückkehrte, verspürte ich den starken Wunsch, Gärtner zu werden. Neun Monate lang arbeitete ich mindestens neun Stunden pro Tag im Garten.

Wir nähren die Seele, wenn wir überall dort, wo wir uns aufhalten, Samen der Liebe pflanzen. Wenn wir unsere negativen Gedanken loslassen und uns selbst und anderen vergeben, ist es, als würden wir im Garten Unkraut jäten und die Liebe aufblühen lassen.

Im vergangenen Jahr habe ich meine Seele auch mit etwas genährt, das ich stets für unmöglich hielt. Ich hatte von anderen immer gehört und auch geglaubt, dass ich keinerlei künstlerische Fähigkeiten besäße. Als ich mir dann erlaubte, mit Ton zu arbeiten, entdeckte ich, wie kreativ das war und wie viel Freude es mir machte. Es ermöglichte mir den Zugang zu einem weiteren Teil meiner selbst, den ich nun lieben kann.

Ein anderes Beispiel dafür, wie man sich für die Liebe und das Glück öffnen kann, wurde uns in Guadalajara vor Augen geführt. Eine Frau namens Pilar nahm die weite Reise von Buenos Aires auf sich, um uns zu sehen. Sie war ohne Arme geboren worden. Jahrelang beherrschten Wut und Verbitterung ihr Leben, denn sie hatte das Gefühl, von ihren Eltern abgelehnt worden zu sein. Nachdem sie einige unserer Bücher über Heilung durch geistigen Wandel gelesen hatte, machte sie eine erstaunliche spirituelle Transformation durch. Sie wurde Künstlerin, indem sie lernte, mit ihren Zehen zu malen. Als sie erfuhr, dass wir ihr Heimatland besuchen würden, nahm sie die Anstrengung der weiten Reise auf sich, um mit uns zusammen zu sein. Sie war das beste Beispiel dafür, dass diese spirituellen Prinzipien funktionieren. Für uns war sie ein Wunder, ein wunderbares helles Licht, das uns daran erinnerte, dass unser Empfinden von Glück nichts mit unserem Körper zu tun hat.

Wenn wir anderen Menschen helfen, nähren wir ebenfalls unsere Seele. Depressionen oder das Gefühl des Unglücklichseins weisen uns darauf hin, dass wir die falschen Ziele verfolgen. Wir haben dann vergessen, dass innerer Frieden unser einziges Ziel ist. Wenn wir uns darauf konzentrieren, einem anderen Menschen zu helfen, stellen wir wieder die Verbindung zu unserer Seele und zu Gott her. Wir fangen an, den inneren Frieden wieder zu spüren. Wir sind von einer Aura der Freude umgeben, und die ganze Frustration, die innere Unruhe und unser Selbsthass verschwinden.

Innerer Frieden hat natürlich überhaupt nichts mit der äußeren Welt zu tun, sondern allein mit unserer Verbindung zu Gott. Liebe ist die einzige Antwort. Wir sind einzig und allein hier, um Liebe zu lehren. Wenn wir das tun, fangen unsere Seelen zu singen und zu tanzen an. Und wenn wir uns daran erinnern, dass wir geistige Wesen sind, dass das Leben und die Liebe die ewige Flamme sind, wird unsere Seele genährt.

In unseren Seminaren über geistiges Heilen fragen wir die Teilnehmer oft: »Angenommen, heute wäre euer letzter Tag auf dieser Erde – wie würdet ihr gerne beschrieben werden?« In neunundneunzig Prozent der Fälle lautet die Antwort: »Ich tat mein Bestes, andere Menschen zu lieben und etwas zu verändern, indem ich fürsorglich und mitfühlend war.« Doch wenn wir uns unseren Alltag und unsere Art zu lieben betrachten, werden die meisten von uns feststellen, dass das keineswegs der Fall ist. Wir glauben irrtümlicherweise, dass es uns glücklich machen würde, Geld anzuhäufen oder ein teures Auto zu fahren. Anstatt in der Gegenwart zu leben, denken wir mehr über den *nächsten* Moment nach. Unsere Seele nähren heißt, unseren Daseinszweck zu erkennen: zu lieben und zu vergeben. Das klingt vielleicht einfach, aber es ist nicht leicht. Ein verwirrter Verstand hat große Schwierigkeiten, Einfachheit zu verstehen. Das Ego will immer alles sehr kompliziert machen. Es will den Intellekt zum Gott erheben. Wir nähren unsere Seele, indem wir lernen, die Stille des Augenblicks zu schätzen; indem wir erkennen, dass der gegenwärtige Moment der einzige ist, den es gibt. Die Essenz unseres Wesens ist *Liebe,* und *Vergebung* ist der Schlüssel zu unserem Glück.

Seelenarbeit

von Jon Kabat-Zinn

»Wenn wir unsere Erfahrungen aus einer bestimmten Perspektive betrachten, weisen sie uns ununterbrochen auf Türen zum Raum der Seele hin – und die finden wir nur im gegenwärtigen Moment.«

Im Lauf meiner persönlichen Entwicklung begann ich irgendwann, etwas über den Unterschied zwischen Seele und Geist und die Bedeutung von beidem zu verstehen. Dabei halfen mir die Lehren von Menschen wie Robert Bly und James Hillman. Sie unterscheiden nach Jung'schem Vorbild zwischen *Seelenarbeit,* bei der man sich in die Tiefen der Psyche, also *hinab,* bewegen muss – und die die Bereitschaft voraussetzt, sich mit den dunklen und nicht unbedingt erfreulichen oder erhebenden Bereichen auseinander zu setzen – und der *geistigen* Bewegung, bei der es um den Aufstieg ins Licht geht.

Wenn wir von seelischem Empfinden sprechen, meinen wir Tiefe und Erkenntnis, und oft hat dieses seelische Empfinden nicht nur mit Schönheit und Licht zu tun. Seele kann eine Menge Hitze und Schmerz bedeuten. Ich glaube, man könnte, um es auf den Punkt zu bringen, fragen: »Nun, was ist denn nicht seelenvoll?« Für mich hat Seele eigentlich etwas mit einem Gefühl zu tun, bei dem das Herz von Empfindungen berührt wird. Außerdem hat sie etwas mit der gesamten Lebensreise als Geschichte, als

Mythos, als Ausdruck einer tiefen inneren Bedeutung zu tun.

Ich versuche, das Wort »spirituell« gänzlich zu vermeiden. Einerseits, weil ich mich bei meiner Arbeit als Arzt einer Sprache bedienen muss, die nicht religiös oder mystisch klingt, andererseits, weil dieses Wort in der New-Age-Szene oft klischeehaft gebraucht wird – es ist etwas, worüber man spricht oder was man zu sein vorgibt, doch das tatsächliche Streben nach Integrität jenseits von Form und äußeren Erscheinungen lässt zu wünschen übrig.

Anstatt also das Wort »spirituell« zu benutzen, spreche ich lieber davon, was es bedeutet, wahrhaft menschlich zu sein. Ist es in diesem Sinne spirituell, ein Vater oder eine Mutter zu sein? Das hängt davon ab, wie man damit umgeht. Ist es spirituell, Wissenschaftler zu sein? Einstein sprach von einem »kosmischen, religiösen Gefühl«, als er ein Geheimnis der Natur enthüllte und schließlich die Schönheit, Ordnung und Allverbundenheit sah. Es raubt einem den Atem! Hat das nun mit Geist oder mit Seele zu tun? Ich würde sagen mit beidem. Doch diese Erkenntnis taucht nicht so einfach auf – man muss lange in der Dunkelheit herumtappen und fühlt sich dabei meistens völlig verloren.

Die Frage lautet also: »Was nährt die Seele?« Wir können diese Frage natürlich auch umkehren und uns fragen, ob und auf welche Weise die Seele uns nährt. »Seele« oder »Herz« oder eine tiefe Verbundenheit ist immer präsent, aber wir sind nicht immer damit in Kontakt. Die Seele nähren heißt, vom Lebensfluss zu trinken, wieder zu seinem wahren Selbst zurückzukehren und das eigene Leben in seiner Gesamtheit anzunehmen – das Gute wie das Schlechte oder das Hässliche, das Schmerzhafte wie das

Begeisternde, das Interessante wie das Langweilige. In der Abteilung für Stressbekämpfung des Medizinischen Zentrums der Universität von Massachusetts zeigen wir den Patienten formale und informelle Methoden, um einen Bewusstseinszustand zu erlangen, in dem sie weniger reagieren, weniger urteilen und die Dinge von Augenblick zu Augenblick wahrnehmen – einen Zustand, den die Buddhisten *Achtsamkeit* nennen. Dieses Behandlungsprogramm der Klinik zielt ausschließlich darauf ab, ganz normale, bürgerliche Amerikaner, die von ihren Ärzten auf Grund der unterschiedlichsten stress- und schmerzbedingten körperlichen Leiden überwiesen wurden, in Achtsamkeit zu trainieren. Achtsamkeit ist allumfassend, denn es geht dabei grundsätzlich darum, wach zu sein, den Dingen in seinem Leben Aufmerksamkeit zu schenken – und zwar allen. Achtsamkeit wird oft als das Herz der buddhistischen Meditationspraxis bezeichnet. Wir lehren sie ohne das buddhistische Vokabular und die kulturellen/religiösen Attribute. Im Rahmen unseres Programms ist Achtsamkeit einfach ein universelles Vehikel, mit dem man sich zu dieser tiefen inneren Verbundenheit hinbewegen kann – zu den inneren Quellen für Wachstum, Heilung und Selbstliebe. Wir nutzen die Meditation, um unser ganzes Wesen zu nähren, sowohl den menschlichen als auch den göttlichen Aspekt.

Achtsamkeit ist eine der Türen, durch die wir zuverlässig in den Raum der Seele gelangen können. Es gibt auch noch andere. Für manche Menschen ist es Musik oder Poesie. Andere gelangen durch Tanzen oder sportliche Aktivitäten dorthin. Die Elternschaft ist mit Sicherheit ein riesiges Tor zum Raum der Seele. Aber eigentlich kann jede Erfahrung dazu dienen, uns mit der Seelenebene zu verbinden. Wenn wir unsere Erfahrungen aus einer bestimmten Perspektive betrachten, weisen sie uns ununterbrochen auf Türen zum Raum der Seele hin – und diese finden wir immer nur im gegenwärtigen Moment. Doch allzu oft funktionieren wir nur im »Automatikbetrieb«. Wir sind nicht wirklich in Kontakt mit dem unterirdischen Brunnen, der inneren Quelle, dem Wasser des Lebens, von dem Mythen und Märchen erzählen. Ein Berg oder ein Fluss ist immer da und wartet darauf, gesehen zu werden. Aber wenn Sie Ihre Erfahrung nicht bewusst wahrnehmen, sind deren Kräfte Ihnen nicht zugänglich. Wie leicht verstricken wir uns in emotionale Kämpfe, die das Herz verdunkeln und uns und andere verletzen, ohne wirklich zu wissen, was wir tun, ohne die Dinge zu sehen, wie sie sind. Ein Teil unserer Seelenarbeit besteht darin, den Schmerz und die Trauer, die *wir alle* in uns tragen, anzuerkennen und nicht zu glauben, sie seien der Eingang zu irgendeinem anderen Ort. Sie sind die Tür zu *diesem* Ort, *diesem gegenwärtigen Augenblick*. Leiden ist ein Teil der menschlichen Existenz. Wir müssen es genauso annehmen, wie wir Freude und Vergnügen annehmen sollten: achtsam, als reife Erwachsene.

Einer der wichtigsten Gründe dafür, dass wir unsere Patienten intensiv in der Achtsamkeits-Meditation unterrichten, ist die Tatsache, dass die meisten Menschen überhaupt nicht wissen, dass sie in *diesem* gegenwärtigen Augenblick gar nicht präsent sind und dass Lernen, Wachstum, Heilung und neue Möglichkeiten immer nur *diesem* Moment entspringen. Sie sind sich auch nicht bewusst, dass sie ununterbrochen denken und dass ihr Verhalten ihnen praktisch von ihren eigenen Gedankeninhalten diktiert wird. Sie halten diese Inhalte fälschlicherweise für die Wahrheit. Wir glauben unseren Gedanken, ohne sie zu hinterfragen, und reagieren emotional auf sie, obwohl sie oft absolut falsch sind.

Betrachten wir uns beispielsweise einen Gedanken, der nicht unbedingt den Tatsachen entspricht, wie: »Ich habe den Gipfel überschritten. Von hier aus geht es nur noch bergab.« Viele Menschen glauben das, wenn sie an einem bestimmten Punkt in ihrem Leben angekommen sind. Sie haben das Gefühl, nicht das erreicht zu haben, was sie eigentlich hätten erreichen »müssen«. Sie schauen in den Spiegel, und plötzlich wird ihnen klar: »Mein Gott, ich werde diese Dinge nicht mehr erreichen«. Und dann taucht der Gedanke auf »Für mich ist alles vorbei« oder »Ich habe mein Leben vergeudet«. In solchen Augenblicken erkennen sie vielleicht nicht, dass das einfach nur ein Gedanke ist. Sie glauben es instinktiv. Ein solcher Zusammenbruch kann in eine Depression führen, Gefühle der Hoffnungslosigkeit oder Hilflosigkeit können sie überwältigen.

Wenn wir uns klarmachen, dass sich unsere Gedanken vielleicht tausendfach pro Minute formen, wird uns klar, dass sie einen machtvollen Einfluss auf unser Leben haben – auf unsere Überzeugungen, auf unsere Beziehungen, unsere Gefühle, unsere Entscheidungen und alles andere. Wir haben normalerweise nicht die geringste Ahnung, dass unser Leben von unrichtigem, reaktivem Denken gesteuert wird. Und in der Zwischenzeit verpassen wir die Fülle des gegenwärtigen Augenblicks, des Zeitraums, in dem die Seele existiert. Wir müssen nirgendwo hingehen, um ihr zu begegnen, sondern uns fragen: »Können wir diesen Moment voll erleben?« Das ist die Herausforderung. Wenn Sie eine Gruppe von Menschen, die noch nie zuvor meditiert haben, dazu auffordern, fünf Minuten lang zu beobachten, wie ihr Atem in ihren Körper ein- und wieder ausströmt, entdecken diese Leute oft ganz überrascht, dass ihr Verstand einem blubbernden Kessel ähnelt und dass es überhaupt nicht so einfach ist, auf den Atem konzentriert zu bleiben. Der Verstand führt ein Eigenleben. Er trägt Sie davon. Im Lauf Ihres Lebens geraten Sie vielleicht in die Situation, dass Sie nie wirklich dort sind, wo Sie sich tatsächlich befinden. Sie sind immer irgendwo anders, verloren, in Ihrem Kopf, und befinden sich deshalb in einem dysfunktionalen Zustand. Wieso dysfunktional? Weil dieser gegenwärtige Moment die einzige Zeit ist, in der Sie irgendetwas lernen, irgendetwas sehen oder fühlen können, irgendein Gefühl ausdrücken oder auf ein Ereignis reagieren können, in der Sie wachsen oder heilen können. Denn dieser Moment ist der einzige Moment, den jeder von uns je erhält. Sie sind nur *jetzt* hier; Sie sind nur in diesem Augenblick lebendig. Wenn ein Mensch diese Entdeckung macht, ist das eine Erfahrung, die ihn aufweckt, er erwacht in eine Realität, die er vorher nicht kannte. Die meiste Zeit über funktionieren wir in einer Art »Automatikbetrieb«, bei dem wir eher schlafen als wach sind. Wenn Sie dies erkannt haben, fangen Sie an, auf andere Weise zu sehen und dann auf andere Weise zu handeln.

Die Vergangenheit ist vorbei, und ich weiß nicht, was die Zukunft bringt. Ganz offensichtlich gibt es – wenn ich will, dass mein Leben ganz und rund ist – nur eine Möglichkeit für mich, die Zukunft zu beeinflussen: indem ich die Gegenwart in Besitz nehme. Wenn ich *diesen Moment* wach und integer leben kann und dann *diesen Moment* und dann *diesen Moment,* dann wird die Summe dieser Augenblicke, die sich zu dem ausdehnen, was wir ein Leben nennen, im Lauf der Zeit eine völlig andere Qualität

bekommen als ein Leben, das die meiste Zeit im Automatikbetrieb stattfindet, in dem wir nur mechanisch reagieren
und deshalb immer ein wenig abgestumpft sind. Der
»Autopilot« schaltet sich in praktisch jedem Lebensbereich
ein. Bei der Arbeit, zu Hause, in der Familie, im Auto oder
wenn Sie allein sind. Meistens sind wir – wenn wir nicht
wirklich Acht geben – irgendwo anders. Ihr Kind sagt vielleicht zu Ihnen: »Papa, ich möchte dies«, und Sie antworten: »Warte eine Minute, ich bin gerade beschäftigt.« Nun,
das ist keine große Sache – jeder von uns ist häufig beschäftigt, und die Kinder fordern oft unsere Aufmerksamkeit. Doch während Ihr Kind aufwuchs, gab es vielleicht
ungeheuer viele solcher Momente, in denen Sie eigentlich
hätten *da sein* können, aber weil Sie *dachten,* Sie seien
beschäftigt, erkannten Sie nicht die Gelegenheiten, die
diese Momente Ihnen boten. Und dann kommt Ihr Kind
dreißig Jahre später zu Ihnen und sagt: »Du warst nie für
mich da.« »Wovon redest du? Ich war zu Hause – ich war
sehr viel zu Hause.« »Ja, du warst zu Hause, aber du warst
nicht *da.*« Viele Menschen tragen eine Menge Schmerz mit
sich herum, weil sie die kleinen Dinge verpasst haben.

Es ist wichtig, Achtsamkeit zu üben, weil wir meistens
genau das Gegenteil tun. Jedes Mal wenn wir frustriert,
traurig oder wütend reagieren und uns dieser Reaktion
nicht bewusst sind, beginnt sie, ein Eigenleben zu führen –
sie »lebt uns«, anstatt dass wir leben und tun, was zu tun
ist. Wenn wir ständig zulassen, dass achtlose, unbewusste
Reaktionen uns beherrschen und einhüllen, lernen wir nur
immer besser, die Fäuste zu ballen und mit den Zähnen zu
knirschen, uns zusammenzuziehen, zurückzuziehen und
emotional zu schrumpfen. Wenn wir nicht in jedem
Augenblick ganz wach sind, werden wir immer besser da-

rin, wie ein Automat zu reagieren oder nichts zu fühlen. Doch wenn wir älter werden, spüren wir die Konsequenzen eines ganzen in Unachtsamkeit zugebrachten Lebens, in dem wir das Allerwichtigste vernachlässigten. Die Begeisterung der Jugend, die Arbeit, die Egobefriedigung, das Streben nach Erfolg und Macht fallen weg. Was bleibt, ist die Essenz der grundlegenden Verhaltensweisen, die Sie praktizierten. Wenn Sie fünfzig Jahre lang Feindseligkeit praktizierten, wenn Sie Rücksichtslosigkeit gegenüber anderen praktizierten, wenn Sie einen kolossalen Egotrip lebten, bleibt das nicht einfach immer gleich – das wäre schon schlimm genug. Nein, es beherrscht Sie mehr und mehr. Und zum Schluss sind Sie darin gefangen. Sie werden immer mehr zum Gefangenen dieser Verhaltensweisen. Praktizieren Sie dagegen Achtsamkeit, spielt es keine Rolle, ob Sie wütend oder deprimiert oder gereizt sind oder sich zusammenziehen. Der Strudel oder Wirbel im Geist oder im Herzen wird zum Objekt Ihrer Aufmerksamkeit, *weil* er Ihrer Aufmerksamkeit ebenso wert ist wie irgendetwas anderes. Sie zensieren Ihr Leben nicht; Sie sagen nicht: »Dies ist gut, und das ist schlecht; dies ist seelenvoll, und das ist spirituell; ich will dieses und jenes nicht.« Sie sagen: »Das alles gehört zu meinem Leben, ich muss nur bereit sein, bewusst damit umzugehen.« Hinter jeder Depression, jeder Angst steckt eine enorme Energie, die uns auf höhere Ebenen der Erkenntnis, der Bewusstheit, des Mitgefühls und schließlich der Weisheit katapultieren kann – der Weisheit, uns nicht im »Ich«-Denken, im »Mir«- und »Mein«-Denken zu verstricken.

Das klingt vielleicht wie eine interessante Theorie, aber ich spreche hier nicht über eine Theorie. Ich spreche von einer Art *zu sein*. Einer *bewussten* Art und Weise des Seins. Man geht achtsam mit seinem Leben um, während es sich von Augenblick zu Augenblick entfaltet. Thoreau bezeichnete das als die höchste Form der Praxis: »Die Qualität des Tages zu beeinflussen ist die höchste aller Künste.« Natürlich könnte man denken (was gewöhnlich auch der Fall ist): »Nun, Tage laufen einfach ab, Kinder wachsen einfach auf, Arbeit wird einfach erledigt, Beziehungen entwickeln sich einfach, das Altern geschieht einfach.« Aber nichts »geschieht einfach«. Wir erleben nur dann, dass die Dinge »einfach geschehen«, wenn wir ihnen keine Aufmerksamkeit schenken. Dann sind wir keine aktiven Teilnehmer, sondern lediglich passive Zuschauer oder – noch schlimmer – Opfer. Wenn wir uns dafür entscheiden, Teilnehmer zu sein, heißt das nicht, dass wir plötzlich auf magische Weise alles unter Kontrolle haben. Erdbeben geschehen, Überschwemmungen geschehen. Im Geist brauen sich Stürme zusammen. Aber all das ist in Ordnung, wenn wir es in Achtsamkeit annehmen können. Meditation ist nicht die Antwort auf alle Probleme des Lebens, und auch der Glaube an die Seele ist es nicht. Es gibt keine »Antwort« auf die Probleme des Lebens.

Im Zen gibt es den Ausdruck »nichts Besonderes«. Wenn Sie verstehen, was »nichts Besonderes« bedeutet, erkennen Sie, dass alles besonders ist. Alles ist besonders, und nichts ist besonders. Alles ist spirituell, und nichts ist spirituell. Es kommt darauf an, wie Sie es sehen, durch welche Augen Sie schauen. Schauen Sie mit den Augen der Ganzheit oder mit der Augen der Getrenntheit? Schauen Sie mit den Augen des Mitgefühls und der Selbstliebe, oder schauen Sie mit den Augen der Gier und des Hasses? Sind die Schleier der Unbewusstheit so dicht, dass Ihr Blick die ganze Zeit getrübt ist und Sie nur undeutliche Schatten auf der Wand von Platos Höhle sehen - und Ihr ganzes Leben nur in einem Traum leben?

Das Leben ist ein Abenteuer. Ich behaupte nicht, dass irgendjemand von uns irgendwo angekommen ist. Das ist offensichtlich nicht der Fall. Die Frage ist nur, sind wir bereit, immer weiter mit dem Leben zu tanzen? Für mich ist es das, was nährt. Alles andere ist - wie Kabir, der im 15. Jahrhundert lebende Sufi-Meister, es ausdrückte - »eine Wohnung in der Stadt des Todes«. Der im 13. Jahrhundert lebende Philosoph Jalal ud-din Rumi sagte es mit folgenden Worten: »Es gibt Hunderte von Möglichkeiten, niederzuknien und die Erde zu küssen.«

5. Teil

Lektionen der Seele

———————•◆•———————

»Was hülfe es dem Menschen, wenn er die ganze Welt gewönne und nähme an seiner Seele Schaden? Oder was kann der Mensch geben, damit er seine Seele löse?«

Markus, 8,36–37

Werden Sie zum Wachträumer

von Wayne Dyer

> »Die Seele nähren heißt, aktiv am Schöpfungsprozess teilzunehmen – ein Mitschöpfer des eigenen Lebens und der Welt zu werden, so wie Sie sie sich vorstellen.«

Das stärkste Glücksgefühl, die größte Zufriedenheit sind eigentlich relativ leicht zu erreichen. Und doch leben die meisten von uns im Leid, weil sie sich von sich selbst, von anderen Menschen oder vom Leben selbst abgeschnitten fühlen. C. G. Jung sagte einst: »Ein Drittel meiner Patienten leiden nicht an einer klinisch definierbaren Neurose, sondern an der Sinnlosigkeit und Leere ihres Lebens.«

Jung schreibt über die vier Stufen der menschlichen Entwicklung. Auf der untersten Stufe, die er den »Athleten« nennt, ist der Mensch ganz mit seinem physischen Körper identifiziert. Auf der zweiten Stufe, derjenigen des »Abenteurers« oder »Kriegers« wird die physische Kraft in die Außenwelt projiziert. Von dieser Stufe aus schreitet der Mensch fort zur Stufe des »Staatsmannes« oder des »Weisen«; die physischen Heldentaten verlieren an Bedeutung, und die Energie wird hauptsächlich in Weisheit umgewandelt. Auf der vierten und höchsten Entwicklungsstufe, der Stufe des »Spiritualisten«, liegt die Betonung mehr auf dem Spirituellen als auf dem Körperlichen oder Mentalen. Die Seele nähren heißt, diesen »Spiritualisten« zu nähren, diesen höchsten Wesensanteil des Selbst. Indem wir das tun, erweitern wir unsere Perspektive. Wir stellen fest, dass Dinge, die uns bisher ungemein wichtig erschienen, unwichtiger werden. Wie beispielsweise die Beschäftigung mit unserem Körper: was er leisten kann, wie er aussieht, wie er im Vergleich mit anderen abschneidet, ob er gut riecht, ob er versichert ist, ob er eine Glatze bekommt, welche Farbe sein Haar hat und ob es ausfällt oder nicht, wie faltig die Haut ist. Wenn Sie aufhören, sich über diese Dinge Sorgen zu machen, können Sie anfangen, einen Teil von sich selbst zu entwickeln, den ich den »Zeugen« nenne. Als »Zeuge« beginnen Sie zu verstehen, dass Sie nicht sind, was Sie sahen; Sie sind nicht jene Dinge, die Sie in Bezug auf Ihren Körper beobachteten. *Sie sind der Beobachter.* Wenn Ihnen bewusst wird, dass Sie der Beobachter sind, fangen Sie an, die Mechanismen der Schöpfung zu verstehen – Sie begreifen, dass das, was Sie in Ihrem Leben oder auf diesem Planeten erschaffen wollen, nicht von Ihrem Körper abhängt. Ihre Fähigkeit, etwas zu erschaffen, hängt davon ab, worauf Sie Ihre Aufmerksamkeit richten – und wovon Sie Ihre Aufmerksamkeit abziehen. Als »Zeuge« können Sie anfangen, an der »Quantenmechanik« der Schöpfung teilzuhaben. Sie werden zum Schöpfer, weil alles, was Sie beobachten, durch die Tatsache, dass Sie es beobachten, beeinflusst wird. Der Akt des Beobachtens wird zum kreativen Akt.

Sie beobachten mit Ihrer Seele, nicht mit den Augen, denn die Seele ist der göttliche Teil von Ihnen, der alles beobachtet. Indem Sie anfangen, Ihrer Seele mehr Aufmerksamkeit und Energie zu geben, beginnen Sie, das »Göttliche« zu entdecken, das Ihnen und allem anderen innewohnt. Die Seele nähren heißt, aktiv am Schöpfungsprozess teilzunehmen – ein Mitschöpfer des eigenen Lebens und der Welt zu werden, so wie Sie sie sich vorstellen. Für Menschen, die sich noch auf der Stufe des »Athleten« oder »Kriegers« befinden oder sich ständig auf der mentalen Ebene aufhalten, ist das »Nähren der Seele« etwas, das andere Leute tun. Doch wenn Sie diese Stufen hinter sich lassen – oder, wie Jung es ausdrückt, »durch das Fortschreiten von einer zur nächsten Stufe heranreifen« –, erscheinen Ihnen plötzlich alle Dinge, die auf den unteren Stufen so wichtig für Sie waren, bedeutungslos. Sie beobachten sie einfach nur noch. Die Seele wird nun zum Wichtigsten. Sie können von einer Stufe zur nächsten fortschreiten, um schließlich zum reinen Zeugen zu werden, indem Sie lernen, Ihre Seele zu nähren. Dabei kommt natürlich das Ego ins Spiel, und der Umgang mit dem Ego kann sehr verwirrend sein. In meinem Buch »Your Sacred Self« versuche ich, Antworten auf Fragen zu geben wie »Woher weiß ich, ob mein Ego oder mein höheres Selbst am Werk ist?« oder »Entspricht meine Vorstellung davon, wer ich bin, wirklich der Realität?« und »Bin ich der Beobachter oder das, was beobachtet wird?«.

Es gibt Unterschiede zwischen dem Ego und dem höheren Selbst, die man beobachten kann. Sie können uns bei der Beantwortung solcher Fragen als Hinweise dienen. Für das Ego sind andere Fragen wichtig. Beispielsweise die Frage »Wie soll ich es machen?« oder »Welche Regeln gibt es?« oder »Welche Techniken können Sie mir anbieten?«. Das höhere Selbst würde eher sagen: »Sei einfach aufmerksam, entspanne dich und vertraue.« Einer meiner Lieblingssätze aus *Ein Kurs in Wundern* lautet: »Wenn du *wüsstest,* wer auf diesem Weg, den du wähltest, immer neben dir ging, hättest du nie wieder Angst.« Ihr höheres Selbst »weiß«, dass Sie nicht allein sind, dass Sie geführt werden, dass Sie sich hingeben können und dass alles gut gehen wird. Das höhere Selbst hilft Ihnen, sich selbst und andere mit Liebe anstatt voller Angst zu betrachten. Wenn Sie genau hinhören, werden Sie den Unterschied zwischen der Stimme Ihres Egos und der Ihres höheren Selbst wahrnehmen. Sie werden wissen, auf welche Weise Sie die Seele mit der Energie der Achtsamkeit nähren können.

Und mehr ist in Wirklichkeit gar nicht nötig, um die Seele zu nähren. Sie könnten natürlich tausend verschiedene Methoden der Meditation, des Gebets oder des Chantens erlernen. Sie könnten heilige Schriften lesen und mit weisen Menschen sprechen. Doch im Grunde müssen Sie nichts weiter tun, als Ihr Hauptaugenmerk auf den höheren Teil Ihres Selbst – den Beobachter – zu richten und in sich das »Wissen« zu nähren, dass Sie in Richtung des Göttlichen geführt werden. Durch diesen Prozess, den ich »Intention« oder »Absicht« nenne, erkennen Sie allmählich, dass Ihr gewöhnliches Leben außergewöhnlich wird.

Um Ihnen zu verdeutlichen, was ich mit »Intention« meine, möchte ich Sie bitten, einmal darüber nachzudenken, was geschieht, wenn Sie nachts träumen. Wenn Sie in einem Traum durch ein Zimmer gehen wollen, müssen Sie Ihrem Traum selbst nicht den Befehl geben, aufzustehen und sich in Bewegung zu setzen. Im Traum ist das nicht nötig, Sie manifestieren die gewünschte Handlung oder Sache einfach kraft Ihrer *Intention*. Sie können sich in Ihre Träume hineinholen, was Sie wollen, Sie können kraft Ihrer Intention alles geschehen lassen. Alles geschieht, wie Sie es wünschen, weil Sie keinerlei Zweifel daran hegen, dass alles exakt so geschehen wird, wie Sie es wollen. Doch nach dem Aufwachen nähren die meisten Leute den inneren Zweifler, indem sie sich sagen: »Im Wachzustand besitze ich diese Macht nicht.« Wer sagt, dass Sie nicht die

Macht haben, sich alles zu manifestieren, was Sie sich wünschen? Wer sagt, dass Sie Ihre »Intention« nicht kontrollieren können? Ich sage Ihnen jedenfalls, dass Sie zum »Wachträumer« werden können, dass Sie in Ihrem normalen Wachzustand alles tun können, wozu Sie im Traumzustand fähig sind. Der einzige Unterschied zwischen diesen beiden Bewusstseinszuständen besteht darin, dass Sie im Schlaf und im Traum Ihre Fähigkeiten nicht anzweifeln, wie Sie es im Wachzustand tun.

Einer der Gründe dafür, dass Sie im Traumzustand nicht zweifeln, ist die Tatsache, dass Sie während des Träumens Ihre Vergangenheit auslöschen können. Im Traumzustand haben Sie keine »Geschichte«. Und wenn Sie keine Vergangenheit haben, müssen Sie sich auch nicht anstrengen, um Ihre eigenen Erwartungen oder die anderer Menschen zu erfüllen. Sie lassen all das los und befreien sich. Wenn Sie sich von Ihrer Vergangenheit befreien, wenn Sie im gegenwärtigen Moment leben und sich auch von allen Zweifeln befreien, werden Sie erkennen, was Jung mit dem Begriff »Synchronizität« meinte. Sie fangen an, mit dem Schicksal zusammenzuarbeiten. Sie machen immer häufiger die Erfahrung, dass sich in Ihrem Leben genau das manifestiert, was Sie gerade in diesem Augenblick brauchen. Zuerst denken Sie vielleicht: »Nanu, wie geht das vor sich?« Aber nach einer Weile begreifen Sie, dass Sie durch diesen höheren Bewusstseinszustand die Ereignisse in Ihrem Leben tatsächlich steuern können. Sie müssen einfach nur zum »Wachträumer« werden.

Es gibt ein schönes Bild, das uns verdeutlicht, wie wichtig es ist, die Vergangenheit im richtigen Licht zu sehen. Stellen Sie sich vor, Sie befinden sich auf einem Schiff, das mit etwa vierzig Knoten in Richtung Norden fährt. Als Sie vom

Heck des Schiffes aus ins Wasser schauen, kommen Ihnen drei Fragen in den Sinn. Zuerst fragen Sie sich: »Was ist das Kielwasser?« Die Antwort lautet, dass das Kielwasser nichts anderes ist als die Spur, die das Schiff hinter sich lässt. Die zweite Frage lautet: »Was treibt das Schiff an?« Es ist die Energie, die durch die Maschine im gegenwärtigen Augenblick erzeugt wird. Schließlich stellen Sie sich die wichtigste Frage: »Kann das Kielwasser das Schiff antreiben?« Die Antwort lautet natürlich »nein«, denn das Kielwasser ist nur eine Spur, die zurückgelassen wird. Wie könnte sie das Schiff antreiben! Stellen Sie sich jetzt einmal vor, das Schiff wäre Ihr Leben und das Kielwasser alles, was in der Vergangenheit geschah: wie Ihr Körper sich entwickelte, wie Ihre Eltern waren, welche Position Sie innerhalb der Geschwisterfolge einnahmen, wie Ihre Mutter Sie behandelte, ob Ihr Vater Alkoholiker war und so weiter. Die meisten Menschen leben in der Illusion, dass Ihr Kielwasser ihr Lebensschiff »antreibt« – was absolut unmöglich ist. Um Ihre Seele nähren zu können, müssen Sie in der Lage sein, »aus dem Kielwasser herauszukommen«. Und wenn Sie aus dem Kielwasser herauskommen, verlieren Sie auch Ihre Zweifel, während Sie »den inneren Zeugen entwickeln«. Sie sind nicht länger das beobachtete Objekt, sondern der Beobachter.

Eine Möglichkeit, die Seele zu nähren und so den inneren Zeugen zu entwickeln, besteht darin, zu lernen, den inneren Dialog einzustellen und still zu werden. Sie brauchen Stille, um mit Ihrer Seele in Verbindung treten zu können. Der amerikanische Schriftsteller Herman Melville sagte einst: »Gottes einzige Stimme ist die Stille.« Aber selbst wenn es Ihnen gelingt, einen Großteil des äußeren Lärms auszuschalten und auf Ihre innere Stimme zu hören, kann es sein, dass Sie sich manchmal fragen, ob das, was Sie hören, wirklich die Stimme Ihres höheren Selbst oder die Ihres Egos ist. Wenn Sie nicht sicher sind, wer da zu Ihnen spricht, sollten Sie sich fragen, ob diese innere Stimme zu Ihrem inneren Frieden beiträgt. Vermittelt sie Ihnen ein Gefühl der Entspannung, ist es die Stimme Ihres höheren Selbst. Löst sie dagegen inneren Aufruhr aus, hören Sie die Stimme Ihres Egos. Wenn Ihr höheres Selbst spricht, müssen Sie auf es hören. Falls nicht, ignorieren Sie die Stimme! So tragen beispielsweise »Mehr-ist-besser«-Botschaften nicht zu Ihrem inneren Frieden bei. Das Gleiche gilt für Konkurrenzdenken, Konsumdenken oder die Vorstellung, andere besiegen zu müssen. Wenn Sie nach innen gehen und den inneren Dialog einstellen, werden Sie immer stiller. Dann können Sie die Stimme Ihres höheren Selbst hören und inneren Frieden finden. Die Tatsache, dass Sie meditieren, ist nicht so wichtig wie das, was Sie aus Ihrer Meditation in Ihren Alltag mitbringen. Es sollte die Gewissheit sein, dass Sie nicht allein sind. Das Ziel besteht darin, in jenen geistigen Raum zu gelangen, in dem Sie wissen, dass – wie Matthäus sagte – »mit Gott alles möglich ist«. Bedenken Sie, dass diese Feststellung *alles* einschließt! Sie befinden sich hier im Raum unendlicher Möglichkeiten. Doch in diesen Raum gelangen Sie nur, wenn Sie sich erlauben, ganz still zu werden, wenn Sie alle Störungen und das innere Geplapper ausschalten.

Dieser Prozess des Stillwerdens versetzt Sie in einen Zustand, der als *»Zustand des Fließens«* bezeichnet wird und in dem alle Ablenkungen ausgeschaltet sind. Ihr vorrangiges spirituelles Ziel sollte darin bestehen, sich auf die Ekstase des gegenwärtigen Augenblicks einzuschwingen. Der Unterschied zwischen der Erfahrung des *Zustandes*

des Fließens und unserem normalen Seins-Zustand entspricht dem Unterschied zwischen dem Zustand, in dem wir Gott *kennen,* und jenem, in dem wir etwas *über* Gott wissen. Etwas über Gott zu wissen nährt die Seele nicht, denn man hat einfach die anerkannten Lehren anderer übernommen. Alles, was von »da draußen« kommt, ist – ob Sie es merken oder nicht – mit Zweifeln verbunden, und zwar deshalb, weil es sich um den Standpunkt oder die Meinung von irgendjemand anders handelt. »Wissen über« ist gleichbedeutend mit Zweifel. Wenn Sie jedoch *wissen,* haben Zweifel keinen Platz. Gotteserkenntnis findet im Inneren statt. Doch wie können wir Gott oder unsere Seele erkennen? Indem wir alle Zweifel loslassen, den inneren Zeugen entwickeln, unsere Vergangenheit auslöschen, den inneren Dialog einstellen und das Ego auf seinen Platz verweisen.

Das Ego ist nicht real, es existiert nicht. Es ist nicht das Selbst, sondern lediglich die Vorstellung, die wir vom Selbst als getrenntes, besonderes und wichtiges Wesen haben, das konsumieren muss, sich verletzt fühlt und so weiter. Das Ego ist nichts als eine *Vorstellung,* die wir mit uns herumtragen Es ist, wenn wir darüber nachdenken, eigentlich etwas Verrücktes. Schließlich bezeichnet man einen Menschen als verrückt, der glaubt, dass er jemand sei, der er gar nicht ist, und das Ego hat Sie davon überzeugt, dass Sie jemand sind, der Sie in Wirklichkeit nicht sind. Es macht Sie glauben, dass Sie Ihr Körper sind, dass Sie all das sind, was Sie im Leben erreicht haben, und dass es wichtig ist, zu konkurrieren und besser als andere zu sein.

Sie sind nicht Ihr Ego. Sie sind in Wahrheit ein göttliches und unsterbliches geistiges Wesen. Sie sind ein Seelenwesen, das nie geboren wird und nie stirbt und nur eine menschliche Erfahrung durchmacht. Wenn Sie Gott kennen, wenn Sie Teil am Schöpfungsprozess haben, haben Sie die höchste Stufe des Lebens erreicht.

Die Absicht der Seele

———————•◆•———————

von Richard Carlson

>»Weniger Bemühung führt manchmal
>leichter zum Ziel. Das gilt auf jeden Fall
>für unsere Verbindung zur Seele und
>das Beobachten unserer Gedanken. Je
>weniger Bedeutung wir unseren Gedan-
>ken beimessen, desto leichter fällt es
>uns, sich mit den tieferen Schichten
>unseres Selbst zu verbinden.«

Eine der herausforderndsten Fragen, die ich je hörte,
stammt von Stephen Levine. Er fragt: »Wenn Sie nur noch
eine Stunde zu leben hätten und nur noch einen Anruf
tätigen könnten – wen würden Sie anrufen, was würden
Sie sagen, und worauf warten Sie noch?« Im Hinblick auf
die Beziehung zu unserer Seele könnten wir uns eine ähnliche Frage stellen: Warum noch einen Augenblick länger
warten, um sich mit der Seele zu verbinden und sie zu
nähren?

Die Verbundenheit mit unserer Seele ist eine wesentliche
Voraussetzung für die Fähigkeit, inneren Frieden und Liebe zu empfinden, anderen freundlich zu begegnen und das
Leben dankbar und staunend annehmen zu können. Die
Seele nähren heißt, jenen Anteilen unseres Selbst Aufmerksamkeit zu schenken, die uns glücklich machen und
uns helfen, freundlicher, sanfter, mitfühlender und liebevoller zu werden. Wenn wir uns angewöhnen, die Seele zu
nähren, begeben wir uns auf eine völlig andere Seinsebe-

ne. Viele der »äußeren« Dinge des Lebens, die uns so wichtig waren, erscheinen uns plötzlich bedeutungslos, ja töricht. Das ganz gewöhnliche, tägliche Leben gewinnt eine ganz neue Bedeutung und Fülle. Indem wir anfangen, das Göttliche im »Gewöhnlichen« zu erkennen, wird unser »gewöhnliches« Leben ziemlich außergewöhnlich. Unser Bedürfnis, besonders oder anders zu sein, lässt nach – wir sind zufriedener, werden einfach glücklicher.

Worauf wir unser Hauptaugenmerk richten, hängt in hohem Maß von unserer Fähigkeit ab, uns für die Nahrung unserer Seele zu öffnen. Schenke ich hauptsächlich den äußeren Dingen in meinem Leben Beachtung – dem Aussehen meines Körpers, den Fragen, ob ich meine Ziele erreiche, was andere von mir denken, wie viel Geld ich verdiene, wie ich im Vergleich mit anderen abschneide, ob ich die Idealfigur habe und so weiter –, oder richte ich meine Aufmerksamkeit auf meine Innenwelt, die Welt der Seele? Ich war oft versucht, mich ausschließlich auf meine persönlichen Ziele und Ambitionen zu konzentrieren. Im Lauf der Jahre stellte ich jedoch fest, dass es bei dieser Fixierung auf äußere Aspekte meines Lebens keine Rolle spielt, wie erfolgreich ich bin, weil ich tief in meinem Inneren eine Leere empfinde. Wie viel Geld ich verdienen, wie großartig ich auch aussehen mag, stets bleibt ein schales Gefühl zurück. Wenn ich mich daran erinnere, dass der Hauptzweck dieses Lebens darin besteht, die Gegenwart Gottes zu spüren und wertzuschätzen, liebevoll und mitfühlend zu sein und anderen zu dienen, fühle ich plötzlich, wie durch Zauberei, einen tiefen inneren Frieden. Und wenn ich meine Energie von den äußeren Umständen abziehe und mich auf mein inneres Wissen, meine »Seelenenergie« konzentriere, fügen sich die äußeren Bedingungen und Umstände meistens auf ebenso magische und wunderbare Weise. Wenn ich bei meiner Arbeit mit Klienten, bei der Erziehung meiner Kinder, im Zusammensein mit meiner Frau, beim Schreiben eines Buches, beim Geschirrspülen oder bei dem Versuch, ein Problem zu lösen, aus diesem Raum des Friedens und der Weisheit heraus handele, anstatt aus Angst, empfinde ich mein Leben als viel einfacher, ruhiger und erfüllender. Es gibt etwas in unserem Leben, das wichtiger, schöner und befriedigender ist als alles, von dem wir denken, es sei wichtig. Dieses »Etwas« ist ein innerer Raum jenseits des Denkens, jenseits der Form. Unsere Gedanken über das, was wir uns wünschen, was wir anders haben wollen und wo wir lieber sein würden, kommen und gehen. Doch jenseits dieser Gedanken – noch vor ihrer Entstehung – wartet eine tiefere Quelle des Lebens darauf, dass wir uns ihr zuwenden. Das ist die Seelenebene. Die Seele ist jener Teil von uns, der beobachtet, wie unsere Gedanken kommen und gehen. Er ist nicht das Denken.

Für die meisten von uns – auf jeden Fall für mich – haben Gedanken oft etwas Zwingendes. Taucht beispielsweise der Gedanke auf: »Ich bin wirklich wütend auf sie«, sind wir versucht, sofort einzuhaken, diesem Gedanken Aufmerksamkeit zu geben, ihn zu verfolgen, ihm Bedeutung beizumessen. Kurz, wir sind versucht, den Gedanken viel zu ernst zu nehmen. Und indem wir das tausendmal am Tag tun, haben wir alle möglichen Gefühle, außer *demjenigen,* uns von der Seele genährt zu fühlen. Stattdessen fühlen wir uns wütend, eifersüchtig, verletzt oder ängstlich, je nachdem, welchen Inhalts unsere Gedanken sind. Wir denken, wir fühlen, und dann denken wir wieder. Wir glauben, wir würden uns irgendwie besser fühlen, wenn wir unsere

Unzufriedenheit oder unsere Probleme nur genügend ana-
lysierten. Doch das funktioniert nie, denn die Nahrung für
die Seele kommt nicht aus dem Intellekt, sondern aus dem
Herzen. Wir können uns nicht »glücklich denken«. Stattdessen müssen wir uns für unsere wahre Natur – die Glück
ist – öffnen. Hinter Gedanken wie »Ich bin wirklich
wütend auf sie« existiert ein weiter Raum, eine allgegen-
wärtige Stille, ein Urvertrauen, ein Gefühl des Genährt-
seins, das aus der Seele kommt. Unsere Gedanken »kommen und gehen«, und wenn wir sie wirklich »gehen lassen«, entdecken wir diese Quelle der Stille und des Friedens
in unserem Inneren. Wenn wir unsere Gedanken als das
erkennen, was sie wirklich sind – einfach nur Gedanken –,
anstatt zu glauben, sie seien alles, was existiert, messen
wir ihnen weniger Bedeutung bei. Kommt uns, wie es so
oft geschieht, ein irritierender oder Angst erregender
Gedanke in den Sinn, können wir uns – anstatt in Panik zu
geraten und zu reagieren – sagen: »Aha, da ist wieder
einer«, und ihn dann gehen lassen. Wenn wir auf die Seele vertrauen, wenn wir wissen, dass es noch etwas anderes,
etwas Tieferes und Bedeutenderes gibt als die Inhalte
unserer Gedanken, können wir mit einem Mal etwas
Abstand gewinnen, können uns entspannen und zum
Beobachter dieser Gedanken werden.
Ein einfacher Zen-Spruch erinnert uns daran, dass »der
Frühling kommt und das Gras ganz von selbst wächst«.
Mit anderen Worten, weniger Bemühung führt manchmal
leichter zum Ziel. Das gilt auf jeden Fall für unsere Verbindung zur Seele und das Beobachten unserer Gedanken.
Je weniger Bedeutung wir unseren Gedanken beimessen,
desto leichter fällt es uns, sich mit den tieferen Schichten
unseres Selbst zu verbinden. Das heißt nicht, dass das,

woran wir denken, unwichtig ist, sondern nur, dass es nicht alles ist. Wenn wir unsere Gedanken übermäßig analysieren und uns zu stark mit ihnen beschäftigen, verstricken wir uns in unseren Denkprozessen, unseren inneren Kämpfen und finden uns in der Falle wieder, die ich »Analyse – Paralyse« nenne. Lassen wir dagegen einfach los, nehmen wir unsere Gedanken einfach zur Kenntnis und erlauben unserer inneren Weisheit, an die Oberfläche zu kommen, erleben wir ein neues Gefühl der Leichtigkeit und des Wohlbefindens. Das Leben erscheint uns nicht mehr wie ein ständiger Notfall! Mir hilft es immer, mich daran zu erinnern, dass ich der Denker meiner eigenen Gedanken bin. Das Denken ist nicht etwas, das mir *widerfährt*, wie es oft den Anschein hat. Es ist etwas, das *ich* von Augenblick zu Augenblick *tue.* So wie ich mich nicht durch einen unverschämten Brief beleidigt fühlen würde, den ich mir selbst geschrieben hätte, sollte ich auch meinen eigenen Gedanken nicht erlauben, mich in Aufregung zu versetzen. Ich kann »meine Gedanken denken«, ohne mich von ihrem Inhalt übermäßig beunruhigen zu lassen, ohne darauf mit einer »Gedankenattacke« überzureagieren. Ich weiß, dass meine Liebe und Weisheit an die Oberfläche kommen und meine Angst auflösen werden, wenn ich meine Gedanken zur Ruhe bringe und mich mit meiner Seele verbinde. Denn solange ich zurückdenken kann, habe ich gehört, dass man »nach innen gehen« muss, um Glück und Frieden zu finden und sich genährt zu fühlen. Es ist allerdings noch nicht allzu lange her, seit ich anfing, darauf zu vertrauen, dass das wirklich funktioniert. Obwohl ich dieses Wissen nicht immer so gut umsetzen kann, wie ich gerne möchte, habe ich festgestellt, dass mein Seelenleben, meine Verbindung zu meiner Seele, die

Ereignisse in meinem Leben deutlich beeinflusst. Wenn ich wütend oder frustriert bin, erscheint mir jeder Aspekt meines Lebens bedrückend und stressig. Wenn ich ängstlich bin, ziehe ich Angst an. Empfinde ich dagegen Zufriedenheit und inneren Frieden, scheint mein Leben zu »fließen«. Alles fügt sich und erscheint richtig und gut, so als habe alles einen Sinn. In gewisser Weise ist unser Leben wie ein Auto; man muss es von innen steuern. Eine der besten Möglichkeiten, mich von meiner Seele genährt zu fühlen, besteht darin, mich täglich in der Kunst der Liebe zu üben. Alles beginnt mit einer *Absicht*. Auch wenn es nicht immer leicht ist, so weiß ich doch, dass ich, wenn ich meine Absicht auf die Liebe richte, oft genau dieses Gefühl bekomme. Und dann verbinde ich mich mit jenem Raum in meinem Inneren, in dem nichts als Frieden existiert. Ich finde täglich viele Gelegenheiten, Liebe zu praktizieren – bei der Arbeit, im Zusammensein mit meiner Frau und meinen Töchtern, durch einen unerfüllten Traum, in der Begegnung mit einem Fremden, der sich auf eine Weise verhält, die mir missfällt, oder sogar durch ein Problem oder eine Enttäuschung.

Eine ausgezeichnete Möglichkeit, sich in der Kunst des Liebens zu üben, besteht darin, bewusst zu versuchen, hinter das Verhalten oder die Persönlichkeit eines anderen Menschen zu schauen. Versuchen Sie zu erkennen, dass unter der Oberfläche von Unsicherheit, negativem Denken und schlechtem Benehmen jeder Mensch mit Gott verbunden ist. Sie würden bestimmt nicht wütend auf jemanden werden, nur weil er im Rollstuhl sitzt. Also gibt es auch keinen Grund, wütend zu werden, weil ein bestimmter Mensch sein Herz noch nicht für die Nahrung der Seele geöffnet hat. Wenn Menschen lieblos handeln, bedeutet das nur, dass sie den Kontakt zu ihrer Seele verloren haben und sich nicht spirituell genährt fühlen. Das ist kein Grund, in Panik zu geraten. Das Beste, was wir für uns tun können, ist, unsere eigene Seele zu nähren, indem wir hinter das unerwünschte Verhalten schauen und so die Kunst der Liebe praktizieren. Wir haben wahrscheinlich noch länger als eine Stunde zu leben, aber weshalb sollten wir auch nur einen Augenblick länger warten, um uns mit unserer Seele zu verbinden und zu lieben anzufangen?

Krisen sind Geschenke der Seele

von Elisabeth Kübler-Ross

> »Wenn wir erkennen könnten, dass
> alles, selbst ein tragisches Geschehen,
> in Wirklichkeit ein Geschenk ist, wür-
> den wir den besten Weg finden, unse-
> re Seele zu nähren.«

Ich habe im Lauf der Jahre gelernt, dass jede Lebenssitua-
tion, sogar eine Krise, die Seele nähren kann. Vor nicht allzu langer Zeit vernichtete ein schreckliches Feuer meine
Farm und damit das Heim, das ich viele Jahre so sehr
geliebt hatte. Ich verlor ausnahmslos alles, was ich besaß.
Eine Zeit lang wurde sogar wegen Brandstiftung ermittelt.
In solchen Augenblicken stehen wir an einer Weggabe-
lung. Schlagen wir den Weg ein, den die meisten Menschen wählen, brechen wir zusammen, geben auf, fühlen
uns hoffnungslos und am Boden zerstört. Wir konzentrieren uns ausschließlich auf das Negative und verlieren uns
in unserem »Problem«. Wir benutzen unsere unglücklichen
Lebensumstände, um unsere negativen Gefühle zu ratio-
nalisieren. Das ist der einfache Weg, denn es erfordert
schließlich nicht viel Anstrengung, sich als Opfer zu fühlen. Wir können allerdings auch den anderen Weg ein
schlagen: indem wir die unglückliche Situation als Gelegenheit zu einem neuen Anfang betrachten. Wir können
unsere Zukunftsvision im Auge behalten, die Wachstums-
möglichkeiten nutzen und eine innere Kraftquelle entdecken. Indem ich mich ganz einfach entschloss, mein

Augenmerk mehr auf die neuen Möglichkeiten als auf den Schmerz zu richten, gelang es mir, den Verlust meines Heims zu überwinden und mit mehr Kraft und Zufriedenheit aus dieser Erfahrung hervorzugehen, als ich vor dem Feuer hatte. Ich betrachtete die Situation mit innerer Distanz und erkannte, dass die meisten Dinge, die ich im Lauf meines Lebens angesammelt hatte, tatsächlich nichts als *Dinge* waren. Ich brauchte sie nicht mehr. Da ich nun nicht länger an mein Haus gebunden war, entschloss ich mich, nach Arizona zu ziehen, um meinem Sohn näher zu sein. Ich liebe meine neue Umgebung genauso sehr, wie ich meine frühere liebte. Es gibt Bäume, Kojoten und so viel Schönheit in der Natur, dass es kaum zu beschreiben ist. Hätte ich den Weg der Verzweiflung gewählt, wäre ich in meiner Wut und Depression stecken geblieben und hätte die wunderbare Gelegenheit, in den Westen zu ziehen, verpasst. Rückblickend kann ich sehen, dass ich zu stark an meiner alten Umgebung hing, um aus eigener Kraft den Mut zum Umzug zu finden. In gewissem Sinn brauchte ich dieses Unglück, um weitergehen zu können.

Ich will damit die Härte bestimmter Lebenssituationen nicht bagatellisieren, aber es ist wichtig, zu versuchen, die Dinge von einer höheren Warte aus zu sehen, das Gesamtbild nicht aus den Augen zu verlieren. Nur dann können unsere Erfahrungen unsere Seele nähren. Wenn wir erkennen könnten, dass alles, sogar ein tragisches Geschehen, in Wirklichkeit ein Geschenk ist, würden wir den besten Weg finden, unsere Seele zu nähren. Wir sind alle so darauf erpicht, zu bekommen, was wir wollen, dass wir die Lektionen verpassen, die wir aus unseren Lebenserfahrungen lernen könnten. Viele meiner Aids-Patienten stellten fest, dass das letzte Jahr ihres Lebens bei weitem ihr bestes war.

Und viele sagten, sie hätten die Fülle dieses letzten Lebensjahres nicht für einen gesünderen Körper eintauschen wollen. Es ist eigentlich traurig, dass die meisten von uns sich erst dann den tieferen Aspekten des Lebens zuwenden, wenn sie von einem Unglück getroffen werden. Erst dann versuchen wir, über unsere oberflächlichen Interessen hinauszugehen – wie wir aussehen, wie viel Geld wir verdienen und so weiter –, um die Dinge zu entdecken, die wirklich wichtig sind.

Als Erstes lernen die meisten Aids-Patienten zu unterscheiden, wer ihre wahren Freunde sind, wer sie wirklich liebt, wer bis zum Schluss zu ihnen hält. Die meisten von uns werden nie erfahren, wer sie wirklich liebt, zumindest nicht auf der gleichen, tiefen Ebene. Vielleicht können wir das »Geschenk« des Erkennens nicht ohne den »Fluch« einer lebensbedrohlichen Krankheit empfangen. »Krisen« können uns helfen, vieles über uns selbst zu erfahren, und sie können unser Leben sogar bereichern. Eine weitere wunderbare Erfahrung, die uns eine scheinbare Katastrophe schenken kann, ist die Freude der Dankbarkeit. Aids-Patienten, die wieder laufen lernen, sind oft ganz glücklich, wenn sie wieder zwei oder zehn Schritte machen können. Sie sind ungeheuer dankbar für etwas, das sie ihr Leben lang als selbstverständlich betrachteten. Wie viele »gesunde« oder »normale« Menschen sind dankbar dafür, dass sie gehen oder sprechen können? Ich glaube, nur sehr wenige. Doch wie viel Wert hat etwas, das man als völlig selbstverständlich betrachtet? Ist eine »Katastrophe«, die unser Leben durch Geschenke bereichert, die wir andernfalls als selbstverständlich betrachtet hätten, wirklich eine Katastrophe? Oder ist sie ein Glück im Unglück?

Eine der großartigsten »Nebenwirkungen« von Problemen

besteht vielleicht darin, dass sie uns lehren, dass das Leben kaum so ist, wie wir es wollen, sondern so, *wie es ist.* Und wir sind ebenfalls einfach so, wie wir sind. Wir müssen lediglich bereit sein, die Geschenke in gewöhnlichen und außergewöhnlichen Erfahrungen zu entdecken, und die Weisheit besitzen, uns selbst so zu akzeptieren, wie wir sind. Diese erweiterte Perspektive hilft uns, auch andere Menschen und die Situationen, mit denen wir konfrontiert werden, anzunehmen, wie sie sind. Wir urteilen weniger, werden sanfter und liebevoller. Indem wir uns selbst, andere und das Leben annehmen, auch wenn nicht alles »okay« ist, sind wir mehr »okay« als je zuvor. (Ich dachte einmal daran, ein Buch mit dem Titel »Ich bin nicht okay und du bist nicht okay, und das ist okay« zu schreiben.) Die Seele nähren heißt, unser Herz für die Lektionen des Lebens zu öffnen und uns dem, was wir gelernt haben, zu beugen. Eine der besten Arten, das zu tun, besteht darin, stets zu tun, was sich »richtig anfühlt«, also dem »Gefühl im Bauch« zu vertrauen. Ich erinnere mich, wie ich als junge Frau meinem Vater Widerstand leistete, der darauf bestand, dass ich seine Firma übernehmen solle. Mein Vater war ein mächtiger Mann, dem kaum jemand zu widersprechen wagte. Er bekam fast eine Herzattacke, als ich ihm klarmachte, dass ich Ärztin werden wollte, aber ich blieb fest, denn meine innere Stimme sagte mir, dass die Medizin mein Weg sei. Ich wusste, dass ich für den Rest meines Lebens unglücklich sein würde, wenn ich diesem inneren Ruf nicht folgte. Anstatt meine Seele zu nähren, würde ich mein Leben damit zubringen, zu versuchen, die Anerkennung meines Vaters zu gewinnen. Das konnte ich meiner Seele nicht antun. Um mir mein Medizin-Studium zu verdienen, arbeitete ich jahrelang nebenbei als Laborantin, aber ich kam meinem Ziel Woche für Woche näher. Obwohl es schwierig war, genoss ich jeden Tag auf dieser Reise. Wenn Sie Ihr Leben dem widmen, was Sie von Herzen wollen, nähren Sie Ihre Seele. Es spielt keine Rolle, was Sie tun, wichtig ist allein, dass Sie lieben, was Sie tun. Einige der glücklichsten Menschen, die ich getroffen habe, waren Kinderfrauen, Gärtner und Haushälterinnen. Sie gaben sich ihrer Arbeit mit ganzem Herzen hin und benutzten ihre Tätigkeit, um ihre Seele zu nähren. Ich habe auch Leute in angeseheneren Berufen gekannt, die ihre Arbeit hassten. Was nützt es Ihnen, Arzt oder ein anderer Experte zu sein, wenn Sie nicht wirklich lieben, was Sie tun? Wenn Sie Tag für Tag einer ungeliebten Arbeit nachgehen, kann das Ihre Seele nicht nähren.

Oft höre ich das Argument: »Ich konnte nicht den Beruf ergreifen, den ich eigentlich wollte, weil ich nicht genug Geld für die Ausbildung hatte«, oder ähnliche Ausreden. Dann sage ich einfach: »Unsinn.« Sie können alles tun, was Sie wollen, wenn Sie Ihre ganze Energie hineingeben. Es kommt nur darauf an, worauf Sie Ihre Aufmerksamkeit richten. Lähmt Sie die Vorstellung, wie schwierig die Aufgabe sein wird – welche Hindernisse zu überwinden sind? Oder konzentrieren Sie sich ganz darauf, alles zu tun, was notwendig ist, um Ihr Ziel zu erreichen? Ich habe viele Leute gekannt, die nichts als einen Traum »besaßen«. Ohne jegliche Unterstützung von außen – mit nichts als ihrem »Traum« – machten sie sich auf den Weg, und sie schafften es.

Wenn Sie auf Ihre innere Stimme hören, wenn Sie »Ihrer Begeisterung folgen«, praktizieren Sie letztendlich die Kunst der Selbstliebe. Vielen von uns wurde beigebracht, dass Selbstliebe negativ, narzisstisch und egoistisch ist.

Doch Selbstliebe ist in Wirklichkeit genau das Gegenteil. Menschen, die echte Liebe für sich selbst empfinden, fühlen sich genährt und ganz: Sie haben auch noch etwas für andere Leute übrig. Wenn Sie nach dem Besten streben, wenn Sie sich selbst ganz und gar lieben und wissen, dass es »vollkommen okay ist, nicht vollkommen okay zu sein«, nähren Sie Ihre Seele Tag für Tag. Die Seele akzeptiert Sie, wie Sie sind – und Sie und die Seele sind eins. Wie kann es sein, dass Sie nicht lieben, was die Seele liebt?

Ob Sie es wissen oder nicht: eine der wichtigsten Beziehungen in Ihrem Leben ist die zu Ihrer Seele. Behandeln Sie sie freundlich und liebevoll oder hart und abweisend? Viele von uns schaden ihrer Seele unbewusst durch ihr negatives Denken und Handeln oder einfach durch Vernachlässigung. Wenn Sie die Beziehung zu Ihrer Seele zu einem wichtigen Teil Ihres Lebens machen, indem Sie sich in Ihrer Alltagsroutine Zeit nehmen, sie zu pflegen, geben Sie Ihrem Leben mehr Substanz, einen tieferen Sinn. Nutzen Sie Ihre Erfahrungen – und zwar alle! – als Gelegenheiten, Ihre Seele zu nähren.

Seelenvoll leben

von Anne Wilson Schaef

»Ich habe festgestellt, dass ich meine
Seele die ganze Zeit über, Tag für Tag,
nähre, wenn ich mit ganzem Herzen
an meinem Leben teilhabe. Das Leben
wird dann sehr leicht.«

Die Seele nähren heißt für mich, den eigenen Entwick-
lungsprozess zu würdigen, auf ihn zu vertrauen und mein
Leben dem zu widmen, was die höhere Macht für mich im
Sinn hat. Immer wenn ich gegen meinen Entwicklungs-
prozess ankämpfe, geht es mir schrecklich. Anstatt zu
kämpfen, brauche ich eigentlich nur täglich zu fragen:
»Was hast du heute mit mir vor?« Ich akzeptiere dann die
Antwort, vertraue darauf, anstatt darum zu kämpfen, die
Kontrolle über mein Leben zu haben.

Frederick Frank schreibt in einem seiner Bücher, dass
unsere Aufgabe nicht darin bestehe, Götter zu sein, sondern einzig und allein darin, Menschen zu sein. Als
menschliche Wesen sind wir Teil des Schöpfungsplanes,
und wir müssen an ihm teilhaben, müssen die uns zuge-
dachte Rolle spielen. Für mich ist diese Teilnahme Seelennahrung. Unglücklicherweise besteht in unserer Gesellschaft die Tendenz, die Menschen von einer echten Teilnahme abzuhalten, damit sie »objektiv« sein können,
damit sie ihre Umgebung manipulieren und kontrollieren
können. Wenn wir jedoch die Kontrolle übernehmen, verlieren wir die Fähigkeit, wirklich an unserem Leben teilzu-

nehmen, am immer weitergehenden Entwicklungsprozess des Universums teilzuhaben. Ich glaube, das ist einer der Gründe dafür, dass wir uns die Freiheit herausnehmen, unsere Umwelt zu zerstören. Wir erkennen nicht, dass wir uns selbst zerstören, wenn wir den Planeten verwüsten. Wenn wir begreifen, dass *wir* der Regenwald sind, besteht die Möglichkeit, ihn zu retten.

Im täglichen Leben nehmen wir am Schöpfungsplan teil, indem wir uns mehr auf uns selbst als auf andere konzentrieren. Wenn wir beispielsweise eine Auseinandersetzung mit jemandem haben, sollten wir bei unseren eigenen Gefühlen und Bedürfnissen bleiben, anstatt das Verhalten des anderen zu analysieren oder ihn zu beschuldigen. Wir sollten den Schmerz zulassen, unsere Energie aber nicht auf den anderen richten. Leider lernen wir im westlichen Kulturkreis, uns auf das Äußere und auf andere Menschen zu konzentrieren. Ich betrachte die westliche Kultur als eine »virtuelle Realität«, die wir konstruiert haben. (Wir haben vergessen, dass sie nicht real ist.) Wir machen übrigens das Gleiche mit uns selbst, indem wir uns auf uns selbst als »den anderen« konzentrieren. So verlieren wir die Fähigkeit, an unserem eigenen Leben teilzunehmen. Aber Leben *ist* Teilnahme. Leben ist Aktion. Wenn wir darüber nachdenken, »es zu leben«, leben wir es nicht. Es ist eigentlich ganz einfach. Wir können das Leben nicht zwingen oder kontrollieren; wir müssen es zulassen. *Dann* können wir »es leben«.

Es gibt ein paar Dinge, die uns helfen können, einfach loszulassen und zu leben – einschließlich Ehrlichkeit und Offenheit. Ich bemühe mich, in meiner Art und Weise zu leben vollkommen ehrlich zu sein. Das Verhalten eines anderen Menschen kann ich nicht kontrollieren; ich kann ihn oder sie nicht dazu bringen, sich zu ändern. Ich kann nur mein eigenes Verhalten steuern. Ich kann sagen, dass irgendjemand irgendetwas tat, das mir unangenehm war, aber dann lasse ich es los. Ich bin auch überzeugt davon, dass es wichtig ist, in Beziehungen schonungslos ehrlich zu sein. Wenn in der Beziehung zu einem anderen Menschen irgendeine Angst, ein Gedanke oder sogar ein Traum auftaucht, sage ich offen, was mir in den Sinn kam, anstatt zu denken »das klingt zu dumm« oder »das sollte ich wirklich nicht denken«. So kann man stressfreier leben, was wiederum nährend für die Seele ist. Ich empfinde es außerdem als nährend für meine Seele, mit Menschen zusammen zu sein, die bereit sind, sich ihre Angewohnheiten anzuschauen und, falls nötig, zu ändern. Die Bereitschaft zu ehrlicher Selbsterforschung ist sehr wichtig. Für mich ist es sehr anstrengend, Menschen um mich zu haben, die noch nicht einmal ein klein wenig offen für Veränderungen sind. Solche Leute meide ich, wann immer möglich. Ich umgebe mich gerne mit liebevollen, humorvollen Menschen, mit denen ich »Spaß« haben kann. Letztes Jahr beschloss ich, nur Zeit mit den Menschen zu verbringen, die meine Gesellschaft genießen und deren Gesellschaft ich genießen kann. Andernfalls will ich nicht mit ihnen zusammen sein. Es raubt einfach zu viel Energie. Auch wenn ich mich in Großstädten aufhalte, habe ich das Gefühl, viel Energie zu verlieren. Deshalb bin ich lieber auf dem Land – auf Hawaii oder in Montana –, wo ich mich mit der Natur verbinden und wirklich spüren kann, dass wir alle eins sind.

Die amerikanischen Ureinwohner scheinen das instinktiv zu wissen. In den letzten Jahren habe ich überall in der Welt viel Zeit mit Ureinwohnern verbracht. Es war eine

Zeit des Lauschens, des Heilens und der Offenbarungen. Bei einem Familientreffen im letzten Jahr erfuhr ich, dass mein Vater Indianer war. Ich habe meinen Vater nie kennen gelernt und wusste kaum etwas über ihn. Als ich erfuhr, wer er war, schien mein Leben »einzurasten«. Ich wusste plötzlich, wieso ich meine Seele nicht nähren kann, ohne mich mit der Natur zu verbinden. Immer wieder muss ich bewusst wahrnehmen, dass ich Teil eines umfassenderen Prozesses, eines größeren Universums bin. Ich muss mich daran erinnern, dass ich es nicht beherrschen kann, aber auch nicht unbedingt von ihm beherrscht werde. Ich bin einfach Teilnehmerin. Manchmal erkenne ich das klarer, wenn ich mich in der Natur aufhalte. Ich tue in meinem Leben viele Dinge, die ich liebe. Ich schreibe Gedichte und Kinderbücher. Gerade habe ich mit einem neuen Gedicht begonnen. Ich habe festgestellt, dass ich meine Seele die ganze Zeit über, Tag für Tag, nähre, wenn ich mit ganzem Herzen an meinem Leben teilhabe. Das Leben wird dann sehr leicht. Obwohl ich viele verschiedene Dinge tue, lebe ich sehr einfach, und das gefällt mir. Wenn ich etwas lehre, vermittle ich nur, was ich selbst erfahren habe. Ich teile mit anderen, was ich von dem Mann, den ich liebe, von meinen Kindern, von meinem Hund über mich selbst gelernt habe. Und indem ich mit anderen teile, was ich über mich selbst gelernt habe, verbinde ich mich mit ihnen.

Im Augenblick lebe ich mit einer Gruppe von Menschen zusammen. Wir haben beschlossen, mindestens fünf Jahre lang zusammenzubleiben, um miteinander zu teilen, was wir gelernt haben, und im lebendigen Miteinander weiter zu lernen. Meine Freunde sind reich und arm, sie stammen aus allen Gesellschaftsschichten. Ich sehe, wie sie sich verändert haben, und es berührt mich zutiefst. Ich bin dankbar für das Geschenk, an ihrem Leben teilhaben zu dürfen und Teil ihres Lebens zu sein. Das ist ein großes Geschenk, eine große Ehre. Es liegt in meiner Verantwortung, dieses Leben mit den Talenten und Gaben zu leben, die mir mitgegeben wurden. Ich bin verantwortlich dafür, sie umzusetzen. Nicht darüber nachzudenken, sondern einfach *zu handeln*. Deshalb bin ich hier. Es ist wirklich so einfach. Alles andere liegt in Gottes Hand.

6. TEIL

Seelenverbindung

————•◆•————

»Ein Seelenfreund ist jemand, mit dem wir unsere größten Freuden und tiefsten Ängste teilen können, dem wir unsere schlimmsten Sünden und hartnäckigsten Fehler beichten können, dem wir unsere größten Hoffnungen und vielleicht noch völlig unausgereiften Träume offenbaren können.«

Edward C. Sellner

Dem eigenen Gewissen folgen

von Stephen R. Covey

> »Ich glaube, die wichtigste Arbeit, die
> wir in der Welt, in unserem Leben ver-
> richten, ist diejenige innerhalb der vier
> Wände unseres eigenen Heims. Alle
> Mütter und Väter können unabhängig
> von ihrer gesellschaftlichen Stellung
> einen bedeutsamen Beitrag leisten,
> indem sie die Seelen ihrer Kinder mit
> dem Geist des Dienens vertraut machen,
> so dass die Kinder in dem Bewusstsein
> und mit dem Wunsch aufwachsen, ein-
> mal etwas in der Welt zu bewirken.«

Wenn wir davon sprechen, die Seele zu nähren, scheint es mir am wichtigsten, dem eigenen Gewissen zu folgen. Ich glaube nicht, dass jemand seine Seele nähren kann, wenn er nicht ein starkes Empfinden für sein Gewissen entwickelt, sein Gewissen nicht in Einklang mit den universellen und zeitlosen Prinzipien der Integrität und des Dienens ausgebildet hat. So wird die Seele des Individuums zu einem Teil der universellen Seele.

Wir müssen unsere privaten Siege nach außen tragen. Ein großer Teil der Selbstverwirklichungs-Literatur hat eine Form von Narzissmus gefördert, bei der man zwar für das eigene Selbst sorgt, das Selbst liebt und nährt, aber den nächsten Schritt vergisst: das Dienen. Wenn Sie keine Herausforderung in der Außenwelt annehmen, ist Ihr privater Sieg vielleicht nichts anderes als eine Herzmassage. Sie

182

meinen, Ihre Seele nähren zu müssen, weil sich das warm und kuschelig anfühlt und Sie gut für sich sorgen wollen. Sie sind vielleicht gut – aber *wofür* sind Sie gut? Sie müssen für irgendetwas gut sein. Sie müssen an irgendeinem Projekt beteiligt sein, irgendeine Aufgabe übernehmen, die bescheidene Hingabe an das universelle Prinzip des Dienens erfordert. Und Sie müssen ein vollkommen integeres Leben führen, um auf diese Weise dienen zu können. Diese Integrität ermöglicht es Ihnen, andere Menschen bedingungslos zu lieben, gleichzeitig mutig und freundlich zu sein, weil Sie im Inneren, in Ihrer Seele, ganz sind. Oft ist eine äußere Herausforderung – beispielsweise ein Projekt wie das von Mutter Teresa – notwendig, um diese Integration zu ermöglichen. Was ist hier mit Integration gemeint? Ich betrachte die Seele als die ursprüngliche Essenz unserer wahren Natur, als unser spirituelles Selbst. Wenn alle Teile des Selbst – die Intuition, die Gefühlsebene, die Sinne, das Gewissen, das Wertesystem, die Gewohnheiten – miteinander in Einklang sind, wird die Seele zur treibenden Kraft in unserem Leben. Wenn das geschieht, beginnen wir, das Potential in anderen Menschen zu sehen. Wir geben ihnen Bestätigung und helfen ihnen, ebenfalls einen großartigen Beitrag zu leisten. So wird das Positive von einem Menschen zum nächsten weitergegeben.

Unsere Produktionsfirma, *Covey Leadership Center,* hat gerade einen kurzen Film über einen jungen Mann aus Uganda gedreht. Er heißt Stone und war ein großartiger Fußballspieler. Bei einem Spiel verletzte ihn ein Spieler der gegnerischen Mannschaft absichtlich so brutal am Knie, dass seine professionelle Karriere beendet war. Er hätte den Weg in die Verbitterung wählen können, doch stattdessen fing er an, anderen jungen Männern zu helfen, jungen Leuten, die kein Ziel vor Augen hatten, sich in Jugendbanden herumtrieben und Drogen nahmen. Zuerst konzentrierte er sich ganz darauf, ihr Selbstwertgefühl aufzubauen, indem er ihnen beibrachte, gute Fußballspieler zu sein. Wenn diese Beziehung hergestellt und gefestigt war, half er ihnen, verschiedene Fertigkeiten zu entwickeln, mit deren Hilfe sie ihren Lebensunterhalt verdienen konnten. So hatten sie die Möglichkeit, verantwortungsvolle Väter und Gemeindemitglieder zu werden. Sein Vorbild ist wirklich inspirierend. Es war offensichtlich, dass seine Seele durch seinen Wunsch, einen positiven Beitrag zu leisten, genährt wurde. Diese Art der Seelenentwicklung findet statt, wenn man die große Not, die große Bedürftigkeit in der Außenwelt erkannt hat. Dann muss man, um effektiv auf diese Bedürftigkeit reagieren zu können, nach innen gehen und die eigene Seele nähren und entwickeln. So beginnt ein wunderbarer Prozess. Dadurch, dass man von der Seelenebene aus agiert, wird man wirklich empathisch und sensibel – man reagiert sehr geduldig und bewusst auf die Realität der Bedürftigkeit des anderen Menschen. Der andere bekommt ein Gefühl für die Vision, die Sie in Bezug auf seine Möglichkeiten haben, und Sie bestätigen ihn, helfen ihm, sein Potential zu erkennen. Für Sie beide beginnt ein Wachstumsprozess von innen nach außen.

So kann eine Seele zu einer Insel der Vorzüglichkeit in einem Meer von Mittelmäßigkeit werden. Und diese eine Seele kann das ganze Meer verändern. Eine Seele kann die Weitergabe negativer Muster von einer Generation an die nächste zum Stillstand bringen. Nehmen wir an, eine Seele wurde als Kind missbraucht. Aber weil sie inzwischen wieder heil wurde, muss sie ihr Kind nicht ebenfalls missbrauchen. Diese Heilung geschah durch die Rückbesinnung auf und die Anwendung von vier einzigartigen menschlichen Fähigkeiten oder Gaben, die jeder von uns besitzt.

Die erste ist die Selbstwahrnehmung – die Fähigkeit also, das eigene Leben unter die Lupe zu nehmen, das innere »Drehbuch« mit Abstand zu betrachten. Die zweite ist die Vorstellungskraft – die Fähigkeit, sich vorzustellen, wie man für sich selbst, für andere Menschen und für die Gesellschaft eine bessere Situation schaffen kann. Die dritte Gabe ist das Gewissen, ein tiefes moralisches Empfinden dafür, was richtig und was falsch ist. Die vierte Gabe ist der freie Wille, der es jedem von uns ermöglicht, die anderen drei Gaben umzusetzen.

Werden diese vier Gaben regelmäßig eingesetzt, entwickelt sich die Seele auf einer sehr tiefen Ebene und beginnt, auch andere positiv zu beeinflussen. Ein Mensch, der diesen Weg wählt, wirkt auf andere buchstäblich wie ein Katalysator. Eine Seele kann ungeheuer viel bewirken, ganz gleich, in welchem Umfeld sie sich befindet. Betrachten wir uns zum Beispiel die Erfahrungen, die der deutsche Psychiater und Autor Viktor Frankl in den Konzentrationslagern der Nazis machte. Oder schauen wir uns an, was Nelson Mandela für Südafrika getan hat – nach siebenundzwanzig Jahren in Gefangenschaft ist er heute ein charismatischer, reifer Mensch und hat seinen Gegnern vergeben. Er ist ein zweiter Ghandi. Solche Menschen inspirieren jeden von uns. Sie können mit dieser Arbeit anfangen, wo immer Sie sind. Ich glaube, die wichtigste Arbeit, die wir in der Welt, in unserem Leben verrichten, ist diejenige innerhalb der vier Wände unseres eigenen Heims. Alle Mütter und Väter können unabhängig von ihrer gesellschaftlichen Stellung einen bedeutsamen Beitrag leisten, indem sie ihre Kinder mit dem Geist des Dienens vertraut machen, so dass die Kinder in dem Bewusstsein und mit dem Wunsch aufwachsen, einmal etwas in der Welt zu bewirken.

Für mich selbst, ich betone es noch einmal, ist die Entwicklung des Gewissens das Wichtigste. Ich lese jeden Morgen und jeden Abend in den Heiligen Schriften. Das ist für mich wie ein Gebet. Ich stehe früh auf, um eine Zeit lang allein sein zu können, um einen privaten Sieg erringen zu können, wie ich es nenne, einige Momente, in denen ich mein Leben klar sehen kann. Während ich auf meinem Heimtrainer trainiere, mache ich mir Gedanken über den vor mir liegenden Tag und überlege, auf welche Weise ich einen Beitrag leisten und dienen kann. Ich versuche, diese Pläne dann im Lauf des Tages in die Tat umzusetzen. Abends versuche ich, viel Zeit mit der Familie zu verbringen und diese Zeit sinnvoll und schön zu gestalten. Ich helfe den Kindern bei den Hausaufgaben oder begleite sie zu ihren Basketballspielen oder anderen Veranstaltungen, an denen sie teilnehmen. Ich widme ihnen meine Zeit. Ich höre ihnen zu. Später am Abend lesen wir gemeinsam in der Heiligen Schrift. Dann beten wir, denn wir vertrauen auf Gott und auf die Kraft, die von ihm kommt und uns nähren kann. Sonntags nehmen wir an Aktivitäten unserer Kirchengemeinde teil. Dadurch und durch unser Engagement in Hilfsprojekten erneuern wir unser Bündnis mit Gott.

Manchmal übt die Außenwelt auf Menschen eine so starke Anziehung aus, dass sie sich von ihrer Seelenführung entfernen. Wir leben in einer schnelllebigen Welt, in der schnelle Erfolge zählen. So entsteht in uns ein Gefühl der

Dringlichkeit, und oft werden wir süchtig nach dieser Intensität, diesem ständigen inneren und äußeren Druck. Vieles in unserem Leben scheint dringend und ist doch nicht wichtig.

Ich glaube, dass diese innere Getriebenheit mehr und mehr nachlässt, wenn wir unser Augenmerk auf die wirklich wichtigen Dinge richten. Dann wird unser Leben zentrierter und sinnvoller. Was sind die wirklich wichtigen Dinge? Für mich gehören dazu die Beziehungen zu anderen Menschen, die Bereitschaft, sie in ihrem Sein anzuerkennen und zu unterstützen, das Entwickeln einer Vision und das Nähren der Seele. Die Arbeit an diesen wichtigen Lebensthemen, die ich das »Schärfen der Säge« nenne, findet auf vier Ebenen statt: der physischen, der mentalen, der sozialen und der spirituellen. Die Konzentration auf diese vier Bereiche lässt Sie schließlich erkennen, wie viele Dinge in Ihrem Leben unwichtig sind und zu wie vielen Dingen Sie nein sagen können.

Der Übergang vom »Dringlichen« zum Wichtigen ist ein schwieriger Prozess. Bei vielen Menschen scheint der Rückzug vom äußeren Druck mit Entzugssymptomen einherzugehen. Doch wenn es Ihnen erst einmal gelingt, das Dringliche zugunsten des Wichtigen loszulassen, werden Sie feststellen, dass die Vorteile enorm sind. Ein Gefühl der Zufriedenheit stellt sich ein. Wenn die Menschen, mit denen ich arbeite, zu dieser Einstellung gelangen, fangen sie an, mit anderen interessierten Leuten darüber zu reden, zuerst innerhalb ihrer Familie, dann mit den Arbeitskollegen und so weiter. Wir haben schon erlebt, dass ganze Firmen sich auf diese Weise diesem neuen Denken annäherten.

Dieser Prozess bringt tatsächlich große Vorteile für die

Wirtschaft mit sich. Es zeigt sich zunehmend auf einer ganz pragmatischen Ebene, welche Früchte er trägt. Ich glaube, das hängt hauptsächlich damit zusammen, dass wir wissen, dass man mit schlechter Qualität in der Weltwirtschaft nicht überleben kann. Und man kann keine gute Qualität produzieren, wenn man nicht ein hohes Maß an Vertrauen besitzt. Aber ein so hohes Maß an Vertrauen kann man wiederum nur haben, wenn die Menschen der betreffenden Kultur zutiefst vertrauenswürdig sind. Wenn man die Menschen dazu bringen kann, die »Seele« der Organisation zu nähren, führt das zu einer solchen tiefgreifenden Charakterentwicklung. Alles wird von diesen Werten und von der folgenden Wahrheit bestimmt: Demut ist die Mutter aller Tugenden. Wenn Sie demütig sind, akzeptieren Sie, dass es bestimmte übergeordnete Prinzipien gibt, an die wir uns anpassen müssen. Kein Mensch ist für sich selbst Gesetz. Natürliche Gesetze bestimmen, wie wir unsere Seele nähren. Diese Gesetze sind universell, sie gehen über alle kulturellen, religiösen und nationalen Unterschiede hinaus. Wenn Menschen diese Prinzipien in sich selbst nähren und eine Ethik des Dienens entwickeln, wächst in ihnen der Wunsch, etwas in der Welt zu bewirken, den Armen und Benachteiligten zu helfen. Diese natürlichen Gesetze und das Resultat ihrer Befolgung zeigen, wie wir miteinander verbunden sind. Wir sind Schwestern und Brüder in der Familie Gottes, und deshalb sind wir wesensverwandt. Wenn ich Sie also auch nicht auf der irdischen Ebene kenne, kenne ich Sie doch in einem tieferen Sinne. Sie sind mir nicht gleichgültig, und ich bin Ihnen nicht gleichgültig. Das ist der Punkt, an dem wir uns treffen und unsere Verbundenheit unsere Seelen nährt.

Ich bin überzeugt davon, dass man, um seine Seele zu nähren, eine Vision haben muss – für sich selbst und für die Welt. Und ich glaube, dass die psychotherapeutische Literatur sich zu stark auf die Auseinandersetzung mit den Wunden der Kindheit, den verschiedenen Formen des Missbrauchs konzentriert hat und der Vision zu wenig Bedeutung beimisst. Ich glaube, dass eine Zukunftsvision ungleich wertvoller ist als das alte Gepäck. Wir tragen das großartige Potential in uns, diese Vision Wirklichkeit werden und das Gepäck in der Versenkung verschwinden zu lassen. Nicht dass Sie denken, ich hätte etwas gegen die Selbsterkenntnis, die man durch kognitive Therapien gewinnen kann. Aber ich glaube einfach, dass sie nicht ausreichen; sie sind nicht transzendent genug. Wir können es uns nicht leisten, in einem so kleinen Rahmen zu denken. Wir müssen darüber nachdenken, welchen Beitrag wir in der Welt leisten können. Das ist es, was Menschen verändert und heilt.

Dieser Prozess wird durch eine Struktur in unserem Inneren unterstützt, die ich mir als kleine Familie vorstelle: Die Mutter dieser kleinen Familie ist die Demut, die sagt, die Dinge liegen nicht in meiner Hand; ich muss mich den herrschenden Prinzipien unterordnen. Der Familienvater ist der Mut, weil es ungeheuren Mut erfordert, die tiefen psychischen Wunden und das innere »Drehbuch« zu überwinden, und auch jene mächtigen gesellschaftlichen Kräfte hinter sich zu lassen, die nicht mit den herrschenden Prinzipien in Einklang stehen. Das Kind, das aus dieser Verbindung hervorgeht, heißt Integrität. Hier hat die Seele in einer Reihe zeitloser, universeller Prinzipien ihr ausgewogenes Gleichgewicht gefunden. Es gibt aber auch noch zwei Enkelkinder. Das erste heißt Weisheit, wobei Weisheit hier bedeutet, dass man fähig ist, die Dinge in größeren Zusammenhängen zu sehen, zu erkennen, wie alles ineinander greift. Das zweite heißt »Reichtumsbewusstsein«, und damit meine ich, dass man sich bewusst ist, dass Sicherheit von innen, nicht von außen kommt – dass das Leben unerschöpfliche Quellen bereithält.

Unser Dienst an anderen öffnet die Seele. Wenn die Seele eines anderen Menschen krank ist, können wir versuchen, mit ihm eine Verbindung herzustellen, indem wir uns bemühen, seine Welt und seine Gefühle zu verstehen, so dass er sich ganz und gar angenommen fühlt. Dann können wir anfangen, ihn in seinem Potential, seiner inneren Kraft und Positivität zu bestärken. So öffnet er sich vielleicht irgendwann für die Lektion der Freiheit, lernt, unabhängig zu sein, und wird vom Schüler zum Lehrer, der wiederum andere Seelen berührt.

Um diese Arbeit tun zu können, um fähig zur »Seelenarbeit« zu sein, ist es unerlässlich, sich auf mehreren Ebenen zu entwickeln. Wenn man eine Ebene auslässt, hat das einen Domino-Effekt auf die anderen. Wir müssen diese Ebenen ins Gleichgewicht bringen. Erstens die physische: Menschen, die ihre fleischlichen Begierden nicht unter Kontrolle haben, werden irgendwann feststellen, dass sie auch ihren Geist nicht unter Kontrolle bringen können. Stattdessen werden sie von ihren Leidenschaften, ihrem Appetit dominiert. Zweitens die mentale Ebene: Auch hier müssen wir uns unablässig weiterentwickeln, damit wir ständig unsere Fähigkeit verbessern, gründlich, analytisch, kreativ, begrifflich und abstrakt zu denken. Und dann ist da natürlich noch die geistige Ebene, die Entwicklung des Gewissens und der Spiritualität.

In Mexiko machte ich einmal eine Erfahrung, bei der ich

plötzlich klar erkannte, auf welche Weise die Aufrecht-
erhaltung der Seelenverbindung im Alltag funktioniert. Da
ich nicht Spanisch spreche, hatte ich bei dieser Gelegenheit Kopfhörer auf, über die ich die Simultanübersetzung
der Vorträge hören konnte. Ich hörte also die englische
Übersetzung und gleichzeitig den Sprecher. Und plötzlich
wurde mir klar: So funktioniert es auch mit der Seele. Wir
nehmen die greifbare Welt außerhalb unserer selbst mit
allen Sinnen wahr, aber wenn wir uns auf der Seelenebene entwickelt haben, hören wir auch eine leise innere
Stimme, die uns hilft, unsere Welt zu verstehen und zu
interpretieren, die uns führt, so dass wir uns allein nach
unserem Gewissen richten und nicht nach äußeren, gesellschaftlichen Konventionen. So wie ich meine Aufmerksamkeit von der spanischen Stimme, die ich nicht verstand, abziehen und auf die englische Stimme, die ich verstand, richten konnte, können wir von den verwirrenden
äußeren Ereignissen auf die klaren Anleitungen aus unserem Innern umschalten. Solange dieses Gleichgewicht
zwischen Innen und Außen herrscht, wird unsere Seele
genährt, und wir können unser Leben dem Dienen widmen.

Die Entwicklung der Seele

von Matthew Fox

»Die Seele ist unser Appetit, der uns dazu bringt, vom Bankett des Lebens zu essen. Menschen, deren Seele hungert, stopfen alles in sich hinein, was sie bekommen können, ganz gleich, ob es süß oder bitter schmeckt.«

Es gibt keine Garantie dafür, dass wir mit einer starken Seele zur Welt kommen. Wir müssen an ihr arbeiten, müssen sie stärken und ausdehnen. Das tun wir, indem wir alle Erfahrungen des Lebens annehmen – die schönen und freudvollen wie die traurigen und schmerzhaften. Seelenarbeit erfordert Achtsamkeit. Wir müssen dem Lachen und dem Weinen, dem Erleuchtenden und dem Erschreckenden, dem Inspirierenden und dem Törichten gleichermaßen Aufmerksamkeit schenken. Jemand hat einmal gesagt: »Gott liebt es, die Seele wachsen zu sehen.« Vielleicht wurden wir auf diese Erde geschickt, um unsere Seele durch die Erfahrungen, die wir in diesem irdischen Leben machen, wachsen zu lassen.

Stille und Leere nähren die Seele. Auch Meditation – einfach leer sein und loslassen. Still sein. Lachen. Sich mit Schönheit, Anmut oder liebevollen Menschen umgeben. Das Zusammensein mit Menschen, die Grenzerfahrungen durchmachen, nährt die Seele ebenfalls. Wenn wir trauern, erleben wir das Leben, obwohl viele von uns vor dem Schmerz zurückschrecken. Deshalb ist Trauerarbeit ein wichtiger Teil der Seelenarbeit, denn sie hilft uns, alle unsere Gefühle und Emotionen, einschließlich Wut und Trauer, anzunehmen. Kürzlich sprach ich mit einem jungen Mann, der an Aids erkrankt ist. Er erzählte mir, dass er an dem Tag zu leben begann, an dem er begriff, dass er sterben muss. Die Seele nähren heißt, sich der Sehnsucht nach Schönheit und Güte, nach Einheit und Verbundenheit mit anderen zu widmen. Die Seele nähren heißt aber auch, zu kämpfen, Ungerechtigkeit anzuprangern und jeden Preis zu zahlen, der notwendig ist, um ein Unrecht auszugleichen. Alles, was uns ermutigt, wie schwierig oder herausfordernd es auch scheinen mag, nährt die Seele. Und wir müssen die Seele nähren, denn ohne eine starke Seele würden wir auf einer sehr oberflächlichen Ebene durchs Leben stolpern. Ohne die Leidenschaft der Seele würden wir nicht wirklich leben. Wir würden einfach die Zeit damit zubringen, auf den Tod zu warten. Die Seele ist unser Appetit, der uns dazu bringt, vom Bankett des Lebens zu essen. Menschen, deren Seele hungert, stopfen alles in sich hinein, was sie bekommen können, ganz gleich, ob es süß oder bitter schmeckt. Menschen nähren ihre Seele auf ganz unterschiedliche Weise, je nachdem, welche Vorgeschichte und Interessen sie haben. Denjenigen, die nicht wissen, wie sie all die Erfahrungen des Lebens wirklich *erleben* können, würde ich raten, sich zunächst einmal etwas zu suchen, das ihnen Freude macht, und dann mehr Zeit damit zuzubringen. In unserem Kulturkreis scheinen viele Menschen der Meinung zu sein, dass sie kein Recht auf Freude hätten, dass sie schon zufrieden sein müssten, wenn sie ab und zu einen kleinen Zipfel des Glücks erhaschen können. Diese Menschen müssen sich selbst die Erlaubnis geben, Dinge zu entdecken, die ihnen Freude machen, und sich Zeit dafür zu nehmen; sie müssen der Freude in ihrem Leben einen Platz einräumen.

Sucher, die es nach Seelennahrung verlangt, können auch nach Möglichkeiten Ausschau halten, sich mit dem großen Mysterium zu verbinden – wie auch immer sie es nennen. Die Teilnahme an Gemeinschaftsaktivitäten und Ritualen ist ebenfalls eine ausgezeichnete Möglichkeit, die Seele zu nähren. Ich glaube, dass wir als Volk unter anderem an einem Mangel an gemeinsamen Ritualen leiden. Diese Rituale könnten uns durch ihre Kraft, und indem sie uns mit anderen Menschen verbinden, helfen, unsere Seelen auszudehnen.

Zur Zeit arbeite ich mit einer Gruppe von jungen Menschen aus Sheffield, England. Sie entwickelten eine neue Form des Gottesdienstes mit Techno-Musik, Multimedia, Rap und Rave-Tanz. Ende Oktober 1994 zelebrierten wir diese Messe im Untergeschoss der Grace Cathedral in San Francisco. Das Ritual und die Gemeinschaft mit den anderen, die Musik und Kreativität und, ja sogar die ganze Mühe und die Organisationsprobleme brachten Spaß und waren Seelennahrung.

Menschen, die nach Möglichkeiten suchen, ihre Seele zu nähren, können Kreativität zu einem Teil ihres Alltags machen. Das Universum ist kreativ. Wenn wir kreativ sind, gebären wir etwas, so wie das Universum die Sterne, Planeten, Mikroben, Pflanzen, Tiere und Menschen gebar. Wenn wir Ideen oder Liebe oder Humor kreieren, schaffen wir so viel mehr Gelegenheiten für uns selbst und für andere, das Leben zu erfahren, und nähren viele Seelen gleichzeitig.

Schönheit zu betrachten und zu genießen ist eine weitere Möglichkeit, die Seele zu nähren. Für das Universum ist es ganz selbstverständlich, Schönheit zu erschaffen. Es gibt Blumen und Lieder, Schneeflocken und Lächeln, großartige und mutige Taten, Lachen unter Freunden, eine gut ausgeführte Arbeit, den Geruch frisch gebackenen Brotes. Schönheit ist überall und jederzeit bereit, die Seele zu nähren. Wir müssen sie nur sehen.

Humor ist eine wunderbare Seelennahrung. Allzu großer Ernst läuft den Gesetzen der Natur zuwider. Unsere Seele schrumpft, wenn wir humorlos durchs Leben gehen, blind für die Paradoxien in und um uns, und wenn wir nie über uns selbst lachen können.

Arbeit nährt ebenfalls die Seele. Alle Geschöpfe des Universums verrichten irgendeine Arbeit. Indem wir arbeiten, ehren wir das Leben. Es spielt eigentlich keine Rolle, um was für eine Art von Arbeit es sich handelt – wichtig ist allein die Tatsache, dass wir arbeiten. Jede ehrliche Arbeit nährt die Seele, wenn wir sie nach besten Kräften erfüllen und wenn sie anderen Menschen Freude bringt.

Arbeiten, kreativ sein, Humor genießen, ein Unrecht ausgleichen, sich ohne Ausflucht mit einem Schmerz konfrontieren: jeder Aspekt des Lebens kann die Seele nähren, wenn wir ihn annehmen, ihn in unser Leben hineinlassen. Meditation und Gebet führen uns zu den stillen Orten der Seele. Der Aufschrei gegen eine Ungerechtigkeit oder das lautstarke Feiern eines Festes bringen uns dagegen zu den lauten Plätzen der Seele. Es ist nicht so wichtig, wofür wir uns entscheiden, Hauptsache, wir entscheiden uns, zu leben und etwas zu tun.

Viele Wege führen zu unserer Seele, doch insbesondere vier entsprechen dem, was ich die »vier Wege der schöpferischen Spiritualität« nenne. Sie können uns helfen, die Seelenreise zu benennen. Der erste Weg, die *via positiva,* oder die Erfahrung des Göttlichen als Segen der Schöpfung, ist unsere Erfahrung der Ehrfurcht, des Staunens, der Freude und des Entzückens. Der zweite Weg, die *via negativa*, führt durch die Dunkelheit, den Schmerz, die Leere, das Nichts und das Loslassen. Auf dem dritten Weg, der *via creativa*, dem kreativen Weg, machen wir die Erfahrung des Gebärens und Erschaffens. Der vierte Weg, die *via transformativa*, ist der Weg des Mitgefühls, des inneren Ringens, der ausgleichenden Gerechtigkeit, der Reinigung und der Vorstellungskraft.

Es gibt keine festen Regeln für das Nähren der Seele. Lieben, Lachen, Weinen, kreativ sein, Beten, gegen Windmühlen kämpfen, ein Kind großziehen, einem sterbenden geliebten Menschen Lebewohl sagen – all das heißt leben, wenn wir uns bewusst sind, was wir tun. Manche Menschen nehmen das Leben ganz natürlich an, andere müssen es erst lernen. Manche öffnen sich dem Leben bereitwillig, andere erst nach einem Zusammenbruch oder einer Katastrophe. Doch für uns alle geht es einzig und allein darum, zu leben, lebendig zu sein und bewusst wahrzunehmen, was wirklich *ist*. Das Leben *leben* nährt die Seele – und dazu gibt es eine Menge Gelegenheiten.

Die Sehnsucht nach dem Heiligen

von Jacob Needleman

> »Wir können das Wesen eines anderen
> Menschen nicht verstehen, ohne Liebe
> zu empfinden. Verstehen und Liebe
> gehen Hand in Hand. Wenn wir die
> Seele nähren, nähren wir automatisch
> unsere Fähigkeit, andere Menschen zu
> lieben.«

In der menschlichen Psyche existiert eine Sehnsucht, die weder von der modernen Psychologie anerkannt, noch von unserer Gesellschaft gefördert wird. Plato nannte diese Sehnsucht »Eros«. Wir haben dieses Wort hauptsächlich auf den sexuellen Aspekt des Lebens reduziert, aber Plato benutzte es, um die menschliche Sehnsucht auszudrücken, an der Großartigkeit der Existenz teilzuhaben – sowohl im äußeren als auch im inneren Universum. Er drückte das mit dem Satz aus: »Der Mensch ist schwanger mit der Seele.« Seit Anfang dieses Jahrhunderts herrscht in der modernen Psychologie und Psychiatrie die Tendenz, den Menschen hauptsächlich als Tier mit hoch entwickeltem Gehirn zu betrachten. Das spirituelle Element der menschlichen Natur wurde als zweitrangig oder auf soziobiologische Bedürfnisse reduzierbar betrachtet. Diese Entwicklung führte zu einer Unterdrückung auf der metaphysischen Ebene, die viel gefährlicher, viel tödlicher und destruktiver ist als die sexuelle Unterdrückung – die Unterdrückung der Sehnsucht nach dem Heiligen, die für uns mindestens so elementar ist wie das sexuelle Verlangen und das Bedürfnis nach Nahrung und Obdach. In unserem Kulturkreis versucht sich diese Sehnsucht nun wieder Gehör zu verschaffen. Vieles, was uns heutzutage begegnet, ist ein Zeichen dafür, dass der Eros sich wieder Bahn bricht. Viele Menschen wenden sich neuen religiösen Bewegungen und spirituellen Ideen zu. Im Bereich der Naturwissenschaften herrscht Desillusionierung. Die Leute verdienen so viel Geld, wie sie wollen, und können sich alles kaufen, und trotzdem fragen sie sich, wie sie ein sinnvolles Leben führen können. Überall auf der Welt mehren sich die Hinweise darauf, dass unsere moderne Kultur irgendetwas Wichtiges ausgelassen hat. Dieses »Etwas« ist die Seele.

Vor ein paar Jahren hielt ich einen Philosophiekurs für Hochschulstudenten. Diese jungen Leute erzählten mir, es gäbe in ihrem Umfeld keinen einzigen Ort – weder in den Familien noch im Freundeskreis, weder bei Psychologen noch in den Kirchengemeinden –, an dem sie einfach die Fragen stellen konnten, die ihr Herz bewegten: Wer bin ich? Warum sind wir hier? Was ist unsere Aufgabe? Gibt es einen Gott? All die Fragen, die ich das Herz der Philosophie nenne. Das sind die echten Fragen, die auftauchen, wenn man sich auf die Suche nach der Seele macht. Die Studenten waren glücklich, endlich die Gelegenheit zu haben, diese Fragen stellen zu können, ohne sich dafür schämen zu müssen.

Die Suche nach der Seele ist Teil der menschlichen Natur. Sie ist etwas so Grundlegendes wie der Wunsch, satt zu werden oder Kleider zu besitzen oder zu heiraten oder Kinder zu haben. Im Koran und auch in jüdischen Erzählungen findet man viele Parabeln über dieses Thema. In einer dieser Geschichten ist Gott gerade dabei, die Menschheit zu erschaffen, indem er Geist und Erde mischt. Die Engel, die ihn dabei beobachten, sagen: »Gott, warum erschaffst du solch ein Wesen? Weißt du, wie viel Ärger es damit geben wird?« Die Engel sind reine Geistwesen. Sie verstehen nicht, was Gott da macht. Gottes Antwort im Koran ist einfach: »Ich weiß, was ihr nicht wisst.« Wir sind diese einzigartige Schöpfung. Wir haben einen irdischen, weltlichen, animalischen Anteil, aber auch das Potential, ein spirituelles Wesen zu sein. So wie ich es sehe, ist es unsere Bestimmung, beiden Aspekten gerecht zu werden, beide Aspekte zu würdigen, solange wir auf dieser Erde leben. Das ist eine sehr schwierige Aufgabe, aber wenn wir uns diesem Ziel nicht zumindest nähern, werden wir niemals Glück oder Erfüllung finden. Versuchen wir, nur die horizontale Seite, die soziobiologische Seite unserer Natur zu befriedigen, können wir uns zwar eine Menge Wünsche erfüllen und viel Vergnügen auf der physischen Ebene haben, aber wir werden kein echtes Glück, keine Sinnerfüllung finden. Wir werden unter vielen Ängsten leiden. Aber auch wenn wir versuchen, rein spirituelle Wesen zu sein, verleugnen wir einen Teil von uns selbst und finden keine Erfüllung. Diese Suche nach der Seele ist also Teil unseres Wesens. Die Frage ist nur, warum geschieht das jetzt? Wir befinden uns im neuen Jahrtausend und stellen fest, dass wir in einer Gesellschaft leben, die uns in vieler Hinsicht geben kann, was wir wollen, aber nicht, was wir brauchen. Es ist vielleicht mehr als nur ein Zufall, dass wir jetzt, da wir das Jahr 2000 erreicht haben, erkennen, dass das Fundament unserer westlichen Zivilisation in Vergessenheit geraten ist. Dieses Fundament muss wieder entdeckt werden, und ein Teil davon ist die Anerkennung der Seele und des geistigen Wesens in jedem von uns. Das geschah in den neunziger Jahren auf dramatische Weise, weil sich gezeigt hat, dass in unserer bisherigen Lebensweise ein wesentliches Element fehlt. Wie können wir unsere Seele im Alltagsleben nähren? Eine Seele ist ein Embryo, der gehegt und genährt werden muss. In ihrem embryonalen Zustand – aber auch in allen anderen Entwicklungsstadien – braucht die Seele etwas völlig anderes als das soziobiologische Selbst. Sie hat ein anderes Wertesystem. Es liegt ihr nichts an den Vergnügungen und Belohnungen, die unser Ego befriedigen. Sie verlangt nach etwas, das das Ego nicht verstehen kann. Sie verlangt danach, Wahrhaftigkeit zu erfahren, zumindest teilweise Wahrheit leben zu können.

Wie der Körper Nahrung braucht, so braucht die Seele Erfahrungen der Wahrheit in Bezug auf sich selbst und die Welt. Wenn wir die Erfahrungen, die wir mit uns selbst und mit anderen machen, so sehen und annehmen können, wie sie wirklich sind, wird die Seele genährt. Deshalb ist es so wichtig, sich mit anderen Menschen zusammenzuschließen, die das gleiche Ziel haben. Ich glaube nicht, dass man diesen Weg allein gehen kann. Man sollte also als Erstes versuchen, Freunde zu finden, die ich »philosophische Freunde« nenne – Menschen, die ebenfalls diese Wertvorstellungen haben. So kann man sich gegenseitig auf der Suche nach Seelennahrung unterstützen. Früher oder später sind die Erfahrungen der Wahrheit untrennbar mit der Unterstützung durch andere Menschen verbunden Wahrheit geht immer mit Liebe einher. Wir können das Wesen eines anderen Menschen nicht verstehen, ohne Liebe zu empfinden. Verstehen und Liebe gehen Hand in Hand. Wenn wir die Seele nähren, nähren wir automatisch unsere Fähigkeit, andere Menschen zu lieben.

Man kann einen »philosophischen Freund« auch Seelenpartner nennen. Das hat nichts mit Sentimentalität zu tun, sondern bedeutet einfach, dass der andere im Hinblick auf diese Beziehung ebenfalls vor allem anderen an der Wahrheit interessiert ist. Das kann manchmal hart sein, denn oft wenden wir uns an Freunde, damit diese uns helfen, unsere egoistischen Illusionen aufrechtzuerhalten. Tun sie das nicht, werden wir wütend auf sie. Seelenpartner können uns manchmal wie Feinde erscheinen. Aber sie sind Feinde der Falschheit. Seelenpartner müssen durchaus nicht immer Leute sein, die man mag. Es sind einfach Menschen, deren Weg die Wahrheit und das Dienen ist.

Meditation ist, wenn sie richtig angewandt wird, ebenfalls sehr gut für die Seele. Jeder muss auf die eine oder andere Weise meditieren, aber es gibt viele verschiedene Meditationsarten und -lehrer. Wie bei jeder spirituellen Praxis ist es hilfreich, die Unterstützung und Führung eines Menschen zu haben, der sich auf diesem Gebiet auskennt.

Auch Musikhören und Lesen können uns auf dem Weg zu uns selbst eine große Hilfe sein. Sie erzeugen in uns eine Art von Stille, die ganz wichtig für das Wachstum der Seele ist. Die Seele kann nicht wachsen, wenn sie nicht immer wieder auf irgendeine Weise Stille erfährt. Für mich ist es beispielsweise sehr wichtig zu erkennen, dass meine eigene Einstellung gegenüber dem Leben, das mir geschenkt wurde, Tag für Tag darüber bestimmt, ob meine Seele genährt wird oder nicht. Alle Bücher und alle Musik der Welt können nicht viel bewirken, wenn ich innerlich nicht bereit bin, die Wahrheit zu empfangen. Andererseits können mir viele Ablenkungen und Unannehmlichkeiten nicht wirklich schaden, wenn ich die feste Absicht habe, meine Beziehung zu meinem spirituellen Selbst nicht abreißen zu lassen. Selbst inmitten verschiedenster Ablenkungen und Aktivitäten kann man ein meditatives Leben führen. Wir können solche Ablenkungen ja gar nicht vermeiden, denn das Leben geht weiter. Diese Schwierigkeiten *sind* Leben. Sie werden nie aufhören. Deshalb ist es für unser Seelenwachstum wichtig, dass wir bewusst mit ihnen umgehen. Die innere Einstellung ist wahrscheinlich das Wichtigste – wenngleich nicht das Einfachste. Es ist schwierig, zu einer Einstellung zu gelangen, die einem ermöglicht, alles, was geschieht, jede Erfahrung, die man macht, als notwendig für das innere Wachstum zu betrachten. Aber sie ist das *sine qua non* – das Wichtigste von allem. Wir können nicht erwarten, von außen zu bekommen, was nur von innen kommen kann. Sonst würden wir eine Art Götzendienst betreiben.

Beseelte Momente

―――――――・◆・―――――――

von Phil Cousineau

> »Auch in unserer extrem schnelllebigen
> Welt, in der die Geschwindigkeit der
> Veränderungen vielen Menschen Angst
> macht, kann man einen ›beseelten‹
> Weg beschreiten, indem man sich wie-
> der auf den Ursprung jener Dinge
> besinnt, die die Zeiten überdauern.«

Wenn ich jemanden sagen höre: »Ich habe meine Seele
verloren«, höre ich: »Ich habe meine Verbindung zum
Leben verloren« oder »Ich habe meinen Lebenssinn aus den
Augen verloren« oder »Ich habe keine Vorstellungskraft
mehr«. Dann fällt mir ein, dass sich die Suche nach der
Seele seit Anbeginn der Menschheitsgeschichte um das
Thema der Unsterblichkeit drehte – mit anderen Worten,
um das Mysterium der Kontinuität und die unergründ-
lichen Tiefen des Lebens.

Als die Naturwissenschaften ihren Siegeszug um die Welt
antraten, hörten viele Menschen auf, an die Unsterblichkeit zu glauben, was bedeutet, dass sie aufhörten, an die
Seele zu glauben. Wenn jemand sagt: »Ich bin nur einmal
hier, und wenn ich sterbe, ist alles vorbei«, ist es sehr
unwahrscheinlich, dass dieser Mensch an die Seele glaubt
oder die Seele ernst nehmen wird. Und doch löst dieses
Wort bei den meisten von uns noch so viel aus. Selbst
wenn Sie ein überzeugter Atheist mit einer Brieftasche
voller Kreditkarten sind, wird es Sie treffen, wenn jemand

zu Ihnen sagt, Sie hätten Ihre Seele verkauft, um ein bestimmtes Geschäft abzuschließen, oder bei der Veranstaltung letzte Nacht eine seelenlose Vorstellung gegeben. Sagt aber jemand zu Ihnen: »Heute Abend siehst du so beseelt aus«, klingt dieser Satz noch lange in uns nach. Mir scheint, dass das Wort »Seele« uns auch heute noch zur Beschreibung alles Authentischen und Lebendigen dient. Wenn also jemand sagt: »Ich habe meine Seele verloren«, höre ich: »Ich habe meine Authentizität verloren. Ich habe meinen Lebensfunken verloren. Ich habe meine Verbindung zum Heiligen verloren.«

Dann stellt sich natürlich die Frage, wie man sie zurückerlangt. Und da gibt es nicht nur einen Weg. Oft versuchen wir spontan, wieder mit unserer Seele in Kontakt zu kommen, indem wir die Nähe »beseelter« Menschen suchen. Eine andere Möglichkeit besteht darin, beseelte Orte aufzusuchen – entweder in der Natur oder indem wir eine Pilgerreise zur Kathedrale von Chartres oder zur Klagemauer von Jerusalem oder sogar ins Yankee-Stadion unternehmen. Suchen Sie Plätze auf, die mit spiritueller Energie aufgeladen sind – Orte auf dieser Erde, die uns wirklich heilig sind.

Auch der Besuch »beseelter« Veranstaltungen kann uns wieder in Kontakt mit unserer Seele bringen: eine Kunstausstellung, ein Konzert, eine Dichterlesung. Wenn wir etwas lauschen oder betrachten, das »Seele« hat, springt ein Funke über, der das Feuer unserer Seele wieder entfachen kann. Darin liegt für mich die Kraft der Religion, des Rituals und der Kunst – sie helfen, uns aufzuwecken, uns daran zu erinnern, dass es noch Dinge jenseits der Oberfläche gibt.

Heutzutage haben manche Leute große Schwierigkeiten

mit dem Wort »Seele«, es scheint akzeptabler, von »Beseelt-heit« zu sprechen, insbesondere von beseelten Momenten – beispielsweise beim Schreiben eines Briefes. Der Dichter John Donne drückte das in einem wundervollen Satz aus. Er spricht davon, dass »Briefe Seelen vereinen«. Wenn Sie einen Brief schreiben, sind Sie achtsam. Sie achten auf das Papier und den Füller und die Tinte. Ihr Gedankenkarussell dreht sich nicht mehr so schnell; Sie denken über eine andere Seele nach, die auf dieser Welt existiert. Und indem Sie das tun, vereint sich Ihre Seele mit dieser anderen. In unserer heutigen Welt ist das Schreiben eines Briefes von Hand ein beseelter Akt. Für mich hat also Seele viel mit Aufmerksamkeit, Nachdenklichkeit, Achtsamkeit zu tun. Seele ist ein Maß für die Tiefe unseres Lebens – sie ist »der göttliche Funke« in uns, wie Meister Eckhart sagte.

Es gibt in unserem Alltagsleben genügend Möglichkeiten, mit der Seelenebene in Kontakt zu kommen: ein Gebet, eine vertraute Beziehung, eine gemeinsame Mahlzeit. Viele von uns nehmen ihre Mahlzeiten meistens allein ein, am Schreibtisch oder in irgendeinem Schnellimbiss im Stehen. Ich glaube, auf irgendeiner Ebene spüren wir, dass das eine ziemlich seelenlose Art ist, sich Nahrung zuzuführen. Eine gemeinsame Mahlzeit, mit Freunden oder Angehörigen, schenkt uns seelenvolle Augenblicke. Solche Momente erleben wir auch, wenn wir jemandem etwas beibringen, wenn wir Lehrer, Berater oder Mentor sind. Wenn wir unser Wissen oder unsere Weisheit weitergeben, ist Seele da. Diese kurzen Augenblicke erquicken die Seele, weil dabei immer der Katalysator *Liebe* ins Spiel kommt. Wie schon unsere Vorfahren erkannten, verwirklicht sich die Seele durch Liebe.

Dessen ungeachtet besteht in unserer heutigen Gesellschaft

die Tendenz, sich von anderen abzusondern. Das gehört zum westlichen Mythos des Individualismus. Wir sind einsame Wölfe – »wir gegen den Rest der Welt« – entweder als Einzelperson oder als Kleinfamilie. Doch ich glaube, dass wir für diesen Individualismus einen hohen Preis bezahlt haben. Es gibt ungeheuer viele einsame und isolierte Menschen in unserem Land. Vielleicht verweist das wiedererwachende Interesse an allem, was mit Seele zu tun hat, auf eine Abkehr von der Isolation des Individualismus und eine Hinwendung zur Gemeinschaft. Eine seelenvolle Lebensweise bringt uns dazu, uns wieder mit unseren Nachbarn, unserer Gemeinde zu verbinden, vielleicht sogar politisch aktiv zu werden und die Verbundenheit mit unseren Angehörigen, unserer Vergangenheit, unseren Vorfahren wiederherzustellen. Wir verbinden uns wieder mit der spirituellen Ebene. Ich habe festgestellt, dass ein seelenvolles Leben uns nicht so sehr auf die Zukunft oder den Fortschritt, sondern mehr auf die Vergangenheit blicken lässt. Wir fangen an, über das, was war, nachzudenken.

Kürzlich beendete ich die Arbeit an einem Film mit dem Titel »Ecological Design« (»Ökologisch Bauen«). Es geht dabei um die inspirierende neue Strömung in der Architektur hin zum »grünen Bauen«, bei dem die Architekten und Designer wieder die Umweltverträglichkeit und die Haltbarkeit der Gebäude berücksichtigen. Bei dieser Art des Bauens wird auch Wert darauf gelegt, dass die Gebäude in Harmonie mit der Umgebung, der Landschaft, der Gemeinde und dem »Geist des Ortes« sind. Auf diese Weise wird die Seele im Alltäglichen genährt, und die Menschen besinnen sich wieder auf ihre Verbindung zu ihrer Umwelt. Ich glaube, dass dies einer von verschiedenen Wegen ist, auf denen das heutige Amerika sich wieder »beseelt«.

Jamaka Highwater, ein indianischer Autor, weist uns auf einen Unterschied zwischen seiner und der zeitgenössischen amerikanischen Kultur hin, der jenen unter uns, die heute allzu sehr dem Kult des Individualismus frönen, zu denken geben mag. Er schreibt, dass die amerikanischen Ureinwohner (außer den Prärie-Indianern, die sehr individualistisch waren) nicht so sehr an die individuelle Seele wie an eine kollektive Seele glaubten. Er benutzt das Wort *Orenda,* das zwei Bedeutungen hat: Es steht entweder für die Stammesseele oder das Stammesfeuer. Letzteres ist ein Bild, das viele Mystiker benutzten, indem sie die Seele als Flamme bezeichneten. Die Stämme der amerikanischen Ureinwohner und auch einige afrikanische Stämme glaubten, dass die Seele eines Clans, eines Stammes oder eines Dorfes wie eine Flamme aufflackert oder zusammensinkt. Die Flamme lodert am höchsten, wenn die Stammesmitglieder etwas für ein gemeinsames Ziel tun. Wenn sie gemeinsam ein Ritual abhalten, beten, jagen oder träumen, ist die Flamme am stärksten. Diese Lebensweise nannten sie »den roten Weg«. Jemand, der sich vom Kollektiv abwandte und nur an sich selbst oder einigen wenigen vertrauten Menschen interessiert war, beschritt den, wie sie es nannten, »schwarzen Weg«, der zu Egoismus und oft auch zu Gewalt führt.

Auf diesem Weg sind wir im heutigen Amerika stecken geblieben. Der ausschließliche Glaube an die individuelle Seele führt zu einer Abgrenzung, die schließlich in isolierender Selbstbezogenheit endet. Würden wir unsere Vorstellung von Seele so weit ausdehnen, dass auch die Gemeinde, die Seele der Natur, ja die Seele der Welt, darin Platz hätte, könnten wir vielleicht allmählich wahrnehmen, dass unser Leben etwas mit dieser Flamme zu tun hat, die überall um uns herum brennt. In der kalifornischen Gemeinde Davis ersetzten die ortsansässigen Städteplaner betonierte Höfe und Flächen durch Gärten und Obstwiesen und verwarfen das Konzept schnurgerader Straßen völlig. Ihnen war bewusst, dass in amerikanischen Gemeinden viele Kinder nur deshalb auf der Straße sterben, weil die schnurgeraden Straßen junge Leute dazu animieren, in Dreißig-Stundenkilometer-Zonen hundert Stundenkilometer zu fahren. Ich glaube, es ist einfacher, den Alltag zu »beseelen«, wenn die Gemeinden, die Häuser, das Lebensumfeld mit Seele und mit einem Sinn für Schönheit geplant wurden.

Wir können eine Menge Zeit damit zubringen, an unserer individuellen Seele zu arbeiten, doch wenn wir dann in eine Welt hinausgehen müssen, in der alle Gebäude, das ganze Umfeld, seelenlos sind, kann sich die individuelle Seele bedroht fühlen und gezwungen sein, sich zurückzuziehen. Wie können wir zu »beseelten« Menschen werden, wenn wir die Sicherheit auf unseren Straßen, die Seele unserer Umwelt und die Qualität unseres Bildungssystems vernachlässigen? Kürzlich las ich noch einmal Martin Luther Kings Rede »Ich habe einen Traum«. Und plötzlich elektrisierte mich sein prophetischer Satz: »Wir müssen zu jenen majestätischen Höhen aufsteigen, auf denen sich die physischen Kräfte mit den Seelenkräften verbinden.« Die Vorstellung, dass unsere Seelen eine kumulative Wirkung haben können, die in der Welt etwas bewegt, kann uns helfen, die Erhabenheit der Seele zu sehen, anstatt sie als überholtes theologisches Konzept zu betrachten.

Einige ausländische Freunde erzählten mir, dass sie, als sie Kings Rede hörten, zwar nicht alle Worte verstanden, aber die »Seele« in seiner Stimme wahrnahmen und weinen mussten. Das ist es, was der Dichter Longfellow meinte, als er schrieb, die Seele sei unsichtbar, aber hörbar. Die Seele liegt in der Stimme oder, gemäß einer anderen ehrwürdigen Tradition, in den Fingerspitzen. Die Künstler des Mittelalters waren überzeugt, dass wir aus diesem Grunde ein spiralförmiges Muster auf unseren Fingerspitzen haben. Sie glaubten, diese Wirbel seien die Markierungen, die die Seele beim Eintreten in den Körper oder beim Verlassen des Körpers zurücklässt. Gemäß dieser Vorstellung »beseelen« wir die Menschen und Dinge, die wir berühren, durch die Energie unserer Berührung. Unsere Seele steigt aus jenem geheimnisvollen Ort aus unserem Innern auf und berührt über unsere Fingerspitzen das Holz, das wir schnitzen, die Pflanzen, die wir hegen, die Kinder und Tiere und Geliebten, die wir anfassen. Für mich ist das eine sehr poetische Art und Weise, sich vorzustellen, wie wir wieder Seele in unser persönliches Leben bringen können: indem wir darauf achten, auf welche Weise wir Menschen und Dinge berühren oder unsere Nahrung zubereiten, wie viel Sorgfalt wir auf unsere Arbeit verwenden oder wie wir mit der Natur umgehen.

Die Faszination, die die Seele auf uns ausübt, spiegelt vielleicht unseren Wunsch nach Kontinuität. Für mich liegt dieser ganzen Diskussion über die Seele die Frage nach der Kontinuität zugrunde. Wir alle wissen sehr genau, wie schnell sich die Dinge um uns herum verändern, angefangen bei den Gebäuden und Geschäften in unserer Nachbarschaft, bis hin zu den Freunden, die kommen und gehen, und den Menschen, die Tag für Tag sterben. Das einzig Konstante ist die Veränderung. Und doch geht dieser ständige Wandel mit einem Mysterium einher, das ich gerne die seltsame Beharrlichkeit des Lebens nenne. Irgendetwas Unauslöschbares scheint all diese Veränderungen zu überdauern. Das kann etwas so Einfaches sein wie das Leuchten in den Augen Ihres Großvaters, den Sie auf einer Fotografie von 1915 betrachten (wie auf dem Foto meines eigenen Großvaters, Horace Cousineau). Wenn ich darüber nachdenke, besinne ich mich auf das Mysterium der Seele. Wenn ich meine Hände auf die Steine der Kathedrale von Chartres lege und die geheimnisvolle Energie dieser Kontinuität wirklich in mich aufnehme – mich frage, wie eine Kathedrale siebenhundert Jahre überdauern konnte, siebenhundert Jahre lang Menschen zutiefst bewegen konnte –, sinne ich über das Mysterium der Kontinuität nach. Das ist eine Kontemplation über die Seele, über die tiefere Dimension des Lebens.

Auch in unserer extrem schnelllebigen Welt, in der die Geschwindigkeit der Veränderungen vielen Menschen Angst macht, kann man einen »beseelten« Weg beschreiten, indem man sich wieder auf den Ursprung jener Dinge besinnt, die die Zeiten überdauern. Ob man ein Märchen liest, eine Reise zu einem uralten heiligen Ort unternimmt, eine echte Freundschaft pflegt – all das sind Möglichkeiten, sich auf etwas Dauerhaftes, auf die Kontinuität, zurückzubesinnen. Wenn wir in Kontakt mit diesem Mysterium der Kontinuität kommen, werden wir auf einer sehr tiefen Ebene genährt. Ignorieren wir aber die Verbindung zum Dauerhaften – verlieren wir den Kontakt zu den uralten Mythen und Orten, blättern wir nie in alten Familienaufzeichnungen und pflegen keine tiefen Freundschaften –, sind wir verloren. Ich glaube, wir verlieren den inneren Antrieb auf unserer Seelenreise, wenn wir ausschließlich versuchen, mit den Veränderungen Schritt zu halten. Doch wenn wir mit einer alten Überlieferung, einem echten Mentor oder den geheimnisvollen Kräften der Natur in Berührung kommen, wird unsere Seele genährt, und wir finden – durch eine Strömung, die mir noch immer unerklärlich ist – den Mut, weiterzugehen.

7. TEIL

Rückkehr zur Seele

———————•◆•———————

»Bei der neuen Kunst geht es nicht darum,
seinen Lebensunterhalt zu sichern oder ein
Kunstwerk zu produzieren oder sich selbst
zu therapieren, sondern darum, eine neue
Seele zu finden. Das neue Zeitalter ist eine
Ära der spirituellen Kreativität ... und der
Seelenentwicklung.«

Henry Miller

Den Ast loslassen

—— ◆ ——

von Benjamin Shield

> »Seele finden wir da, wo das Feuer
> unserer Leidenschaften brennt. Sie ist
> dort, wo unsere Liebe am lebendigsten
> ist. Die Seele sehnt sich nach dieser
> tieferen Liebe, nach einer Verbindung
> zwischen Form und Formlosigkeit,
> nach einem Kontinuum zwischen dem
> Irdischen und dem Göttlichen.«

Eines Nachmittags machte sich ein Mann namens Harry zu
einer Klettertour in den Bergen auf. Zuerst kam er recht
gut voran, doch plötzlich brach ein Stück des schmalen
Pfades weg, auf dem er sich befand, und riss ihn mit sich
in die Tiefe. Harry ruderte mit den Armen und erwischte
einen kleinen Ast, der aus der Steilwand herausragte. Er
klammerte sich mit aller Kraft fest und schrie: »Hilfe! Hilfe! Ist dort oben jemand?« Wie durch ein Wunder teilten
sich die Wolken, und ein Lichtstrahl fiel auf Harry, der sich
so verzweifelt an den dünnen Ast klammerte. Eine Stimme
– ganz offensichtlich die Stimme Gottes – sprach zu ihm:
»Harry, ich werde dich retten. Ich bin alles Gute, Wahre
und Schöne. Lass los; ich werde dich retten. Lass los.« Harry dachte angestrengt nach, blickte dann nach oben und
schrie: »Ist noch irgendjemand *anders* dort oben?«
Wie oft befinden wir uns in der gleichen Lage wie Harry;
suchen wir nach Möglichkeiten, uns immer fester an das
zu klammern, was uns, wie wir wohl wissen, nicht trägt,

oder lernen wir loszulassen, uns in den Raum der Seele fallen zu lassen? Das Loslassen ist eine der größten Herausforderungen, mit der wir in unserem Leben konfrontiert werden. Ich habe mir dieses Loslassen immer als Transformation vorgestellt – als die Bewegung einer geschlossenen Faust, die sich öffnet. Wenn wir uns dem Leben öffnen, können wir uns von den selbst geschaffenen Hindernissen befreien, die uns immer wieder den Weg versperren. Dieser Prozess erfordert allerdings die Bereitschaft, unsere Maske fallen zu lassen – jenen unechten Mummenschanz, an den wir uns klammern, weil wir uns damit identifizieren, der aber nutzlos geworden ist. Wie Harry wird jeder von uns fast täglich mit einer solchen Entscheidung konfrontiert. Die Entscheidung, loszulassen, macht uns frei, den Weg zu unserer Seele einzuschlagen. Doch was dann? Was geschieht, nachdem wir die Reise zur Seele angetreten haben? Ist die Seele ein filigranes Kunstwerk, so etwas wie ein kostbarer Abendmahlkelch, den wir nun zur Sicherheit in einen Glaskasten aufbewahren, wo wir ihn dann bewundern können? Oder ist die Seele einfach unsere Art und Weise, die Welt zu betrachten – das Beste und Wahrhaftigste in allen Menschen und Dingen, die uns begegnen, zu sehen? Wir können mit der Seele in Kontakt kommen, indem wir das Vertraute und Sichere loslassen, indem wir unsere Präsenz in der Welt ständig erneuern und zum Ausdruck bringen und indem wir in unserem Alltag achtsam von einem Augenblick zum nächsten leben. Dann wird die Beziehung zu unserer Seele zum Vorbild für unsere Beziehung zur Welt.

Auf der Seelenreise geht es nicht darum, immer mehr Wissen anzusammeln. Es ist eine Reise, auf der wir uns an jene kostbaren Wahrheiten erinnern, die wir schon seit langem kennen. Es geht nicht darum, genügend Daten zu sammeln, bis plötzlich der »große Aha-Effekt« eintritt. Nein, unsere Seelenreise ist ein Prozess, bei dem wir uns innerlich frei machen, um das Neue und Frische jedes Augenblicks wahrnehmen zu können, und ununterbrochen die Gedanken und Ängste aus dem Weg räumen, die den Zugang zu unserer Seele blockierten und gleichermaßen verhinderten, dass unsere Seele mit uns in Kontakt treten konnte. Robert Frost drückte das so aus: »Etwas, das wir zurückhielten, schwächte uns, bis wir erkannten, dass wir selbst es waren.«

Vielleicht können wir uns den seelischen Entwicklungsprozess so vorstellen, wie Michelangelo sich die Entstehung seiner Skulpturen vorstellte. Er war überzeugt davon, dass die vollständige Form der Statue bereits im Marmor existierte. Er musste also nur alles wegmeißeln, was *nicht* zu dieser vollkommenen Skulptur gehörte. Dann würde sie nach und nach sichtbar werden. So ist auch die Seele – vollkommen, doch verborgen. Der sie umhüllende »Marmor« kann mit Hilfe unseres leidenschaftlichen Wunsches, unsere Seele sowie ihre Blockaden zu erkennen, weggemeißelt werden.

Die Erfahrung, mit der Seele in Kontakt zu kommen, ist mit jener Magie vergleichbar, die Verliebte erleben. In solchen Zeiten lösen sich unsere Ego-Grenzen auf – all die Schutzmauern, die wir um uns herum errichten, um uns von anderen abzuschirmen. Es ist eine Zeit, in der die Seele genährt wird. Erinnern Sie sich an die Gefühle, die Ihre Seele erquicken, wenn Sie ausgelassen singen und tanzen? Einer Geburt beiwohnen? Schuberts »Ave Maria« hören? Sich in den Augen eines anderen Menschen verlieren? Ironischerweise sprechen wir, wenn wir diese besonderen

Augenblicke beschreiben, oft davon, »uns zu verlieren«. Doch in diesem »Verlieren« finden wir uns in Wirklichkeit wieder. Durch das Loslassen öffnet sich uns das Tor zur Schöpfung, zur Kreativität. Wenn wir uns auf die Suche nach der Seele machen, müssen wir zwei Eigenschaften mitbringen: Demut und »Unwissenheit«. Das bedeutet, mit offenem Herzen und völlig unvoreingenommen im gegenwärtigen Moment präsent zu sein. Diese Offenheit ist nicht gleichbedeutend mit Abwesenheit des Denkens, es geht vielmehr um ein achtsames Wahrnehmen des Augenblicks. Und das erreicht man nicht durch Anstrengung, sondern durch Loslassen – indem man den Wunsch zu kontrollieren und alle Vorstellungen, wie die Dinge »sein sollten«, aufgibt. Alle Erfahrungen, die unseren Geist in den Zustand der Achtsamkeit versetzen, uns in den gegenwärtigen Moment bringen, führen uns zu unserer Seele. Wenn ich nicht weiß, wie ich etwas anfangen soll, versuche ich zunächst, mir die Zeit zu nehmen, innere Klarheit zu erlangen und mein Herz zu öffnen. Manchmal konzentriere ich mich auf meinen Atem, lasse mich spüren, wie er beim Einatmen durch meine Hände, Arme und Schultern bis in den Kopf strömt und beim Ausatmen den Körper durch die Beine und Füße wieder verlässt. Das Gefühl, jemanden zu lieben, oder der Anblick meiner Hündin Annie, die mit ihren Freunden herumtollt, kann mich genauso in Hochstimmung versetzen.

Oft wird die Erfahrung der Ganzheit durch negative Gedanken und die damit verbundenen dramatischen Gefühle verhindert. Es ist wie bei einer Waage: Je höher die Negativität steigt, desto tiefer sinkt die Seele – und mit ihr die Intelligenz. Wir verlieren unsere Perspektive und damit fast jegliche Möglichkeit, einen authentischen

Moment zu erleben. Wird mein Handeln von Negativität bestimmt – insbesondere wenn diese sich gegen mich selbst richtet –, neige ich dazu, auf das Leben zu »reagieren«, und der gegenwärtige Moment wird durch Bedauern über die Vergangenheit oder Unsicherheit in Bezug auf die Zukunft verzerrt. Es fühlt sich an, als hätte ich einen Fuß auf dem Gaspedal und den anderen auf der Bremse! Diese Spaltung zehrt an meiner Seele, an meinem Geist und meinem Körper. Basiert mein Handeln dagegen auf der inneren Haltung des Loslassens – öffnet sich die Faust und wird zur offenen Hand –, handle ich viel liebevoller, intelligenter, friedlicher und bin viel eher in der Lage, im gegenwärtigen Augenblick präsent zu sein.

Wenn wir die Urteile über uns selbst loslassen, finden wir viel leichter Zugang zur Weisheit des Körpers. Wir erleben ein nie gekanntes Wohlgefühl und empfinden mehr Liebe für uns selbst und andere. Eine neue Vision taucht am Horizont auf, und wir öffnen uns mehr und mehr für die Erfahrungen, die das Geburtsrecht unserer Seele sind. Auf der Seelenebene haben wir den größten Überblick, die meiste Intelligenz und Liebe. In diesem wertfreien Raum können neue Visionen und Paradigmen entstehen. Auf der Seelenebene transformieren wir Selbstverurteilung in Mitgefühl für uns selbst, hier können die Wunden heilen, die wir uns selbst zugefügt haben. Wenn wir die Welt durch die Brille der Negativität sehen, ist es, als betrachteten wir sie durch ein winziges Loch. Sehen wir sie dagegen mit den Augen der Seele, fühlen wir uns jeden Tag wie ein Mensch, der den Grand Canyon zum ersten Mal sieht.

Unser Körper ist das heilige Medium, über das die Seele Erfahrungen machen kann. Jahrhundertelang haben die Weltreligionen uns dazu ermahnt, den Körper zu transzendieren, um zu einem höheren Bewusstsein zu gelangen. Der Körper wurde sogar als Hindernis für das spirituelle Wachstum betrachtet. Das sehe ich anders. Im Körper zu sein ist für mich eine wesentliche Voraussetzung, *seelenvoll* sein zu können. In einer Passage von »Ulysses« erzählt James Joyce von einem Mann, der »in einer gewissen Entfernung von seinem Körper lebte«. Wenn wir die innere Weisheit unseres Körpers ignorieren, versperren wir uns selbst den Zugang zu unseren Kraftquellen und reduzieren die Wahrnehmung unserer Seele auf eine rein zerebrale Erfahrung. In solchen Momenten kommt es vor, dass ich ein wunderbares Gemälde betrachte und mir sage: »Das ist wunderschön«, anstatt diese Schönheit in jeder Zelle meines Körpers zu *fühlen.*

Die Menschheit ist jetzt in eine Phase eingetreten, in der sie allmählich akzeptiert, was William Blake bereits vor langer Zeit sagte: »Der Mensch besitzt keinen von seiner Seele getrennten Körper, denn das, was wir Körper nennen, ist ein Teil der Seele, der durch die fünf Sinne, die Haupteintrittspforten der Seele, wahrgenommen wird.«

Die Erfahrungen, die ich bei meiner Arbeit als Therapeut gemacht habe, haben mich darin bestätigt, dass der Körper ein Schmelztiegel ist, in dem unsere Gedanken, Handlungen und Emotionen in Seele transformiert werden. Der Körper führt uns immer weiter auf unserem Seelenweg. Wenn ich beispielsweise von meinem Seelenweg abweiche, signalisiert mir der Körper das durch deutliche physische Botschaften wie Kopfschmerzen, Müdigkeit oder andere Beschwerden. Diese Symptome sind wie warnende Stimmen, die mich darauf hinweisen, dass ich vom Weg abgekommen bin. Ignoriere ich diese Stimmen, werden sie lauter und unerbittlicher. Dieses Abweichen vom Weg manifestiert sich als physisches oder emotionales »Un-Wohl-sein«, als Krankheit.

Seele finden wir da, wo das Feuer unserer Leidenschaften brennt. Sie ist dort, wo unsere Liebe am lebendigsten ist. Die Seele sehnt sich nach dieser tieferen Liebe, nach einer Verbindung zwischen Form und Formlosigkeit, nach einem Kontinuum zwischen dem Irdischen und dem Göttlichen. Glauben Sie nicht, Sie seien allein auf Ihrer Reise. Das sind Sie nicht. Ihr Kampf ist der Kampf eines jeden. Ihr Schmerz ist der Schmerz eines jeden. Ihre Kraft ist die Kraft eines jeden. Es ist einfach so, dass wir auf unserer Reise zum gleichen Ziel verschiedene Wege wählen.

Ich bin davon überzeugt, dass keine Technik, kein »geheimes Wissen« und keine spirituelle Praxis, mit deren Hilfe wir die Seele zu »finden« suchen, effektiver ist als die einfache Übung des Loslassens. Wenn wir unsere ganze Energie, unsere ganze Aufmerksamkeit auf die Gegenwart richten, haben wir jeden Augenblick Zugang zum vollen Potential unserer Seele.

Vergessen Sie nicht, dass Seele kein Ziel, sondern eine Reise ist. Diese Reise führt uns durch brennende Sterne, dunkle, eisige Planeten und darüber hinaus. Sie führt uns durch das Wissen und die Unwissenheit, die Entdeckung, die Heilung und das Loslassen. Aber das Beste daran ist, dass diese Reise uns immer zu unserem wahren Selbst zurückführt.

Eine Pforte zur Seele

von Angeles Arrien

»Wenn wir einen Medizinmann oder eine Heilerin aufsuchen, weil wir uns entmutigt, deprimiert oder hoffnungslos fühlen, wird er oder sie uns vielleicht Fragen stellen wie: ›Wann hast du aufgehört zu singen? Wann hast du aufgehört zu tanzen? Wann begannen dich Märchen und Geschichten zu langweilen? Wann fingst du an, dich in der Süße der Stille unwohl zu fühlen?‹«

Eines Tages stand eine Frau vor dem Himmelstor. Die Engel stellten ihr nur eine einzige Frage: »Zusai, warum warst du nicht Zusai?« Diese Frage berührt den Kern jeglicher Seelenarbeit. Wenn du David bist – warum bist du nicht ganz und gar David? Wenn du Susanne bist, warum bist du nicht ganz und gar Susanne? Wir sind hier auf dieser Erde, um die zu werden, als die wir gedacht waren. Der oder die zu sein, der oder die wir sind, ist das Herzstück der Seelenarbeit, denn die Wechselbeziehung zwischen Seele und Persönlichkeit beleuchtet unseren Weg zu unserem wahren Selbst. Die Notwendigkeit, der oder die zu sein, der oder die wir sind, führt uns stets zur Seele zurück. Ich glaube nicht, dass wir jemals von der Seele getrennt sind, sondern ich bin davon überzeugt, dass die Seele immer da ist und darauf wartet, von uns wahrgenommen und erkannt zu werden, selbst wenn wir vielleicht die Augen vor ihr verschließen oder unsere innere Führung ignorieren. Manchmal werden Menschen in ihren Instinkten verletzt und können dann ihrer Intuition, ihrer Seele, nicht mehr trauen. Das ist natürlich verhängnisvoll, denn der eigentliche Wert der Verbindung zur Seele besteht darin, dass sie in der Tat die Basis für unser Vertrauen ist. Das Gegenteil von Vertrauen ist Kontrolle. Kontrolle ist ein Zeichen dafür, dass wir nicht vertrauen. Sind wir aber in Kontakt mit unserer Seele, können wir vertrauen, und wenn wir vertrauen können, spüren wir unsere innere Verbindung zu jenem Mysterium, das in der äußeren Natur oder tief in der eigenen Natur existiert, das noch erforscht oder entdeckt werden muss. Wenn wir eine Verbindung zu unserer Seele herstellen, öffnen sich so viele Türen.

Manchmal gerät die Seele vorübergehend in Vergessenheit, weil die Bedürfnisse des Egos im Vordergrund stehen. Doch selbst dann erinnern wir uns immer wieder daran, wie es einmal war, oder spüren, wie es sein könnte. Diese Erinnerung oder dieses Gefühl geht gewöhnlich mit dem plötzlichen, äußerst schmerzhaften Erkennen der eigenen Getrenntheit, Isolation, Einsamkeit und inneren Leere einher. Langeweile, Verletzbarkeit, Unzufriedenheit, Desorientiertheit und die Desintegration der Geist-Körper-Verbindung weisen ebenfalls oft darauf hin, dass ein tiefes Bedürfnis gestillt werden muss. Wenn solche Gefühle hochkommen, stehen wir vor der Pforte der Seele. Jetzt haben wir die Chance, die Pforte zu öffnen und die Welt der Seele zu betreten.

Viele Menschen verwechseln diese Pforte mit einem Loch, das ihrer Meinung nach gefüllt werden muss, und erkennen die Chance nicht. Und so halten sie Ausschau nach etwas, mit dem sie das Loch stopfen können, anstatt die

Pforte zu durchschreiten und sich wieder mit ihrer Seele zu vereinen. Sie füllen dieses vermeintliche Loch mit verschiedenen Süchten, die sie dazu treiben, ständig in der Außenwelt nach Befriedigung zu suchen. Doch die Antwort liegt nie »im Außen«. Das Außen ist nichts als ein Spiegel dessen, was im Inneren wirkt oder nicht wirkt. Die Fixierung auf die Außenwelt hält uns davon ab, die Pforte der Seele zu öffnen. Wenn wir jedoch direkt *vor* dieser Pforte stehen und sie als solche *erkennen,* können wir einfach hindurchgleiten und den Prozess der Rückverbindung mit der Seele einleiten.

Um mit meiner Seele in Verbindung zu bleiben, verbringe ich jeden Morgen eine Stunde in der Natur. Ich bedanke mich täglich für die Geschenke des Lebens, und ich bete und meditiere jeden Tag. Einen Tag im Monat widme ich ganz der Stille und Kontemplation. Normalerweise faste ich an diesem Tag und verbringe die Zeit damit, einfach nur zu *sein* und auf meine innere Stimme zu hören. An diesem Tag der Stille enthalte ich mich jeglicher Aktivitäten. Es gibt nichts zu tun. Telefon und Faxgerät sind ausgeschaltet, ich schreibe nicht und arbeite nicht an irgendwelchen Projekten. Ich gehe still oder sitze still und lausche. Und es ist erstaunlich, was mich erreicht, wenn ich mir nur die Zeit nehme, zuzuhören. Diese Praxis hilft mir, meinen kreativen Kanal für die Mysterien der Seele und für all die Botschaften, die zu mir durchdringen wollen, zu öffnen. Die Seele sollte nicht vom Alltagsleben getrennt sein, wir sollten sie nicht für den Sonntag »aufsparen«. Die Seele ist für jeden Tag, für jeden Augenblick da. Und indem wir jeden Moment jedes Tages lebendig und präsent sind, hören wir auf die innere Stimme und bekommen Zugang zum Mysterium unserer Seele.

Natürlich ist Stille nicht die einzige Möglichkeit, sich mit der Seele zu verbinden. Wenn wir einen Medizinmann oder eine Heilerin aufsuchen, weil wir uns entmutigt, deprimiert oder hoffnungslos fühlen, wird er oder sie uns vielleicht Fragen stellen wie: »Wann hast du aufgehört zu singen? Wann hast du aufgehört zu tanzen? Wann begannen dich Märchen und Geschichten zu langweilen? Wann fingst du an, dich in der Süße der Stille unwohl zu fühlen?« Ich glaube, dass Singen und Tanzen und die Freude an Geschichten (insbesondere den eigenen) uns helfen können, durch die Pforte der Seele zu gleiten. Deshalb singe ich jeden Tag, und ich nehme mir genügend Zeit zum Tanzen, weil Spontaneität mich mit meiner Seele verbindet. Ich liebe Erzählungen und Gedichte; sie sind Teil meiner kreativen Arbeit, meines Spiels. Ich spüre, dass Poesie und Spiel, Kreativität und Freundschaft Nahrung für die Seele sind.

Es gibt so viele Fenster zur Seele, und die Persönlichkeit ist eines der wichtigsten. Die Persönlichkeit ist in der Tat ein Schmelztiegel für die Seelenarbeit. Eine der Illusionen, die uns wirklich schaden, ist die Vorstellung, Ego und Seele seien unversöhnliche Gegensätze. Wir müssen erkennen, dass die Ego-Seele-Partnerschaft eines der großartigsten Teams ist. Sie nähren und fördern sich gegenseitig. Natürlich kann diese Ego-Seelen-Partnerschaft aus dem Gleichgewicht geraten, doch selbst das ist kein Grund zur Beunruhigung. Drängt sich meine Persönlichkeit zu stark in den Vordergrund, muss ich einfach nur aus dem Weg gehen und sagen: »In Ordnung, lass uns gemeinsam an dieser Sache arbeiten.« Wenn wir auf diese Weise eine Partnerschaft mit der Seele eingehen, begreift die Persönlichkeit, dass sie nicht allein ist, sondern sich als Teil eines Teams auf dieser Lebensreise befindet.

Es gibt noch viele andere Fenster zur Seele. Viele der Dinge, die wir als Hindernisse oder Ablenkungen auf unserer Seelenreise betrachten, sind in Wirklichkeit Teil dieses Weges. Wir können diese Hindernisse auch als Aufforderung betrachten, weiter zu wachsen, über das Vertraute und Bekannte hinauszugehen. Im I Ging, dem uralten chinesischen Buch der Weisheit, heißt es: Das Ereignis ist unwichtig, wichtig ist allein die *Antwort* auf das Ereignis. Unsere Antwort auf die Ereignisse können ausgetretene Pfade in ein großartiges Abenteuer verwandeln, ein Abenteuer voller Staunen, Ehrfurcht, Neugier und voller Entdeckungen.

Ein weiterer wichtiger Teil der Seelenarbeit besteht darin, sich genau anzuschauen, was an unsere Tür klopft. Welche positiven oder negativen Dinge begegnen uns öfter als dreimal? Welche durchweg positiven Rückmeldungen wiesen uns im vergangenen Jahr auf unsere Begabungen, Talente und Fähigkeiten hin? Welche herausfordernden Rückmeldungen über unsere Sturheit und Eigensinnigkeit bekamen wir von drei oder mehr Menschen? Indem sie uns Aspekte unseres Selbst widerspiegeln, können diese Botschaften uns die Tür zur nächsten Lektion öffnen. Manchmal fällt es uns schwer, diese Botschaften anzunehmen; wir wollen unsere Schattenseiten nicht gerne anschauen. Doch wir müssen lernen, sowohl die Schönheit als auch das Hässliche in unserem Inneren anzunehmen. Das Gute wie das Schlechte muss in unseren Schmelztiegel hinein, damit wir nicht nur lernen, unsere Begabungen zu nutzen, sondern auch, die »innere Bestie« zu zähmen. Alles, was uns in diesem Leben begegnet, dient unserem Lernprozess, bietet eine weitere Möglichkeit, mit unserer Seele in Kontakt zu kommen. Es gibt so viele Pforten zur Seele, so viele Seinszustände, so viele Stimmen, die gehört werden wollen. Ich weiß, dass ich mich im Bereich meiner inneren Führung befinde, wenn ich diese klare Stimme höre, die weder ablehnt noch bevorzugt. In diesem stillen Raum, in dem der geschwätzige Verstand schweigt, können wir jene Botschaften empfangen, die uns auf unserem individuellen, authentischen Lebensweg führen. Und wir können durch die Pforte der Seele gleiten, um die zu werden, als die wir gedacht sind.

Der Geist des Göttlichen

von Betty Eadie

> »Glaube ist nicht gleichbedeutend mit
> selbstgefälliger Passivität; Glaube ist
> Aktion. Es ist nicht so, dass Sie glau-
> ben und warten. Wenn Sie glauben,
> gehen Sie voran.«

In jedem von uns gibt es einen geschützten Raum, dem unser Geist entspringt. Unser Geist ist der reine Teil unseres Selbst. Wenn wir in diese Welt hineingeboren werden, verlieren wir oft den Kontakt mit diesem spirituellen Teil, dem göttlichen Selbst. Doch wenn wir uns unserer Göttlichkeit nicht mehr gewahr sind, fühlen wir uns einsam und niedergeschlagen. Um uns ganz zu fühlen, müssen wir uns wieder mit unserer Göttlichkeit verbinden. Da wir uns alle in verschiedenen Stadien der spirituellen Reife befinden, muss jeder seinen eigenen, einzigartigen Weg zu dieser Erkenntnis finden.

Ich selbst erlebte eine spirituelle Transformation, als ich eine Nahtod-Erfahrung durchmachte, das heißt, als ich zum ersten Mal in Kontakt mit meinem höheren Selbst, dem göttlichen Teil von mir, kam. Ich erkannte, dass dieser göttliche Teil nur für kurze Zeit mit dem physischen Körper verbunden ist, nur für den Zeitraum, in dem wir hier auf der Erde weilen. Es fällt mir leichter, in dieser Welt zu leben, wenn ich diesen göttlichen Teil meiner selbst kenne. Nur allzu oft scheinen die Bedürfnisse des Fleisches im Gegensatz zu den geistigen zu stehen, anstatt mit ihnen in Einklang zu sein. Das Fleisch drückt den Geist nieder und reduziert ihn. In Zeiten, in denen die flüchtigen Bedürfnisse und Wünsche des Körpers auf Kosten des Geistes befriedigt werden – bei vielen von uns ist das die meiste Zeit so –, fühle ich mich nicht ganz, nicht im Gleichgewicht.

Ich glaube, es ist ungeheuer wichtig, dass wir versuchen, ein Gleichgewicht zwischen Körper, Verstand, Gefühl und Geist herzustellen. Wenn ich mich in diesem ausgewogenen Zustand befinde, ist mein Geist nicht länger den Launen des Körpers ausgeliefert. Nun herrscht der Geist über den Körper und kann temporäre Wünsche auf eine höhere Ebene heben. Wenn wir dieses Gleichgewicht erreichen, sind wir am kreativsten, kommt unser spirituelles und natürliches Wesen hier auf der Erde am stärksten zum Vorschein.

Immer wenn ich eine Spaltung oder einen Mangel an Ausgewogenheit zwischen Körper und Geist spüre, muss ich mich an einen stillen Ort in mir selbst zurückziehen und über meine spirituellen Bedürfnisse reflektieren. Es gibt verschiedene Möglichkeiten, zu diesem stillen Ort zu gelangen. Manche Menschen kommen durch Räucherwerk, Musik oder andere Hilfsmittel mit dem inneren Selbst in Kontakt. Ich kann die Verbindung am besten dadurch herstellen, dass ich mir erlaube, ganz still zu werden – und das kann ich überall, zu jeder Zeit. Ich meditiere dann über den unsichtbaren spirituellen Teil meiner selbst und erlaube diesem Teil, den größeren Raum einzunehmen, anstatt mich anzuspannen und zuzulassen, dass das Ego dominiert. Wenn ich mich vom Ego löse und meinem geistigen Wesen die Vorherrschaft überlasse, werde ich wieder ruhig. Ich kehre zu einem tiefen Gefühl des inneren Friedens zurück, zu einer inneren Gewissheit, die ich nur spüren kann, wenn der Geist mit Gott in Einklang ist.

Um das verstehen zu können, muss ich erst ein paar höhere Wahrheiten verstehen. Die wichtigste ist das Gewahrsein der Existenz Gottes – nicht als Vorstellung, sondern als Wesen: als ein spiritueller Vater. Gott wird innerhalb der vielen verschiedenen Glaubensrichtungen auf unterschiedliche Weise erfahren. Jeder Mensch nimmt die Präsenz Gottes und das Göttliche seines Geistes auf individuelle Weise wahr. Ich glaube, dass die Verbindung mit dem Göttlichen nicht allein durch Rituale aufrechterhalten werden kann. Wenn wir uns zu stark mit Ritualen beschäftigen, neigen wir dazu, uns zu sehr auf diese und nicht auf den Geist zu konzentrieren. Wir sollten uns des göttlichen Selbst stets gewahr sein und immer versuchen, mit ihm in Einklang zu kommen. Das ist natürlich ein Entwicklungsprozess, aber es kann für uns so natürlich wie das Atmen werden, den Kontakt herzustellen. Wir geben uns ja auch nicht ständig die Anweisung, ein- und auszuatmen; es geschieht einfach. Durch Gebet und Stille können wir ebenso die Fähigkeit entwickeln, auf ganz natürliche Weise mit dem Geist in Verbindung zu treten. Für mich besteht ein wichtiger Teil dieses Prozesses darin, mich innerlich auszudehnen. Diese Offenheit bringt mich in eine Liebesschwingung, und diese Liebe schließt nicht nur andere Menschen, sondern alles um mich herum mit ein. Ich empfinde dann ein tiefes Gefühl der Dankbarkeit für die Schönheit, von der ich umgeben bin.

Wenn ich morgens aufwache, bin ich dankbar für den neuen Tag. Ich bin dankbar für alle materiellen Dinge, die ich besitze. Und ich bin dankbar für alles, was ich auf der spirituellen Ebene habe. Ich danke Gott, dass er mir erlaubt, all dies zu erfahren, ja ich danke ihm sogar für die Erfahrungen, die nicht so positiv scheinen, wie etwa eine beginnende Krankheit. Vielleicht verstehe ich nicht, warum ich diese Krankheit bekomme, aber ich spüre, dass es einen Grund dafür gibt, dass sie einen Sinn hat, und deshalb danke ich Gott dafür. Ich bitte ihn, mir zu erlauben, mich über mein engstirniges Denken und meine Selbstbezogenheit hinaus auszudehnen, damit ich das Gute in allem sehen kann. Unser Geist wird ständig mit Herausforderungen konfrontiert, und während wir wachsen und stärker werden, wird auch unser Geist stärker. Dann werden auch die Herausforderungen größer. Manchmal beobachten wir, wie ein Mensch mit einer Herausforderung nach der anderen konfrontiert wird, und wir fragen uns, wie er es überhaupt schafft, weiterzumachen. Und doch wachsen diese Menschen weiter und dehnen sich aus. Ihr Wachstum wird durch ihre Bereitschaft gefördert, die Dinge, die ihnen als scheinbar negative Ereignisse begegnen, in etwas sehr Positives umzuwandeln.

Auch unsere Beziehungen zu anderen Menschen können uns helfen, spirituell zu wachsen. Ich bin sicher, dass die Menschen, die wir dazu brauchen, stets zum richtigen Zeitpunkt in unser Leben treten. Das können Menschen sein, mit denen wir eine enge Verbindung eingehen, spirituelle Schwestern und Brüder, die uns im Innersten berühren und uns helfen, auf höhere Bewusstseinsebenen zu gelangen. Doch manchmal können es auch Menschen sein, mit denen überhaupt keine harmonische Beziehung möglich zu sein scheint und die wieder aus unserem Leben verschwinden (beispielsweise ein Ex-Ehe- oder Lebenspartner). Und doch haben diese Menschen uns vielleicht als

Brücke zu einer höheren Bewusstseinsebene gedient. Geistliche, Therapeuten und psychologische Berater können ebenfalls Teil dieses Netzwerks von spirituellen Schwestern und Brüdern sein. Sehr viele von uns wurden in disharmonische oder chaotische Familienverhältnisse hineingeboren und betrachten sich selbst immer noch als unzulänglich; sie glauben, weniger zu sein, als sie sind. Manchmal brauchen wir, um größere innere Klarheit zu entwickeln, jemanden, an den wir uns für eine Weile anlehnen können – jemanden, der uns hilft, uns selbst in einem anderen Licht zu sehen. Es ist allerdings wichtig, dass wir nicht der Illusion erliegen, nur eine einzige Person könne uns auf einer tiefen Ebene berühren und uns helfen. Ich habe Menschen, die zu mir in die Beratung kamen, immer ermutigt, weiterzugehen, wenn sie das Gefühl haben, dass sie keine Fortschritte machen, denn die richtige Person, diejenige, mit der sie arbeiten müssen, existiert irgendwo dort draußen.

Oft erscheint es allerdings einfacher, *nicht* weiterzugehen, denn der Sumpf, in dem man steckt, wirkt weniger bedrohlich und herausfordernd als der unbekannte Weg, der vor einem liegt. Manche Menschen benutzen den Glauben, um nur nicht aus ihrem Sumpf herauszumüssen. Sie sagen dann: »Ich glaube und vertraue, also warte ich ab.« Aber Glaube ist nicht gleichbedeutend mit selbstgefälliger Passivität; Glaube ist Aktion. Es ist nicht so, dass Sie glauben und warten. Wenn Sie glauben, gehen Sie voran. Selbstgefälligkeit weist auf einen Mangel an Glauben hin. Wenn es an der Zeit ist, sich in eine neue Richtung zu bewegen, um weiterzuwachsen, werden die richtigen Menschen in unser Leben treten.

Wir sind füreinander verantwortlich – und zwar auf der

kollektiven Ebene. Die Welt ist ein Gemeinschaftsprojekt. Man könnte sie vielleicht mit einem riesigen Puzzle vergleichen, in dem jeder von uns einen sehr wichtigen und einzigartigen Platz einnimmt. Gemeinsam können wir eine große Veränderung in der Welt bewirken. Wenn wir daran arbeiten, uns zur höchstmöglichen Stufe spiritueller Bewusstheit zu entwickeln, können wir anfangen, zuerst uns selbst und dann die Welt zu heilen.

Lektionen der Liebe,
Lektionen der Hoffnung

von Melody Beattie

»Oft lernen wir dann am meisten, wenn wir in unserem Leben an einem absoluten Tiefpunkt angekommen sind, wenn wir sagen: ›Mein Gott, das ist wirklich zu viel. Dieses Leben ist eine einzige Enttäuschung.‹ ... Diese Tiefpunkte sind die magischen Momente. Sie sind die Wendepunkte und Kreuzungen auf unserer Reise.«

Auf unserer Lebensreise geht es immer wieder darum, etwas über die Hindernisse zu lernen, die zwischen uns und unserer Seele stehen – und sie zu entfernen. Seit Menschen diesen Planeten bevölkern, haben sie versucht, sich mit der Seelenebene zu verbinden und mit offenem Herzen weiterzugehen.

Ich wünschte, es gäbe ein Buch, in das ich jeden Tag hineinschauen könnte, um zu erfahren, was genau ich tun muss, um – mit Herz und Seele – bewusst zu leben. Doch es gehört zum Mysterium dieser Existenz, zu meinem Daseinszweck, dass ich durchs Leben stolpern und versuchen muss, zu hören, was die Seele mir sagen will, was sie von Augenblick zu Augenblick gerade braucht, ob ich mich durch eine emotionale Blockade hindurcharbeiten oder herausfinden soll, welche Lektion als Nächstes gelernt werden muss, ob es Zeit ist, den nächsten Seelenpartner zu treffen oder die Beziehung mit meinem jetzigen Partner zu klären. Letztendlich dreht sich die Reise für fast jeden von uns um das gleiche Thema: zu lernen, in Freiheit zu lieben. Zuerst uns selbst und dann andere Menschen.

Manchmal bin ich überrascht, wie einfach es ist, meine Seele an irgendeinem beliebigen Tag zu befreien. Manchmal genügt es schon, am Strand spazieren zu gehen oder einen Baum zu berühren. Oder mit einer Freundin eine Kaffeepause zu machen. Selbst ein Schaufensterbummel in meinem bevorzugten Einkaufszentrum kann diesen Effekt haben. Man kann seine Seele nähren, indem man einen Freund oder eine Freundin anruft, ein heißes Bad nimmt, einem kleinen Kind ein Märchen vorliest oder einen Brief schreibt, in dem man jemandem mitteilt, dass man unheimlich wütend ist.

Das Allerwichtigste ist zunächst einmal, dass wir mit uns selbst in Kontakt kommen. Wir müssen die Blockaden zwischen uns und der Seele spüren und ausdrücken – ganz gleich, ob es sich um Wut, Enttäuschung oder Trauer handelt – und sie dann loslassen. Dann fangen wir an zu verstehen, dass dies Teil unseres Entwicklungsprozesses ist. Es hilft uns, zur nächste Station auf unserer Reise zu gelangen. Wir alle befinden uns in verschiedenen Wachstumsstadien, und deshalb brauchen wir unterschiedliche Katalysatoren, um mit der Seele in Kontakt zu kommen. Was für mich heute funktioniert, mag für jemand anderen bedeutungslos sein oder auch für mich selbst an einem anderen Tag nicht funktionieren. Oft sind es die ganz einfachen Dinge.

Ich lebe in einem kleinen Häuschen, ein paar Meter vom Meer entfernt. Es ist wichtig für mich, in der Nähe von Wasser zu sein, und ich habe einen großen Teil meiner Reise damit zugebracht, diesem Wasser immer näher zu kommen. Jeden Tag versuche ich morgens nach dem Aufstehen, daran zu denken, den Sonnenaufgang zu beobachten, und abends nehme ich mir einen Moment Zeit für das Schauspiel des Sonnenuntergangs. Ich muss die Farben des Himmels sehen, muss sie spüren können. Und ich brauche Musik, denn sie bringt meine Seele zum Schwingen. Meine Wohnung habe ich in den leuchtenden Farbtönen des Universums eingerichtet. Farbe ist Licht. Farben helfen mir, mich lebendig zu fühlen, meine Leidenschaft zu spüren, sie erinnern mich daran, dass ich hier bin, um ein lebendiger, ekstatischer Mensch zu sein. Ich brauche auch Freunde in meiner Nähe, Menschen, die mit mir lachen und bei denen ich ich selbst sein kann. Das ist für mich zur Zeit besonders wichtig. Manchmal erwarten die Leute von uns – oder wir erwarten von ihnen –, jemand zu sein, der man nicht ist. Beim Zusammensein mit guten Freunden habe ich die Freiheit, traurig oder glücklich, albern oder kindisch zu sein, wenn mir danach zumute ist. Ich brauche Menschen um mich herum, mit denen ich lachen, kämpfen, verrückt sein oder weinen kann. Das nährt meine Seele.

Ich habe inzwischen gelernt, dass mein Leben Zyklen und Jahreszeiten hat wie die Natur und dass ich mich in einer Jahreszeit nicht zu bequem einrichten sollte, weil sie nicht ewig dauert. Ich wusste zwar schon immer, dass Veränderungen zum Leben gehören – jeder sagt das –, doch heute verstehe ich die Dinge auf einer tieferen Ebene. Evolution ist Teil des Lebens, und wir entwickeln uns stets zu einem neuen Zyklus hin, lernen etwas, treten in den nächsten Zyklus ein. Wir lernen, frei mit diesem Fluss zu fließen. Wenn ich mich an etwas festklammere und nicht weiterfließe, entsteht auf der seelischen Ebene eine Blockade. Ich will damit nicht sagen, dass es leicht ist, mit dem Fluss zu gehen. Das ist es ganz und gar nicht, denn unser Verstand weiß ja nicht, wohin der Fluss uns trägt, er kennt den übergeordneten Plan nicht. Es gibt keine Landkarte. Und das bedeutet, dass wir uns nicht nur mit unserer Seele verbinden, sondern auch darauf vertrauen müssen, dass sie uns schon richtig führt. Ich glaube, das ist für viele von uns auf dieser Reise eine große Herausforderung: Vertrauen.

Manchmal scheint es mir viel einfacher zu sein, auf »Automatikbetrieb« umzuschalten, meinen Ängsten nachzugeben und mich zu begrenzen. Angst ist meine größte Herausforderung, aber nicht einfach die Angst als solche, denn wir alle haben Angst. Ich bekomme vor allem dann Probleme, wenn ich mich weigere, die Angst anzuerkennen. Wenn ich ihr einen anderen Namen gebe und mich selbst darüber belüge, warum ich nicht weitergehen will. Manchmal stelle ich auch fest, dass ich dem Prozess anderer Leute mehr Aufmerksamkeit widme als meinem eigenen. Ich komme wieder auf meinen eigenen Weg zurück, wenn ich mich daran erinnere, dass es *niemals* wirklich um die andere Person geht. Was ich in ihr sehe, wenn ich dastehe und auf sie starre, ist in Wirklichkeit etwas, das ich über mich selbst zu lernen habe. Das Leben lehrt mich *immer* das, was ich auf *meiner* Reise wissen muss.

Offen gesagt, waren die vergangenen vier Jahre in Bezug auf die Lektionen, die ich lernen, und den Schmerz, den ich erleben musste, die härtesten meines sechsundvierzigjährigen Lebens. Und dennoch habe ich gelernt, dass die Reise eine absolut magische Erfahrung ist und dass wir nicht einfach nur existieren, sondern in einem schwingenden, vibrierenden Universum leben, das wirklich mit uns tanzt, das uns wunderbare Dinge lehrt. Es wird uns an wunderbare Orte führen – jeden Morgen, an dem wir bereit sind, aufzustehen, den Sonnenaufgang zu beobachten und zu sagen: Ja, ein neuer Tag. Jeden Tag, an dem wir bereit sind, den Schmerz zu ertragen und anzunehmen, bis er wieder vorbei ist.

Ich werde oft gefragt, ob ich daran glaube, dass es »Seelenpartner« gibt. Ja, ich glaube daran, aber meine Definition hat sich geändert. Früher dachte ich ganz naiv, »oh, das heißt, irgendwo da draußen wartet der einzig Richtige für mich«. Außerdem lebte ich in der Illusion, dass diese Beziehung, wenn ich meinen Seelenpartner erst einmal gefunden hätte, eine ununterbrochene ekstatische Erfahrung sein würde – keine Herausforderungen, keine Schwierigkeiten, eher so etwas wie der Himmel auf Erden. Falsch! Zumindest in meinem Leben war das nicht der Fall. Ich habe gelernt, dass ich viele, viele Seelenpartner auf dieser Erde habe und dass sie im richtigen Moment am richtigen Ort in mein Leben treten. Sie kommen, um mir zu helfen, wenn ich mich verirrt habe, und jeder von ihnen bringt ein paar andere Lektionen für mich mit – gewöhnlich, nein, *immer* meine intensivsten Lektionen; diejenigen, um derentwillen ich auf diese Erde kam.

Ich bin fest davon überzeugt, dass meine Kinder meine Seelenpartner sind. Auch meine Freunde sind Seelenpartner, und natürlich gibt es da noch eine besondere, romantische Beziehung. Die Menschen, mit denen ich arbeite, sind ebenfalls oft Seelengefährten. Sie alle sind meine Lehrer. Ich glaube, dass wir auf diesem Planeten sowohl auf der spirituellen als auch auf der physischen Ebene bestimmte Aufgaben zu erfüllen haben. Ich weiß nie, was die nächste Lektion sein wird, denn es ist gar nicht beabsichtigt, dass wir es wissen. Wir sollen darauf vertrauen, dass wir es selbst herausfinden.

Im Lauf der Jahre hat sich auch meine Ansicht darüber, warum wir auf diesem Planeten sind, drastisch geändert. Früher dachte ich, wir seien hier, um schnell »alles auf die Reihe zu kriegen« und dann glücklich und zufrieden bis ans Ende unserer Tage zu leben. Daran glaube ich allerdings nicht mehr. Wir sind hierher gekommen, weil die Erde ein Ort der Fülle und Lebendigkeit ist – weil sie eine ungeheure Fülle von Lektionen für uns bereithält. Diese sind nicht immer leicht, denn wenn sie uns nicht herausforderten, würde das bedeuten, dass wir diese Lektionen der Seele nicht zu lernen brauchten: Mut, Geduld, Vertrauen, Liebe, Gewahrsein des Ewigen – und die magischste Lektion von allen: Es geht nicht um das, was ich tue, sondern darum, zu wissen, dass *ich bin*. Wir sind hier, um etwas über die Liebe zu lernen, um von anderen geliebt zu werden, um zu entdecken, dass die Liebe eine lebendige Kraft ist – real, weit, allumfassend. Ich habe auch gelernt, dass das Universum Liebe für mich bereithält und immer bereithalten wird, wenn ich daran glaube und mich für sie öffnen kann.

Oft lernen wir dann am meisten, wenn wir in unserem Leben an einem absoluten Tiefpunkt angekommen sind und sagen: »Mein Gott, das ist zu viel. Das Leben ist eine einzige Enttäuschung. Oder: Mein Leben entspricht überhaupt nicht meinen Vorstellungen. Oder: Ich habe tatsächlich den Zug verpasst. Diese Tiefpunkte sind die magischen Momente.« Sie sind die Wendepunkte und Kreuzungen auf unserer Reise. Oft meinen wir, wir müssten hierhin und dorthin rennen, um zu bekommen, was wir brauchen. In die Berge des Himalaja oder auf irgendeine geheimnisvolle Insel in Hawaii. Wir denken, wir müssten *irgendwo* hingehen, um diese spirituelle Reise antreten zu können. Doch in dem Moment, in dem wir sagen, dass wir auf diese Reise gehen wollen, haben wir sie bereits angetreten – da, wo wir gerade sind. Ich vertraue vollkommen auf die Kraft des Herzens und der Seele. Ich weiß, dass wir die Antwort auf die Frage, was als Nächstes zu tun ist, in unserem Herzen tragen. Wir müssen nur hinhören, dann diesen einen Schritt vorwärts machen und der inneren Stimme vertrauen. Alles, was wir lernen müssen, wird uns beigebracht.

Bestimmte Aktivitäten können uns helfen, die Lektionen deutlicher werden zu lassen. Viele Menschen finden Meditation hilfreich, andere formelle religiöse Praktiken. Ich lebe in einem Umfeld, in dem der Buddhismus sehr verbreitet ist und viele Leute davon überzeugt sind, dass buddhistische *Chants* (rituelle Gesänge) sie dorthin transportieren können, wo sie hinwollen. Doch noch wichtiger als eine bestimmte Technik oder spirituelle Praxis ist die Bereitschaft, nach innen zu lauschen und sich auf die Rhythmen der Seele einzuschwingen. Wenn Sie bereit sind, werden Sie direkt ins nächste Stadium Ihrer Reise geführt, in die Verbundenheit mit der Seele. Das Universum wird Ihnen genügend Gelegenheiten bieten.

Oft helfen uns die einfachsten, mit Achtsamkeit ausgeführten Tätigkeiten, dorthin zu gelangen, wo wir hinmüssen. Das habe ich vor einiger Zeit entdeckt. Ich hatte anfangs sehr wenig Geld und erledigte meine gesamte Hausarbeit selbst. Als ich dann erfolgreich wurde und mehr Geld zur Verfügung hatte, bezahlte ich andere Leute dafür, dass sie mir diese Dinge abnahmen. Diese Hilfe war zu jenem Zeitpunkt wichtig für mich, denn ich war beruflich sehr eingespannt. So hatte ich etwas mehr Zeit für mich selbst und für die Kinder. Aber ich stellte auch fest, dass mir eine Menge entgeht, wenn ich mein Geschirr nicht selbst spüle, meine Wäsche nicht selbst wasche, das Laub nicht selbst zusammenharke. Diese einfachen, fast zen-artigen Tätigkeiten sind wichtig. Sie helfen mir, mit den elementaren Prozessen in der Welt und meinem Leben in Verbindung zu bleiben.

Jedem, der versucht, mit der Seele in Kontakt zu kommen, möchte ich sagen: Es ist eine lebendige Reise. In dem Augenblick, in dem Sie eine Frage stellen und nach der Antwort suchen, wird sie da sein, wenn Sie sich nur erlauben, sie zu sehen. Die Bewusstheit ist Ihre Seele, die die Lektion ankündigt. Vielleicht schlendern Sie durch einen Buchladen und greifen nach einem bestimmten Buch, das Ihre Antwort enthält. Vielleicht überbringt Ihnen jemand die Antwort in einer ganz belanglosen, alltäglichen Unterhaltung. Es ist sogar möglich, dass wir die Antwort durch einen Film übermittelt bekommen. Vielleicht weiß ein Freund die Antwort. Eine neue Arbeitsstelle, eine alte Arbeitsstelle, ein Seminar, die Natur, die Jahreszeiten – all diese Dinge sind unsere Lehrer. Wenn Sie wirklich darauf vertrauen, dass die Antwort direkt hier in Ihrem Herzen ist, wird sie da sein.

Es macht einen Unterschied, ob ich meine Seele nähre oder nicht. Wir alle befinden uns auf einer unglaublichen Reise, ob wir uns dessen nun bewusst sind oder nicht. Und wenn wir uns bewusst auf diese Reise machen, wird sie zu einer magischen Erfahrung. Ich habe in den vergangenen vier Jahren mehr Schmerz erlebt, als ich je für möglich hielt: Mein Sohn starb, meine Familie brach auseinander. Ich musste noch einmal ganz von vorne anfangen, und ich war gar nicht sicher, ob ich das überhaupt wollte. Aber ich habe auch mehr über das Leben und meine Seele und mein Herz gelernt, als ich je zu träumen wagte. Dabei entdeckte ich die älteste aller Botschaften: Selbst wenn dir alle sagen, es gibt keine Hoffnung mehr – es gibt Hoffnung. Es gibt immer Hoffnung, einen Sinn und eine neue magische Lektion.

Nachwort

———— •◆• ————

»Hier ist unsere Aufgabe also beendet
und eine Anthologie entstanden, so
überfließend wie die Fluten, die von den
unerschöpflichen Quellen der Hügel
gespeist werden, so reich an Beispielen
wie das Meeresufer an Sandkörnern.
Möge ihre Verbreitung nicht von jenen
behindert werden, die den Strom von
Asuka aufhalten wollen, und mögen die
Freuden, die sie schenken kann, sich zu
einem Gipfel des Entzückens auftürmen
wie Staubkörnchen und Steinchen, die
sich sammeln, bis sie zu einem hohen
Berg angewachsen sind.«

Ki No Tsurayuki (Herausgeber einer Gedicht-
sammlung des 10. Jahrhunderts)

Wir hoffen von ganzem Herzen, dass die Lektüre dieses
Buches für Sie eine ebenso kostbare Erfahrung war wie
seine Herstellung für uns. Doch wir sind mit seiner Fertig-
stellung keineswegs am Ziel angekommen, sondern an
einem Punkt, von dem aus wir die Reise fortsetzen. Dieses
Buch ist ein Handbuch. Es sollte benutzt, gelesen und wieder gelesen werden und als Gesprächsstoff dienen. Wir
würden uns freuen, wenn einige der auf diesen Seiten vor-
gestellten Gedanken und Stimmen der Weisheit in Ihrer
Erinnerung haften blieben. Lassen Sie diese Gedanken in
Ihrem Inneren schwingen. Spielen Sie damit. Übertragen
Sie sie auf Ihre eigenen Erfahrungen.

Den Autoren, die Beiträge zu diesem Buch lieferten, möchten wir noch einmal unseren tief empfundenen Dank aussprechen. Was wir ihren Worten entnahmen, hat unser Leben verändert. Doch ebenso wichtig wie ihre Worte war das Privileg, aus eigener Anschauung zu sehen, wie ein Leben beschaffen ist, wenn es Seele widerspiegelt. Dafür werden wir immer dankbar sein. Die Autoren dieser Anthologie sind wie wir davon überzeugt, dass es möglich ist, durch Verständnis, Einsicht, Engagement, Achtsamkeit und Liebe eine tiefe Beziehung zur Seele herzustellen. Sie teilen unsere Meinung, dass die Beziehung zu unserer Seele zu pflegen nichts ist, worüber man ein Buch liest, um es dann zu vergessen, oder worüber man hin und wieder einmal nachdenkt, wenn man Muße hat. Das Hegen und Nähren der Seele ist eine lebenslange Reise, die wir Tag für Tag fortsetzen müssen und die es wert ist, im Mittelpunkt unseres Lebens zu stehen.

Mit der Seele ist es das Gleiche wie mit allen anderen Aspekten unseres Selbst: Je mehr wir mit ihr verbunden sind, je mehr wir sie »gebrauchen«, ja sogar herausfordern, desto stärker wird sie, und desto stärker finden wir Zugang zu ihr. Tun Sie Dinge, die Ihre Seele berühren – von albernen bis hin zu tiefernsten. Wir können die Qualität einer Erfahrung daran messen, inwieweit sie unsere Seele berührt.

Als wir uns entschlossen, dieses Buch herauszugeben, geschah dies nicht in der Absicht, Definitionen und Antworten zu liefern. Es lag uns vielmehr daran, das Erforschen der Seele auf persönlicher und kollektiver Ebene zu fördern. Wir hoffen, dass dieses Buch Ihnen hilft, sich an jene Dinge zu erinnern, die in Ihnen schlummern, aber in Vergessenheit geraten sind. Der Dichter Rainer Maria Rilke drückte es so aus: »Hab Geduld mit allem, was ungelöst in deinem Herzen bleibt. Versuche, die Fragen an sich zu lieben.«

Die Tatsache, dass dieses Buch Ihre Aufmerksamkeit erregte, sagt viel über Sie aus. Sie zeigt, dass Sie auf dem Weg sind, die Beziehung zu Ihrer Seele zu bereichern. Sie zeigt auch, dass Sie bereit sind, die elementaren Aspekte der wirklich wichtigen Dinge in Ihrem Leben zu kultivieren und wertzuschätzen.

Die Wiederherstellung unserer Verbindung zur Seele, das Berühren der Seele, hat etwas Heiliges und gibt unserem Leben Sinn und Erfüllung. Respektieren Sie diesen Prozess. Gemeinsam können wir eine bessere Welt schaffen.

Mit Respekt und in Freundschaft,

Benjamin Shield
Richard Carlson

Über die Autoren

————— •◆• —————

Lynn Andrews

Seit der Veröffentlichung ihres ersten Buches »Die Medizinfrau« hat Lynn Andrews ihre Studien auf dem Gebiet weiblicher Spiritualität in acht Büchern dokumentiert. Drei davon kamen auf die Sachbuch-Bestsellerliste der »New York Times«. Ihr jüngstes Werk über den spirituellen Aspekt der Menopause (»Aufbruch in ein neues Leben: Ein spiritueller Wegweiser für die Wechseljahre«) ist sicher ihr persönlichstes Buch, in dem sie ihre eigenen Erfahrungen verarbeitet. Lynn Andrews hat inzwischen eine internationale Anhängerschaft und gilt als eine der herausragendsten Lehrerinnen auf dem Gebiet der Persönlichkeitsentwicklung.

Angeles Arrien

Angeles Arrien ist Anthropologin, Ausbilderin, preisgekrönte Autorin und Unternehmensberaterin. Sie hält Vorträge im In- und Ausland und leitet Workshops, in denen sie anthropologische, psychologische und religiöse Themen verbindet. Ihre Forschung und Lehre konzentrieren sich hauptsächlich auf Glaubensinhalte, die alle Menschen miteinander teilen, sowie auf die Verbindung uralter Traditionen mit unserem heutigen modernen Lebensstil. Angeles Arrien schrieb zwei Bücher über Heilung und Spiritualität, von denen eines im Jahre 1993 mit dem Benjamin-Franklin-Preis ausgezeichnet wurde.

Sydney Banks

Sydney Banks hält seit über zwanzig Jahren im In- und Ausland Vorträge über Bewusstseinsentwicklung, Psychologie und Spiritualität. Er ist dafür bekannt – und beliebt –, dass er die Geheimnisse des Lebens als etwas Einfaches und Klares betrachtet und nicht als komplizierte Vorgänge, die man analysieren muss. Er ist davon überzeugt, dass jeder Mensch die Möglichkeit hat, ein Leben in Freude und Dankbarkeit zu führen. Er ist Autor mehrerer Bücher über psychologische und spirituelle Themen. Sydney Banks lebt auf einer Insel in Kanada.

Melody Beattie

Melody Beatties erstes Buch über Co-Abhängigkeit verkaufte sich über vier Millionen mal und hielt sich einhundertfünfzehn Wochen lang auf der

Bestsellerliste der »New York Times«. Auch ihre anderen Bücher über psychologische Themen wurden zu Bestsellern. Ihre Stärke als Autorin besteht darin, dass sie ihren Lesern auf der Basis ihrer eigenen Erfahrungen hilft, sich mit ihren Problemen zu konfrontieren. So erkannte sie beispielsweise zu einem bestimmten Zeitpunkt ihres Lebens, dass sie selbst co-abhängig war; sie war selbst »jemand, der zulässt, dass sein Leben von einem anderen Menschen bestimmt wird und gleichzeitig davon besessen ist, das Verhalten dieses Menschen zu kontrollieren«. Diese Erkenntnis motivierte sie zum Schreiben ihres ersten Buches über Co-Abhängigkeit. Beattie begann ihre literarische Karriere bereits kurz nach dem Abschluss der High-School in ihrer Heimatstadt St. Paul. Dort bekam sie eine Anstellung als Sekretärin in einer Werbeagentur, die sie zum Schreiben motivierte. Neben ihrer Beratungstätigkeit für Ehegatten und Lebenspartner von Alkoholikern schrieb sie jahrelang Artikel, die sie für wenig Geld an die Lokalzeitungen verkaufte. Schließlich erhielt sie von der Hazelden-Stiftung, dem bedeutendsten Herausgeber von Büchern über die Abhängigkeit von chemischen Substanzen und deren Heilung, den Auftrag, über ihre eigene Heilung zu schreiben. Melody Beattie lebt in Laguna, Kalifornien.

Jean Shinoda Bolen

Dr. Jean Shinoda Bolen ist Psychiaterin und jungianische Analytikerin sowie Professorin der Psychiatrie am Medizinischen Zentrum der University of California. Sie schrieb mehrere Bücher über spirituelle und psychologische Themen und ist Vorstandsmitglied der Internationalen Transpersonalen Gesellschaft.

Dr. Bolen arbeitet in privater Praxis und ist zudem international durch ihre Vorträge und Workshops bekannt. Der Schwerpunkt ihrer Arbeit liegt auf der Sinnsuche und der Notwendigkeit, die spirituelle Dimension in Alltag zu integrieren. Die Auseinandersetzung mit den machtvollen Wirkungen der Archetypen in uns, unseren Familie und unserer Kultur, nimmt ebenfalls einen breiten Raum in ihrer Arbeit ein. Jean Shinoda Bolen ist eine Mystikerin und Aktivistin, für die die inneren und äußeren Welten gleichermaßen real sind.

Joan Borysenko

Dr. Joan Borysenko ist Medizinerin, Psychologin und Autorin, die danach strebt, Medizin, Psychologie und Spiritualität wieder zu vereinen, um zur Heilung auf der individuellen und kollektiven Ebene beizutragen. Sie wurde beschrieben als »seltenes Juwel – hoch geachtete Wissenschaftlerin, begnadete Therapeutin und unerschrockene Mystikerin«. Dr. Borysenko besitzt Universitätsabschlüsse in Zellbiologie und Psychologie.

Sie ist Autorin vieler Bücher, von denen einige zu Bestsellern wurden. Ein

Buch über die Kraft des Geistes, den Körper zu heilen, schrieb sie gemeinsam mit ihrem Mann Dr. Miroslav Borysenko. Ihr neuestes Buch »Ein Wunder täglich« ist ein Buch für die tägliche spirituelle Praxis.

Nathaniel Branden

Der Name Nathaniel Branden wurde zum Synonym für jene psychologische Richtung, deren Ziel die Entwicklung eines stabilen Selbstwertgefühls ist. Vor dreißig Jahren war Nathaniel Branden einer der Ersten, die auf diesem Gebiet arbeiteten. Er hat vielleicht mehr als jeder andere Theoretiker dafür getan, bei den Menschen ein Bewusstsein dafür wachzurufen, wie wichtig ein gesundes Selbstwertgefühl für das persönliche Wohlbefinden ist. Oft wurde er der »Vater der Selbstbewusstseinsbewegung« genannt.

Dr. Branden hat vierzehn Bücher geschrieben, von denen insgesamt über drei Millionen Exemplare gedruckt wurden. Er hält häufig Vorträge vor Experten- und Unternehmergruppen.

Jack Canfield

Jack Canfield ist Vorsitzender der *Canfield Training Group* in Culver City, Kalifornien, und Leiter des *Optimum Performance Training Institute* in Pasadena. Er ist erfolgreicher Geschäftsmann und Unternehmer und berät namhafte Firmen. Er besitzt einen Universitätsabschluss der berühmten Harvard Universität und erwarb einen Doktorgrad an der University of Massachusetts.

Jack Canfield schrieb fünf Bestseller und entwickelte zwölf Audio- und Video-Trainingsprogramme für persönliches Wachstum.

Darüber hinaus leitet er Seminare in den USA, Mexiko, Kanada, Europa, Asien und Australien.

Richard Carlson

Richard Carlson ist Doktor der Psychologie und bekannter Stress-Management-Berater und Lehrer auf dem Gebiet der Persönlichkeitsentwicklung. Er schrieb acht Bücher und bringt regelmäßig den Mitteilungsbrief »The Soul Times« heraus. Dr. Carlson hält häufig Vorträge vor Unternehmergruppen und gehört dem Vorstand der *Street Smart Business School* an. Er ist verheiratet, hat zwei Kinder und lebt in Martinez, Kalifornien.

Phil Cousineau

Phil Cousineau ist freiberuflicher Autor, Herausgeber, Dichter, Filmemacher und Organisator von Abenteuerreisen. Er hält im In- und Ausland Vorträge über ein weit gespanntes Spektrum von Themen – von der Mythologie bis zum Filmemachen.

Er ist Autor und Co-Autor zahlreicher bekannter Bücher, und seine Artikel,

Rezensionen und Gedichte wurden in den USA in vielen Zeitschriften und Zeitungen abgedruckt, Darüber hinaus schrieb er etliche Drehbücher für Dokumentarfilme. 1991 erhielt Cousineau den von der nationalen Vereinigung unabhängiger Herausgeber gestifteten *Fallot Literary Award.* Gegenwärtig arbeitet er beim *California Institute of Integral Studies* und bei mehreren Filmgesellschaften mit.

Stephen R. Covey

Dr. Stephen R. Covey ist Begründer und Vorsitzender des *Covey Leadership Centers,* einer internationalen Firma, die inzwischen siebenhundert Mitarbeiter beschäftigt. Ihre Zielsetzung besteht darin, Einzelpersonen und Organisationen zu helfen, ihre Leistungsfähigkeit in Bezug auf die Erreichung lohnender Ziele zu erhöhen, indem eine prinzipienorientierte Führungsstruktur angewandt wird. Stephen Covey hat außerdem das Institut für prinzipienorientiertes Familienleben gegründet, ein gemeinnütziges Forschungsinstitut, dessen Ziel die Verbesserung des Ausbildungssystems sowie der Qualität des Familien- und Gemeindelebens ist.

Seit über fünfundzwanzig Jahren vermittelt Dr. Covey leitenden Angestellten, Regierungsvertretern und Vertretern des Bildungswesens seine Führungsprinzipien und Management-Techniken. Seine Firma berät viele große Unternehmen sowie Tausende von mittleren und kleineren Organisationen. Er erhielt zahlreiche Auszeichnungen.

Dr. Covey ist Autor mehrerer Sachbücher und zahlreicher Artikel über Unternehmensführung, persönliche und organisatorische Effektivität sowie über die Beziehungen zwischen Familienangehörigen und andere zwischenmenschliche Beziehungen. Einige seiner Bücher waren Bestseller und wurden in mehrere Sprachen übersetzt. Seit neun Jahren gibt er außerdem eine Zeitschrift für Führungskräfte heraus.

Wayne Dyer

Dr. Wayne Dyer ist einer der meistgelesenen Autoren auf dem Gebiet der Persönlichkeitsentwicklung. Die meisten seiner Bücher wurden zu Bestsellern. Wayne Dyer ist Doktor der Psychologie und arbeitet als Psychotherapeut. Er lehrte in vielen Einrichtungen, vom Gymnasium bis zum Lehrkrankenhaus des *Cornell University Medical College.* Er ist Co-Autor dreier Lehrbücher und schrieb zahlreiche Artikel für Fachzeitschriften.

Neben seiner Tätigkeit als Autor und Lehrer ist Dr. Dyer ein bedeutender Sozialkritiker, der bereits in vielen Fernseh- und Rundfunksendungen zu Wort kam. Er lebt in Florida und ist stolzer Vater von acht »wunderbaren« Kindern.

Betty Eadie

Betty Eadie ist Tochter einer Sioux-Indianerin und siebtes von zehn Kindern. Sie wuchs im ländlichen Nebraska und später im Rosebud-Indianer-Reservat in Süd-Dakota auf. Sie hat acht Kinder und acht Enkelkinder. Im Alter von 31 Jahren musste Betty sich einer Operation unterziehen. Die Ärzte rechneten mit ihrer vollständigen Genesung, doch plötzlich stellten sich Komplikationen ein. Sie erlebte eine Nahtod-Erfahrung, und ihr Bericht darüber gilt als der erstaunlichste dieser Art. Sie verarbeitete diese Erfahrung in einem Buch, das über viereinhalb Millionen mal verkauft wurde und sich über ein Jahr lang auf der Bestsellerliste der »New York Times« hielt.

Betty Eadie hat außerdem in Hunderten von Vorträgen und zahlreichen Fernsehauftritten im In- und Ausland über diese Erfahrung gesprochen. Sie lebt mit ihrem Mann Joe im Nordwesten der USA.

Matthew Fox

Matthew Fox ist Theologe, Lehrer und Begründer des *Institute in Culture and Creation Spirituality* in Oakland, Kalifornien. Das Ausbildungsprogramm des Instituts vereint Physiker, spirituelle Führer der Ureinwohner, Theologen, Sozialreformer, Bibelforscher, Feministinnen, Psychologen, Sufilehrer und viele Künstler in ihrem Wunsch, die Vision des neuen Menschen zu verwirklichen.

Im Jahre 1989 wurde Dr. Fox vom Vatikan öffentlich gerügt, und nach fünf Jahre währenden Auseinandersetzungen über seine Ansichten wurde er im Jahre 1993 vom Dominikanerorden formal exkommuniziert. Er ist Autor und Herausgeber zahlreicher Bücher und besitzt einen Doktorgrad in Religionswissenschaften vom *Institut Catholique* in Paris.

Robert Fulghum

Sieben Jahre nach der Veröffentlichung des ersten Buches des Philosophen und Essayisten Robert Fulghum waren bereits vierzehn Millionen Exemplare seiner Bücher in dreiundneunzig Ländern der Erde in Umlauf. Einige seiner Bestseller, die Rekorde auf der »New York Times«-Bestsellerliste aufstellten, wurden in siebenundzwanzig Sprachen übersetzt.

Im November 1994 begann er mit der regelmäßigen Veröffentlichung einer landesweit koordinierten Zeitschriftenkolumne. Fulghum ist verheiratet mit Lynn Edwards, einer Allgemeinärztin, mit der er vier Kinder hat. Die Familie lebt auf einem Hausboot in Seattle.

John Gray

John Gray ist Autor zahlreicher Bücher, einschließlich des phänomenalen Bestsellers »Männer sind anders. Frauen auch.«, der in den USA über zwei

Millionen Mal über den Ladentisch ging und in sechsundzwanzig Sprachen übersetzt wurde.

Dr. Gray ist ein international anerkannter Experte auf den Gebieten Kommunikation, Beziehungen und Persönlichkeitsentwicklung. Sein einzigartiger Ansatz zielt darauf ab, Männern und Frauen zu helfen, die unterschiedlichen Verhaltensweisen der Geschlechter zu verstehen, zu respektieren und zu würdigen. Im Lauf der vergangenen zwanzig Jahre leitete er öffentliche und private Seminare für über hunderttausend Teilnehmer. Mit seinen hoch gelobten Büchern und in seinen beliebten Wochenendseminaren unterhält und inspiriert er sein Publikum mit praktischen Einsichten und leicht umsetzbaren Techniken, die jeder unmittelbar anwenden kann, um seine Beziehungen zu verbessern.

John Gray kennt auch die Stille des Alleinseins, denn er lebte neun Jahre lang als Mönch. Er war außerdem jahrelang Schüler von Maharishi Mahesh Yogi und erwarb seinen Magistergrad an der *Maharishi European Research University*. 1982 kehrte er in die Vereinigten Staaten zurück und erwarb seinen Doktorgrad in Psychologie an der *Columbia Pacific University*.

Gerald G. Jampolsky

Dr. Gerald G. Jampolsky promovierte an der *Stanford Medical School* und war Professor an der *University of California School of Medicine* in San Francisco. Er ist ein international anerkannter Experte auf den Gebieten der Psychiatrie und des Gesundheits- und Ausbildungswesens. Im Jahre 1975 gründete er gemeinsam mit einigen Freunden das *Center For Attitudinal Healing* (Zentrum für geistiges Heilen) in Tiburon, Kalifornien, in dem Kinder und Erwachsene mit lebensbedrohlichen Krankheiten jenen inneren Frieden finden können, der sie und ihre Familien transformiert. Im Jahre 1982 rief er das Projekt *Children as Teachers of Peace* (Kinder als Friedenslehrer) ins Leben, welches heute international von anderen engagierten Menschen weitergeführt wird.

G. Jampolsky hat zahlreiche Bücher mit dem Schwerpunkt Persönlichkeitsentwicklung veröffentlicht.

Jon Kabat-Zinn

Dr. Jon Kabat-Zinn ist Gründer und Leiter der *Stress Reduction Clinic* am *University of Massachusetts Medical Center,* außerordentlicher Professor der Medizin in der Abteilung für Präventiv- und Verhaltensmedizin und geschäftsführender Leiter des neu gegründeten *Center for Mindfulness in Medicine, Healthcare and Society*. Er ist Autor mehrerer Bücher (»Gesund und stressfrei durch Meditation«, »Stark aus eigener Kraft«) im Bereich Persönlichkeitsentwicklung und arbeitet gegenwärtig mit seiner Frau Myla Kabat-Zinn an einem Buch über bewusste Elternschaft. Dr. Kabat-Zinns

Hauptinteresse gilt der Erforschung der Geist/Körper-Interaktion bei Heilprozessen und den klinischen Anwendungsmöglichkeiten von Achtsamkeitsmeditationen bei chronischen Schmerz- und Stresszuständen. Gemeinsam mit anderen erarbeitet Dr. Kabat-Zinn auch persönliche und organisatorische Lösungen für sozial- und arbeitsbedingte Stresszustände (das Tao der Arbeit).

Elisabeth Kübler-Ross

Dr. Kübler-Ross wurde in Zürich geboren. Nachdem sie 1957 dort ihren Doktorgrad erworben hatte, ging sie nach New York, wo sie im Forscherteam des *Manhattan State Hospital* mitarbeitete. Weitere Forschungen führten zu einem Universitätsabschluss in Psychiatrie und ihrem lebenslangen Interesse für Tod und Sterben. Dr. Kübler-Ross, die auch mit vielen Aids-Patienten arbeitete, gilt weltweit als eine der größten Expertinnen auf dem Gebiet der Sterbensforschung. Sie schrieb zahlreiche Bücher über dieses Thema, darunter eines über Aids, und lebt heute in Arizona.

Harold Kushner

Nach vierundzwanzig Dienstjahren in der jüdischen Gemeinde von Natick, Massachusetts, wurde Harold Kushner am dortigen Tempel Israel zum Rabbi geweiht. Als Autor wurde er am bekanntesten durch seinen internationalen Bestseller »Wenn guten Menschen Böses widerfährt«, der 1981 veröffentlicht wurde. Dieses Buch wurde in zwölf Sprachen übersetzt und wurde kürzlich von den Mitgliedern eines literarischen Clubs als eines der zehn einflussreichsten Bücher der vergangenen Jahre ausgewählt. Er schrieb noch mehrere andere Bücher, von denen eines mit der *Christopher Medal* ausgezeichnet wurde. Rabbi Kushner wurde in Brooklyn geboren und erwarb seinen Universitätsabschluss an der Columbia University. Im Jahre 1960 wurde er vom jüdischen theologischen Seminar ordiniert, und im Jahre 1972 erwarb er den Doktorgrad in Bibelwissenschaften. Er studierte an der Hebrew University in Jerusalem und an der Harvard Divinity School und lehrte an der Clark University in Worcester, Massachusetts, sowie an der Rabbinerschule des jüdischen theologischen Seminars. Fünfmal wurde ihm die Ehrendoktorwürde verliehen.

Linda Leonard

Dr. Linda Leonard ist Philosophin und jungianische Analytikerin, die ihre Ausbildung am C.-G.-Jung-Institut in Zürich abschloss. Sie ist Autorin mehrerer Bestseller, von denen einige in zwölf Sprachen übersetzt wurden. Linda Leonard erhielt ein Postgraduierten-Stipendium des *American Council of Learned Societies* und wurde 1994 zur hervorragendsten Gastprofessorin am *College of Notre-Dame* in Belmont, Kalifornien, gewählt. Gegenwärtig arbeitet sie als Kreativberaterin und hält Vorträge und Seminare im In- und Ausland. Sie ist Gründungsmitglied der Interregionalen Gesellschaft Jungianischer Analytiker und Mitglied des C.-G.-Jung-Instituts in San Francisco. Ihr neuestes Buch über das Leben sibirischer Nomaden mit dem Rentier schrieb sie, nachdem sie eine Zeit bei den Evens in der sibirischen Wildnis verbracht hatte. Außerdem reiste sie nach Lappland, um die Beziehungen der Lappen zum Rentier und die Mythen und Legenden der Ureinwohner des hohen Nordens zu studieren.

Stephen Levine

In den späten sechziger Jahren gab Stephen Levine die Zeitschrift »San Francisco Oracle« heraus. Nach einer intensiven Meditationspraxis unter der Schirmherrschaft eines amerikanischen buddhistischen Mönches begann er, für »Unity Press« eine Serie über Achtsamkeit herauszugeben. Darüber hinaus hat er mehrere Bücher geschrieben. Seit zwanzig Jahren arbeiten Stephen und seine Frau Ondrea mit Menschen in Krisen und mit Sterbenden. Sie schreiben, lehren und heilen gemeinsam und leben in den tiefen Wäldern im Norden von New Mexico.

Thomas Moore

Dr. Thomas Moore ist Psychotherapeut, Autor und prominenter Vortragsredner in Nordamerika und Europa. Er hat viele Artikel und Bücher über archetypische und jungianische Psychologie, Mythologie, Imagination und Kunst veröffentlicht. Er erwarb seinen Doktorgrad in Religionswissenschaften und besitzt Universitätsabschlüsse in Theologie und Musikwissenschaft. Als junger Mann lebte er zwölf Jahre lang als Mönch in einem katholischen Orden. Dr. Moores Bücher haben hauptsächlich spirituelle Themen zum Inhalt. Er lebt mit seiner Frau und zwei Kindern im Westen von Massachusetts.

Jacob Needleman

Jacob Needleman ist Professor für Philosophie an der *San Francisco State University* und ehemaliger Leiter des *Center for the Study of New Religions* der *Graduate Theological Union.* Er studierte Philosophie in Harvard, Yale und in Freiburg, Deutschland. Außerdem gehörte er dem Forschungsteam am *Rockefeller Institute for Medical Research* und dem *Union Theological Seminary* an.

Dr. Needleman schrieb mehrere Sachbücher mit religiösem und philosophischem Inhalt sowie einen Roman. Sein neuestes Buch trägt den Titel »Geld und der Sinn des Lebens.« Er war Herausgeber der Esoterikreihe bei *Penguin Books.*

Neben seiner Tätigkeit als Lehrer und Autor übt Dr. Needleman eine Beratertätigkeit auf den Gebieten der Psychologie, des Erziehungswesens, der medizinischen Ethik und Unternehmensführung aus.

Ram Dass

Ram Dass wurde 1931 als Richard Alpert geboren. Er studierte Psychologie mit den Schwerpunkten Motivationsforschung und Persönlichkeitsentwicklung. Ram Dass graduierte am *Wesleyan College* und erwarb den Doktor der Philosophie an der *Stanford University.* Er war Mitarbeiter der Psychologischen Fakultäten an der *Stanford University,* der *University of California* und in *Harvard.*

Im Jahre 1974 gründete Ram Dass die *Hanuman*-Stiftung, um einen Beitrag zum spirituellen Erwachen der Menschen in westlichen Kulturkreisen zu leisten. Aus dieser Stiftung ging das Projekt »Leben – Sterben« hervor, das den Rahmen für die bewusste und liebevolle Begleitung von Todkranken und Sterbenden bietet. Die Stiftung entwickelte außerdem das Gefängnis-Ashram-Projekt, das Gefängnisinsassen während der Zeit ihrer Gefangenschaft die Möglichkeit zu spirituellem Wachstum bietet. Heute führen beide Projekte ihre Arbeit erfolgreich als unabhängige gemeinnützige Organisationen fort. Seit 1974 dient die *Hanuman*-Stiftung auch als Organisationsbasis für die Vorträge und Seminare von Ram Dass sowie für die Veröffentlichung seiner Schriften und Hörkassetten. Allein in den vergangenen zehn Jahren hielt Ram Dass Vorträge in über zweihundertdreißig Städten, unter anderem in den Vereinigten Staaten, Kanada, Ost- und Westeuropa und Asien.

Er ist Autor und Co-Autor einer ganzen Reihe spiritueller Selbsthilfebücher. Wenn Ram Dass nicht gerade auf Reisen ist, lebt er in San Anselmo, Kalifornien.

Anne Wilson Schaef

Dr. Anne Wilson Schaef ist eine international anerkannte Autorin, Vortragsrednerin, Unternehmensberaterin, Philosophin und Seminarleiterin. Sie promovierte in klinischer Psychologie. Seit zehn Jahren leitet sie Seminare in den Vereinigten Staaten und Europa und beginnt nun auch in Neuseeland und Australien mit der Gruppenarbeit. Sie arbeitete viele Jahre lang mit Suchtkranken und beschreibt sich selbst als »genesende« Psychotherapeutin. Sie schrieb mehrere Bücher zum Thema Sucht und Co-Abhängigkeit. Ihr neuestes Buch handelt vom Wandel wissenschaftlicher Paradigmen und von neuen Formen der Arbeit mit Menschen.

Benjamin Shield

Dr. Benjamin Shield ist Therapeut, Ausbilder und Vortragsredner und arbeitet in eigener Praxis in Santa Monica, Kalifornien. Er besitzt Universitätsabschlüsse der *University of California* in den Fächern Biochemie und Biologie und studierte an der *Boston University School of Medicine*. Er promovierte auf dem Gebiet Gesundheitswissenschaften.

Der Schwerpunkt von Benjamin Shields Arbeit liegt auf der Integration von Körper, Geist und Seele. Auf diese Weise hilft er seinen Klienten, chronische Schmerzzustände zu lindern und sich emotionale und physische Wahlmöglichkeiten zu erarbeiten. Er ist davon überzeugt, dass Heilung und Spiritualität einen gemeinsamen Nenner haben und für jeden von uns erreichbar sind.

Benjamin Shield ist Autor zahlreicher Artikel über Psychologie, Heilung und Spiritualität. Seine Bücher und Hörkassetten behandeln die gleichen Themen.

Bernie Siegel

Vor über fünfzehn Jahren begann Dr. Bernie Siegel in seinen Vorträgen über die Notwendigkeit zu sprechen, in Patienten ein Bewusstsein für ihre persönliche Macht und die Möglichkeit eines erfüllten Lebens und friedvollen Todes zu wecken. Als Arzt, der Tausende von Menschen mit lebensbedrohlichen Krankheiten begleitet und beraten hat, vertritt Dr. Siegel eine Philosophie des Lebens – und des Sterbens –, die einen Platz an vorderster Stelle medizinischer Ethik einnimmt.

Im Jahre 1978 rief Dr. Siegel das Projekt *Exceptional Cancer Patients (ECaP)* ins Leben, eine spezielle Form der Einzel- und Gruppentherapie, bei der die Träume, Zeichnungen und inneren Bilder von Krebspatienten in die Behandlung mit einbezogen werden. ECaP basiert auf einer liebevollen, sicheren therapeutischen Konfrontation, die persönliche Veränderung und Heilung begünstigt.

Er schrieb drei inspirierende Bücher über Liebe, Medizin und Heilung – allesamt Bestseller –, die im Bereich der Heilkunde und Heilkunst bahnbrechend sind.

Bernie Siegel lebt mit seiner Familie in der Region New Haven. Gemeinsam mit seiner Frau Bobby verfasste er zahlreiche Artikel. Die beiden haben fünf Kinder, eine Menge Interessen und Haustiere.

Brian Weiss

Dr. Brian Weiss schloss sein Studium an der *Columbia University* ab und erwarb seinen Doktorgrad in Medizin an der *Yale University School of Medicine*. Nach seiner Zeit als Assistenzarzt übernahm er eine Chefarztstelle in der psychiatrischen Abteilung der *Yale University School of Medicine*. Zusätzlich war er als außerordentlicher Professor tätig.

Dr. Weiss war Vorsitzender der psychologischen Abteilung am *Mt. Sinai Medical Center* in Miami, wo er heute ausschließlich in privater Praxis arbeitet. Er ist Experte in vielen psychologischen Forschungs- und Therapiebereichen, einschließlich Depressionen, Angstzuständen, Schlafstörungen, Drogenmissbrauch, Alzheimer und Störungen der Gehirnchemie. Er schrieb zwei Bestseller über Reinkarnationstherapie.

Marianne Williamson

Marianne Williamson ist eine international anerkannte Vortragsrednerin und Autorin. Ihr erstes Buch »Rückkehr zur Liebe« führte fünfunddreißig Wochen lang die Bestsellerliste der »New York Times«« an und lag 1992 an fünfter Stelle der meistverkauften Bücher in den USA. Ihr zweites Buch stand neunzehn Wochen an der Spitze der »New York Times«-Bestsellerliste. Marianne Williamson stammt aus Houston, Texas. Seit 1983 lehrt sie in den Bereichen Spiritualität und Metaphysik. Darüber hinaus investierte sie viel Zeit in die landesweite Organisation von Wohltätigkeitsveranstaltungen für Menschen mit lebensbedrohlichen Krankheiten.

Das Thema von Marianne Williamsons neuestem Buch sind Gebete und Riten des Übergangs. Sie lebt in der Nähe von Santa Barbara, Kalifornien.

Marion Woodman

Marion Woodman ist eine international bekannte Vortragsrednerin und Seminarleiterin. Ihre erste Karriere machte sie als Englischlehrerin und Lehrerin für kreative Schauspielerei. Ihre Liebe zur Literatur und zu den schönen Künsten brachte sie dazu, sich der Traumarbeit und dem ununterbrochen im Unbewussten stattfindenden kreativen Prozess zuzuwenden. Nach ihrer Ausbildung am C.-G.-Jung-Institut in Zürich kehrte sie nach Kanada zurück und konzentrierte sich auf die Arbeit mit Suchtkranken. Sie bediente sich der machtvollen inneren Bilder, um die Hintergründe von Suchtverhalten zu erforschen. Allmählich begann sie zu verstehen, dass die Ursache von Suchtverhalten ein Verlust an Weiblichkeit ist – sowohl im Individuum als auch allgemein in der westlichen Kultur. Sie leistete Pionierarbeit bei der Integration von Körperarbeit und Träumen und schlug damit eine Brücke zwischen Innen- und Außenwelt, um sowohl ein neues weibliches als auch ein neues männliches Bewusstsein freizusetzen. Die Vereinigung dieser Energien bringt eine authentische Persönlichkeit hervor. Sie ist Autorin mehrerer Bücher und Hörkassetten.

Thomas Schäfer
Was die Seele krank macht und was sie heilt

Thomas Schäfer bringt die Erkenntnisse des bekannten Psychotherapeuten Bert Hellinger auf den Punkt: Die Familie ist das zentrale soziale System und der Verursacher von Freud und Leid. Durch Hellingers Therapie können krank machende Dynamiken gelöst werden.

Bernd Frederich
Wenn Partnerschaft krank macht

Die Ursachen von Krankheiten liegen oft innerhalb von Beziehungen und Familien. Anhand von zahlreichen Fallbeispielen zeigt der Autor, wie vorhandene Muster erkannt und Wahrnehmungs- und Verhaltensänderungen herbeigeführt werden können.

Edward Bach / Jens-Erik Petersen
Heile dich selbst mit den Bach-Blüten

Nach dem Verfahren von Dr. Bach werden primär seelische Zustände wie Unzufriedenheit, Groll, Aufregung, Angst, Besorgnis etc. behandelt. Hierzu leitet das vorliegende Buch mit seinen ausführlichen Beschreibungen der Qualitäten der 39 Bachblüten an.

Erich Ballinger
Lerngymnastik für Kinder

Bereits im Kindergartenalter angewandt, zielen diese Übungen darauf ab, Lernschwierigkeiten durch die Zusammenschaltung der rechten und linken Gehirnhälfte gar nicht erst aufkommen zu lassen.